新编高等学校公共管理专业精品教材

公共组织理论与管理

麻宝斌 主 编

科 学 出 版 社
北 京

内 容 简 介

本书遵循理论与实践相结合、西方与中国相观照、动态与静态相呼应、宏观与微观相补充的原则，从研究视阈、生态环境、价值困境、行为准则、结构设计、权力关系、文化构成、运行过程、绩效管理和变革方略十个方面对公共组织管理的相关问题进行了介绍。每一章都始终围绕一个特定主题，遵循从基本概念入手，立足基本关系，阐述基本理论，描述基本状况，分析基本原因，探讨基本方法的逻辑脉络，力求清晰展现公共组织管理不同主题的全貌。

本书可满足公共管理专业本科生、硕士研究生教学的需要，也适合政府与第三部门的广大公共管理实践工作者阅读。

图书在版编目（CIP）数据

公共组织理论与管理 / 麻宝斌主编. --北京：科学出版社，2015

新编高等学校公共管理专业精品教材

ISBN 978-7-03-044886-6

Ⅰ.①公… Ⅱ.①麻… Ⅲ.①公共管理－高等学校－教材 Ⅳ.①D035

中国版本图书馆 CIP 数据核字（2015）第 126859 号

责任编辑：王京苏 / 责任校对：吴美艳
责任印制：吴兆东 / 封面设计：蓝正设计

科学出版社出版
北京东黄城根北街 16 号
邮政编码：100717
http://www.sciencep.com
北京厚诚则铭印刷科技有限公司印刷
科学出版社发行　各地新华书店经销

*

2015 年 6 月第 一 版　开本：787×1092　1/16
2024 年 2 月第七次印刷　印张：14 1/2
字数：341 000

定价：32.00 元

（如有印装质量问题，我社负责调换）

作 者 简 介

麻宝斌，吉林大学匡亚明特聘教授、博士生导师，国家社会科学基金重大项目首席专家。曾在美国丹佛大学、克利夫兰州立大学、台湾政治大学等校做访问研究。兼任全国公共管理专业学位研究生（MPA）教育指导委员会委员，教育部高等学校公共管理类专业教学指导委员会委员，中国行政管理学会理事，中国行政体制改革研究会理事，吉林省行政管理学会理事、副秘书长，吉林省机构编制管理研究会副会长，吉林省政治学会常务理事，吉林省青年联合会常务委员，长春市政协委员，长春市青年联合会副主席等。

前　言

组织是人类历史上最伟大的发明之一。迄今为止，人类社会进步过程中所取得的伟大成果，在很大程度上都得益于组织活动。回顾中国历史，我们不能不承认，皇权时代的中华帝国之所以长期领先于当时世界上的其他国家，历经数次农民运动而不倒，甚至经过长期的半殖民地半封建社会仍保持了基本架构，在很大程度上是因为较早地建立起中央集权的管理体制和官僚组织管理模式，并能顺应社会形势不断改革并完善。中国共产党之所以能领导全国各族人民取得反帝反封伟大斗争的胜利，建立社会主义新中国，其成功的秘诀同样在于超强的组织能力和社会动员能力。经过三十多年的改革开放和市场化改革，中国已经进入了全面建设小康社会和深化改革的新时期。如果说前期社会主义市场经济的发展主要得益于企业组织作为社会主义市场经济主体地位的发挥，那么未来国家治理体系和治理能力的提升必然要依赖于更充分地发挥政府、第三部门等公共组织的作用。任何管理活动都离不开组织，公共管理必然立足于公共组织。全面深化改革必然要求公共管理者更深刻地理解和认识政府及社会组织的运行规律。

21 世纪初，我国开设了公共管理硕士专业学位教育，公共组织理论一直是公共管理专业重要的专业基础课程。从 2002 年起，笔者一直在吉林大学为公共管理硕士（MPA）研究生主讲公共组织理论课程。在此期间，国内陆续出版了一些公共组织理论方面的教材和著作，不仅有力促进了这一学科的发展，而且直接改善了这一课程的教学效果。但从我们的实际教学体会来看，现有教材在理论性和应用性方面仍然存在一定不足，既难以描述和解释中国社会复杂多样的公共组织现状，也难以为公共组织管理者提供清晰可靠的管理地图。为此，我们立足十几年的相关教学和管理经验，着力从理论和管理实践两个角度深化对公共组织的理解，这也正是我们将本书定名为《公共组织理论与管理》的用意所在。在我们看来，我们了解过各种各样的组织理论，有的理论很有效，但更多的理论是纸上谈兵。我们也认识到，在实践中存在很多重大的悖论，使理论在实践中并不完全适用。在理论与现实之间，一些组织管理者已经失去了平衡，他们将技术与理论推向了极端，而事实上，他们需要把理论与实际更好地联系起来，把表面上看起来自相矛盾的概念有机地综合起来以取得更好的平衡。

从本书的主要内容来看，我们遵循理论与实践相结合、西方与中国相观照、动态与静态相呼应、宏观与微观相补充的原则，共设计了十章内容，分别探讨公共组织的研究视阈、生态环境、价值困境、行为准则、结构设计、权力关系、文化构成、运行过程、绩效管理和变革方略等问题。这十个方面基本涵盖了公共组织的全貌，可以为读者呈现公共组织的基本轮廓。由于目前学术界对公共组织的主流分析范式是系统权变模式，我们也有意识地将这一分析模式运用于每章之中。在每一章中，我们都尽可能地罗列出在两个极端之间存在的各种理论论证，试图通过这种方式深化读者对公共组织运行规律与行为方式的理解。有理由相信，这种努力将有助于读者逐渐形成系统化的思维方式，并在潜移默化中领会和提高系统化的管理水平。

从本书的写作特点来看，我们在每一章中都始终遵循从基本概念入手，立足基本关系，阐述基本理论，描述基本状况，分析基本原因，探讨基本方法的逻辑脉络，力求清晰展现公共组织特定主题的全貌。在写作风格上，我们力求表述生动化、口语化，尽量立足公共组织的管理实践，从案例出发，以讲故事的方式来呈现理论，更好地实现理论与现实的有机结合，希望我们的这一初衷能够收到一定效果。因为我们所主张和坚持的这一风格，也许这本书既能满足公共管理专业的本科生和研究生教学之需，也适合广大公共管理者阅读参考。

从本书的写作分工来看，主编负责拟定全书整体写作框架，具体组织实施并统一定稿。各章节的具体撰写分工如下：第1章，麻宝斌；第2章，吴昊；第3章，杜平；第4章，杨宇；第5章，钱花花；第6章，陈希聪；第7章，孙悦；第8章，孙德超；第9章，刘雪华；第10章，段易含。另外，杜平协助主编做了细致入微的统稿工作，使全书增色不少。

本书还是吉林大学专业学位研究生核心课程建设项目“公共组织理论”（201052024）的结项成果。在撰写和出版过程中，我们始终得到了吉林大学研究生院和行政学院各位领导同志的支持。科学出版社的王京苏编辑为本书的出版付出了卓有成效的努力，他的中肯建议也使本书增色不少。另外，对于参与研讨写作大纲的行政学院各位同事和参与课堂讨论的在职研究生们，我也要表示诚挚的谢意。

最后，由于笔者及其研究团队的学识与能力有限，本书难免存在偏颇与不足之处，恳请得到各位同行和广大读者朋友的批评指正。

主编
2015年2月于吉林大学

目　录

第 1 章

规范与经验——公共组织的研究视阈

在现实生活中，组织是无形的却又无处不在。我们可以看见诸如一幢高层建筑、一个计算机工作站或一名雇员，但是一个组织却是模糊的和抽象的，并且可能分布在不同的地点。我们认识到组织的存在是因为我们每天都接触它们，虽然它们并不一定会引起我们的足够重视。我们大多数人都是在医院出生并且到政府有关部门登记，在小学、中学直至大学校园接受教育，到医院看病，购买由建筑公司承建并由房地产商出售的房子，可能还需要从银行贷款，在某一个单位一周工作 40 个小时，出于工作的需要和不同的组织打交道，在出现火情时还要向消防部门求救……

从理论上说，组织是人类社会的细胞和特殊标志。通过组织，人们得以联合起来，采取集体行动，实现某些共同目标。为了改造自然、治理社会、管理自身，人们必须有意识地结合起来，以便凭借群体的力量来完成共同认可的、单个人无法实现的目标。人们之间有意识的结合就是组织。可见，组织的关键要素不是一幢建筑、一套政策或程序，更不是组织结构图上的一个线条、一个方框或一个名称，而是人及其相互关系。当人们有意识地结合以实现目标时，一个组织就产生了。

组织包括不同的类型，其中，公共组织是社会公共事务的管理者和公共服务的提供者，只有了解公共组织，理解公共组织的发展和运行规律，才能更好地管理公共组织，收到理想的组织管理成效。公共组织理论正是以公共组织为研究对象的，其探索的是公共组织本身及其运行的内在规律等问题。本章是对公共组织理论的概括性介绍，我们力求从理论(规范)和现实(经验)两个层面回答与公共组织相关的一些基本问题，包括什么是组织、组织有什么特征、如何划分组织类型、组织有什么功能、什么是公共组织、公共组织有什么特点、公共组织如何管理。最后，我们还将简要描述公共组织理论的发展历程。

1.1 组织与组织理论

1.1.1 组织及其功能

从词源来看，在中国古代，组织一词是编织的意思，是指将麻丝制成布帛。《吕氏春秋·先已》高诱注："夫组织之匠，成文于手"，另有"织任组训"，"伤国人树桑麻，习组织"之说，这些都反映了当时男耕女织的生产方式。其扩展的含义有两个：一是组合的过程；二是经联合而成的整体。在西方，组织一词来源于希腊文"organon"，意思是工具、手段。后来组织一词主要被用来说明生物的组合状态，并主要在医学领域中使用。直至今日医学上仍把人体的某部位称为组织。随着社会的进化，人类群体种类的增多，组织一词逐渐被引申为某种人类群体。这种转变发生在 1873 年英国哲学家斯宾塞将组织一词引入社会科学之后，他在提出社会有机体这一概念的同时，将组织看做已经组合的系统或社会。

为了更准确地把握组织的内涵及特点，我们必须从对组织的社会功能分析入手，考察组织产生的实践过程。从理论上看，组织的功能在于促进分工与合作，只要一项人类活动需要不同的人来合作完成，其前提就是分工。人们在自身个性、能力以及掌握的技巧等方面都不尽相同，专业化也会使人们在某项能力方面的造诣更加精湛。另外，人的生命有限，一个人不可能在其有限的生命里掌握一切知识与技能，所以分工就成为有益而必要的活动。有分工不是目的，分工的目的是为了合作。例如，一个人在路上行走时碰到一块大石头，他自己无法把石头搬开，只要请来另一个人帮忙，这就是合作。但如果没有协调的话，合作的目的是不可能实现的。例如，在合作搬开石头的过程中，那个喊口令的人执行的就是协调合作的功能。一般来说，协调有两种方法：一是依赖于组织结构，将各种工作与人员都安排在一定的权威结构之下，以上下级的方式来传播协调者的意志；二是依靠一个共同的信念，人们可以自觉地根据自己的能力与掌握的技巧参与协作活动。这两种方法并不互相排斥，事实上，任何有效的组织都必须同时依靠两者。之所以正式组织不可或缺，是因为在协调过程中存在时间和规模这两大限制因素。从时间方面看，信念容易变化，不利于完成需要很长时间才能达到的目标。从规模上看，小规模组织容易协调，一旦组织规模扩大，指挥关系趋于复杂，基层工作人员就很容易忽略协作的目的。为此，当人们需要大规模、长时间地进行协调活动时，就需要依靠组织程序，包括：明确工作任务；安排负责人；明确分工与各岗位的工作任务；完善负责人与各岗位之间的指挥与协作关系，达到责权分明；等等。

人类历史的发展也证明了这一点。在生产力水平较为低下、自然条件极为恶劣的情况下，孤立的个人很脆弱，为了生存，人们不得不以集体的形式去和自然力作斗争。正是这种原始的集体劳动的必要性使组织的产生成为可能。也就是说，组织的产生来源于单独的个人无法满足自己的需要和愿望这一事实。组织首先产生于人类的劳动，或者说，人类的第一个组织形式是人类的劳动。在这一过程中人们发现，他们同其他人一起工作能够增强自己的能力，更好地满足自己的需要，如采集食物、防卫、狩猎等。在集体内，不同的人有不同的技术和能力，有些人能比别人更好地完成某些任务。集体内的任务多种多样，也就是说，为了更好地利用各种不同的能力和技术，劳动可以有分工。劳动分工使个人能集中精力去从事他最擅长的事情，而不用做生存和进步所需要的每一件工作。一旦有了分工，为了实现组织目标，在安排和协调各种不同的工作任务时就必须达成某种协议。同时，把任务按层级加以区分，并建立起一个权威或权力的等级分层结构也是合乎逻辑的。也就是说，为了促进人们分工之后的合作，必须构建一定的结构关系。然后，在这个组织内负责分配工作的最强有力的、最年长的或者最会说话的人便成为组织中最早的领袖。这样，一个原始形态的组织就产生了，这种原始的组织虽然简单，但却基本上反映出了各个历史时期的组织所具有的一些共同的特征，这些特征反映出组织并不是一种简单意义上的人群。

从根本上说，组织是一个人类的社会合作系统，是为实现某一共同目标，在分工与合作的基础上构成的人群集合系统。由此来看，组织与“社团”“社会”或“家庭”等概念不同，组织是有意设计的、专业化的。社团与社会是由将它们的成员黏合在一起的东西来定义的，不论它们是语言、文化、历史因素，还是地域因素。组织是通过其任务来定义的，换句话说，社会与社团必须是多向度的，因为它们是背景环境。而组织只有在注重它的唯一目标时才可能是有效率的。在这个意义上，组织是工具，其同其他任何工具一样，越是专门化就越有利于完成它的使命。在现代知识社会中，知识成为个人所拥有的最基本的资源，也是整个经济活动中最基本的资源。土地、劳动和资本等传统的生产要素并没有消失，但它们的地位却在不断下降。只要具备了专业化知识，它们就可以取得并且可以廉价取得。而专业化知识本身并不能产生任何东西，它必须同某项任务结合起来才能成为生产性的要素。这也就是知识社会同时也是组织化社会的原因所在：每个组织，无论是商业的还是非商业的，它的目的和功能都是将专业知识同普遍的任务相结合。

这样看来，组织一般具有以下四个特征。

(1)共同目标。组织必须有一个共同目标，目标是组织存在的前提和基础。人们是为了实现共同目标、完成共同任务而协调在一起的，没有共同的组织目标，便不会有人们的协调活动，就不是真正意义上的组织。虽然人们参与组织活动的愿望与动机可能千差万别，但它们最终要统一到共同的组织目标之下。共同目标是组织存在的依据，指示着组织的努力方向。一旦组织目标模糊或丧失，那么某一个组织也就面临着解体的厄运。当然，组织目标可能是明确的，也可能是模糊的，甚至可能是隐含的。例如，医院的目标是治病救人、救死扶伤，这是一个非常明确的目标；而一些非正式组织，虽并不一定具有这种明确的目标，但可能包含着一种隐性目的，如使组织成员受到保护，满足其安全需要，或其他特殊的社会心理需要。

(2)分工与协作。分工与协作是由组织目标决定的。组织目标单靠个人是无法实现的，必须依靠许多部门或团体，这些部门或团体分别从事一种或几种特定的工作，并相互配合，这就是分工与协作。在某种程度上来说，组织成员的角色是靠他们的目标认同来塑造的；而目标的认同又依托于他们在组织中的位置。可见，由于分工与协作的存在，组织中就出现了组织成员的角色体系，这不但是组织得以存在的基础，而且是提高效率的根本保证。

(3)权力与责任。组织内的分工与协作依靠一定的权力与责任制度才能得以实现。也就是说，组织内部必须依靠分工，之后就要赋予各部门及每个人相应的权力，以便于实现目标。但在赋予权力的同时，也必须明确每个部门、每个人的责任。有责任而没有权力，无法保证任务的完成；有权力而没有责任，就会导致权力的滥用。上述都会影响组织目标的实现。有的学者指出，组织在一定程度上来说，就是职、权、责三位一体的完整体系。这一完整体系同时还意味着组织需要某种权威的统一指挥，需要有一个统一的力量对组织进行实际的操作，从而保证组织人员的协调一致和各项工作的顺利完成。

(4)与环境的联系。组织并不是一个孤立的存在，而是一个开放的社会技术系统，它需要和外部环境进行各种材料、能源和信息的交换，从而使组织不断变革与发展。例如，对一个企业来说，如果没有顾客、供应商、竞争者及其他相关因素的作用，其便不能存在。而一个显著的事实是，今天的企业甚至都在与其竞争对手合作，共享信息与技术。

分析了组织的特征之后，接下来让我们来认识一下组织的功能。具体来看，组织的功能可以从组织外部和内部两方面来理解。从组织外部来看，组织的社会功能包括以下三个方面。

(1)组合资源，力量汇聚。有效的组织能充分利用人、财、物资源，对其进行有效的整合，把分散的个体汇聚成集体，以整体的力量去追求期望的目标和结果。同时，以组织整体表现出来的力量，并不是每一个个体力量的简单叠加，而应该像古希腊学者亚里士多德所说的那样，“整体大于各个部分的总和”。如果从效益这个角度来评价一个组织，那么只有借助资源的有效组合、力量的汇聚和放大，才能取得产出大于投入的经济效益，组织才能得以发展和壮大，才能将个人的力量结成统一的整体，以完成个人不能完成的工作。

(2)个人与机构之间的交换作用。“人是天生的社会动物”，或者说“人有天然的合群倾向”，这是我们探讨组织和群体的思想基础。这种“天生”或“天然”在现实社会生活中的合理存在来源于个人和机构两方面的因素。从个人的要素来看，个人之所以加入某一机构并对其投入一定的时间、精力和技能，付诸一定效率的个人努力，其目标是想从机构中得到某种利益和报酬，以满足个人的需要。从机构的要素来看，机构之所以接纳个人及对个人投入上述的成本花费，是希望个人能因此对机构做出贡献，以实现机构预期的目标。这样，个人与机构之间的关系应该建立在一种相辅相成、平等交换的基础上，形成双方都感到满意的关系。而这种交互作用正是通过组织结构、组织制度、组织活动等来实现的。

(3)适应并影响变化的环境。生态学被引入管理领域之后，随着系统权变理论的出现，人们对于环境问题给予了更多的关注。从系统论的观点来看，组织的生存和发展离不开一定的环境，构成组织环境的要素很多，既有政治、经济、文化、自然等宏观环境，又有涉及人们思想观念、活动方式和心理状态的微观环境。组织与其所存在的环境之间处于一种互动的状态：一方面，环境对组织具有决定和制约作用，组织目标、组织制度、活动方式等都要适应环境的要求，并能随着环境的变化而不断调整和发展。另一方面，组织对环境的适应并不总是消极的，在一定的情况下，组织也可以通过自己的活动来控制、利用和改造环境。例如，企业组织可以通过技术革新来优化产品工艺，从而改善需求环境；学校为社会培养和输送高质量的人才，就可以获得良好的社会评价，从而大大改善其生存环境。所以，在讲究适应的前提下，加入促进环境的改变，这是组织的一个重要作用所在。

从组织内部来看，组织则具有心理功能，也就是组织对其成员会产生心理影响。不同的组织在组织结构和活动方式等方面可能千差万别，但一般都有着共同的心理功能，主要表现在以下两个方面。

(1)需要满足。人们所奋斗争取的一切都同他们的利益相关，因此需要也就成了人们行为的基础。人们正是带着各种各样的需要参加到组织生活中的。一个合理有效的组织可以通过各种方式来满足人们的不同需要。例如，通过工资、奖金、福利等来满足人们的基本生活需要；通过组织沟通、人际交流等来满足人们的社会交往、归属、尊重等心理需要；通过分配挑战性的工作任务、激发个体的潜能、充分展示个人的聪明才智等来满足人们的成就感和自我实现的需要。组织能够满足个体的需要，容易使个体产生对组织的依赖感，而这种依赖感对增强组织凝聚力、提高工作满意度、实现组织目标等都具有积极作用。

(2)行为导向。组织原则和规章制度向个体提供了一种制约因素，它能引导组织成员的行为，如组织目标指明了个体行为的方向，专业分工和权责分配则界定了个体行为的范围。组织制度和活动方式的明确规定能让每一个成员准确而稳定地预见自己及其他成员在特定的环境下的行为。在组织环境中，人们做出或者拒绝做出某一行为，是对责任与后果进行理性选择的结果。而理性选择正是来自于这种为组织所保证的个人稳定预见。同时，组织和制度能迫使个体接受别人的决定，使自己的行为受他人的影响。这一方面是由组织的层级制和权力运作来实现的。组织通过角色分配对每个人的职、责、权做出了明确的规定，服从这种规定就成了组织成员应尽的义务。另一方面，接受他人的决定也许并不因为权力这种制度性的安排，而是基于一种自然的影响力，这一般来自以个人的知识、经验、能力、品德等为基础的人格魅力。如果我们把人的行为看做一种选择的结果，那么影响力改变人的行为意味着个体选择权的转移，而强制性的、制度性的权力改变人的行为则意味着个体某种选择权的丧失。

1.1.2　组织类型划分

组织为数众多、情形各异，为了便于我们更好地认识组织和了解社会，我们有必要从理论上对组织进行分类。这种分类未必能够改善组织的管理，但却可以使我们的研究更加具体化和专门化。当然，组织类型划分的标准是多种多样的。下面，我们将主要介绍一些较为典型的分类(表 1.1)。这些分类可能并不完善，有的可能并未涵盖全部的组织形态，但透过这些分类我们会更加深刻地认识到组织是纷繁复杂的，形态各异的组织已深入我们社会生活的方方面面。

表 1.1　组织类型表

提出者	组织类型	类型的例子	分类方法
帕森斯	经济生产 政治目标 整合 模式维持	摩托车厂 政府机构 法院系统 大学	执行的功能和追求的目标

续表

提出者	组织类型	类型的例子	分类方法
卡茨和卡恩	生产和经济 模式维持 适应性 管理或政治性	零售商店 学校系统 研究与发展组织 管理机构	追求的目标与执行的功能
布劳和斯科特	公益 商业 服务 互益	贸易协会 政府机构 学校 银行	组织输出的受益者
埃兹奥尼	强制型 功利型 规范型	监狱 企业 学校	赢得顺从方式 正规的行为模式
汤姆森	长链组织 媒介组织 集约组织	汽车公司 银行 NASA	所采用技术的类型
威尔逊	生产型组织 程序型组织 工艺型组织 应付型组织	邮局、注册处 精神病医院 战争时期的军队 大学教师、巡警	组织成员的活动与活动成果能否被观察到

1. 按组织的职能和目标进行分类

目前的主流看法是，根据组织目标的差别把组织分为公共(公立)组织和私人(私立)组织。简单地说，公共组织是以实现公共利益为目的的组织，包括政府组织和非营利组织。私人组织则不以公共利益为目标，而是要满足个人或组织所认同的营利目标。当然，我们也可以把公立与私立看做组织类型划分的两个端点，而所有组织都是介于两个端点之间。佩里(Perry)和雷尼(Rainey)依据组织所有权、补助和社会控制方式的不同将组织分为八种(表 1.2)。虽然现实中的组织种类会更多，或者很多组织会以组合的方式存在，但这一分类方法仍然对我们进一步认识公共组织与私人组织的差别有很大帮助。

表 1.2 组织分类表

类型	所有权	补助	社会控制方式	例证
官僚组织(bureau)	公立	公立	多元政治控制	劳工统计局
政府公司(government corporation)	公立	私立	多元政治控制	退休金担保公司
政府资助的企业(government sponsored enterprise)	私立	公立	多元政治控制	公共广播公司
受管制企业(regulated enterprise)	私立	私立	多元政治控制	私有电力公用事业公司

续表

类型	所有权	补助	社会控制方式	例证
政府企业(government enterprise)	公立	公立	市场	必须为政府提供服务的政府印刷部门
国有企业(state-owned enterprise)	公立	私立	市场	空中客车
政府外包商(government contractor)	私立	公立	市场	光曼
私人企业(private enterprise)	私立	私立	市场	IBM

资料来源：Perry J L，Rainey H G. The public-private distinction in organizational theory：a critique and research strategy. Academy of Management Review，1988，13(2)：182-201；作者翻译整理

美国社会学家帕森斯(T. Parsons)也认为，组织应首先按其被组建的目标或功能的类型来划分。组织的目标从组织是更大的系统的分化部分或子系统的观点来看，是指专门的或分化的功能，反映的是组织与它作为一部分所在的较大系统之间的主要联系。目标类型包括适应目标、实施目标、整合目标和模式维持目标。据此，帕森斯提出了具体的社会组织分类方案：①经济生产组织。其是指制造产品和进行生产的组织，这类组织的典型是实业公司。当然，经济生产组织只是把经济功能置于首位，而绝不是说它只具有经济功能。这一点也适用于其他类型的组织。②政治目标组织。这类组织致力于实现有价值的目标，形成和部署社会的权力。政治目标组织主要包括政府机关等。③整合组织。这类组织旨在实现社会的整合目标。其目的是调解争端、引导社会实现制度化的期望、保证社会各组成部分共同工作。政党、法庭和其他具有法律职业功能的实体、利益群体等都属此类组织。④模式维持组织。其主要是指那些具有“文化”、“教育”和“揭示”功能的组织，如教会、学校、研究机构、艺术表演单位等。

此外，美国学者卡茨(Daniel Katz)和卡恩(Robert L. Kahn)以同样的标准对社会组织进行了相似的分类，包括生产和经济组织、模式维持组织、适应性组织、管理或政治性组织。

2. 按受益对象分类

任何组织的存在必有其受益者。美国学者布劳(P. M. Blau)和斯科特(W. R. Scott)以受益对象为标准将组织分为四类。

(1)公益组织。公益组织的受益者为整个社会，全体民众，包括那些不直接接触组织的社会成员，如政府、军事组织、消防机构、邮局、科学研究机构等。这类组织对社会起到保护作用，维护社会的公平和公正，但不以营利为目的，而且常常兼有一定的行政功能。同时这种组织也为社会中其他类型的组织提供服务，所有个人或组织都能从中获得好处。

(2)商业组织。商业组织的受益者为其所有者和经营者，它谋求以最低成本获得最大利润，如工厂、公司、商店、银行、保险公司等。商业组织是社会中创造财富的组织形式，也是最活跃、最有创新性的组织形式。其组织结构的形成和运转均是以效率和利

润为中心，最终目标是获得财富和利润，其产生的价值可以通过货币来表现。

(3)服务组织。服务组织的受益者为某部分特定民众，它谋求最大限度地实现顾客的利益，如医院、学校、社会福利团体等。这类组织以提供服务为主，其目标是为顾客提供专业性的、良好的服务，其受益者为社会中与组织有直接接触的个人或单位。服务性组织并不排斥营利性，但其组织事务所关心的重点是其服务对象的利益，因为这一点决定着组织自身利益的获得。

(4)互益组织。互益组织的受益者为组织内的成员，如政党、工会、俱乐部、职业团体、行业协会等。互益组织的成员基本根据自己的兴趣参与组织的活动，结构比较松散，来去自由，组织的管理方式也都是采取高度民主制。互益组织的存在对社会有着积极的影响，一方面它可以充分发挥组织成员内心的张力，促使其完全按照自己的兴趣参与组织活动；另一方面它还可以为其他组织提供必要的服务，是正式组织的一种必要的补充。

3. 按赢得顺从的方式分类

一个组织为了求得生存和发展，必须赢得成员对组织的顺从，其实质是组织中权力或权威运用的程度。美籍德裔社会学家埃兹奥尼(A. Etzioni)认为，组织内有三种不同类型的权力，即强制权力、补偿权力、规范权力。这些权力分别以肉体伤害、物质上的奖励、荣誉称号的获得作为服从行为的基础。依据赢得顺从方式的不同，可将组织分为以下几种。

(1)强制型组织。这类组织主要用强制性的权力手段控制其成员，如监狱、精神病院等。

(2)功利型组织。这类组织主要用以金钱或物质为媒介的奖励和惩罚手段控制其成员，如各种企业组织。

(3)规范型组织。这类组织主要用荣誉或声望等方式管理其成员，且组织的运作比较规范，以劝导和感召来将人们的行为引到被认为是正确的轨道上来。这类组织强调成员的承诺与自觉，其实现组织控制的方式主要依赖于成员的内在控制，即成员的服从是建立在对规范的内化的基础上的，是自觉自愿地服从组织目标。政党、医院、学校等属于这类组织。

4. 按组织的形成方式分类

这种划分方法在20世纪30年代美国学者梅奥领导进行霍桑实验后日益为人们所接受和熟悉。根据组织的形成方式，可以将组织划分为两大类，即正式组织和非正式组织。正式组织是指具有一定组织目标并依照一定的规章制度和权责分配体系建立起来的管理组织。一般而言，一个正式组织包括职能系统、激励系统、权威系统、决策系统。非正式组织是指人们在共同工作或活动中，由于具有共同的兴趣和爱好，以共同的利益和需要为基础而自发形成的组织。非正式组织是由组织中个人的接触、交互影响、自由结合形成的联合体，这种组合纯属偶然、意外且不带目的性。一般认为，非正式组织或者存在于正式组织之内，或者存在于正式组织之外。“在每一个正规组织中都会出现非正规组织”，“这些非正规组织植根于正规组织本身，并且受到其制度正规性的滋养”①。正式组织与非正式组织二者之间的差别在于：

(1)正式组织通常是经过合法的程序建立的，在正式组织下的人员均有法定的职位与权责，并依据法定规章办事；非正式组织是由人员相互交往的行为构成的社会关系网，是顺乎自然的人群结合，没有法定地位。

(2)正式组织缺少人员间的感情交流；而非正式组织成员间有交互行为、共同意识与感情交流。

(3)正式组织成员以法定的关系和层级节制关系为结合的纽带；而非正式组织的成员以彼此间的认同感及友谊为结合的纽带。

(4)正式组织成员的社会地位一般相差很远，不可僭越；而非正式组织成员的社会距离相去不远，社会背景相似。

(5)正式组织以形式化的组织手段和程序来达到组织的目的；而非正式组织一般以不太显著或不很形式化的影响或压力达到目的。

(6)正式组织的成员虽有各自的角色分工，但其位置可以相互替代；非正式组织一般较注重组织内个人的独特性和不可替代性。

(7)正式组织领导人的权力是由组织制度和组织理性赋予的；非正式组织的领导人往往依靠自身的能力、经验、知识、品质等赢得成员支持，获得较强的影响力。

(8)正式组织偏重于个人对达成组织目标所表现出的角色行为，可称为逻辑理性社会体系。在此体系中，个人听从组织的安排，力求符合组织与工作的规范，以实现组织的最终目标。非正式组织则主要关注满足个人的社会心理需要，有时可称其为心理社会体系。在此体系中，个人追求的是思想的交流、情感的体验和需要的满足。

“如果不考察非正规的关系网络、非正式准则以及正规权威体系和正式规则，就不可能理解正规组织的本质，因为正规构建模式和非正规自发模式是纠结在一起的。”②个体往往在正式组织中担任某种角色，同时又是某一非正式组织的成员。一般来说，非正式组织是作为正式组织的补充形式而存在的，成员越是不能从正式组织那里获得需要满足，则非正式组织的结合就越多。同一组织的人员具有较高的同质性和互动性，也容易产生非正式组织。若正式组织与非正式组织的行为作用方向一致，则有利于组织目标的实现；若正式组织与非正式组织的行为作用方向偏离或根本相反，则会妨碍组织目标的实现。所以，在管理中如何发挥非正式组织的积极作用、克服其消极影响，就成为一个关键问题。一般而言，非正式组织的正功能表现为沟通意见和交流信息、增强凝聚力、满足人们的情感需要；消极作用表现为反对变革、目标冲突、传播谣言等。

5. 按组织的技术分类

每一个社会组织要存在和发展，必然要以一定的技术为基础，否则组织目标的实现便不可能。汤姆森(W. Thompson)以组织所使用的技术为基础，把组织分为：

(1)长链组织。长链组织所使用的技术需要在一个时间序列中执行其功能，也就是

---

① 布劳 P M，斯科特 W R. 正规组织：一种比较方法．夏明忠译．北京：东方出版社，2006：7.

② 布劳 P M，斯科特 W R. 正规组织：一种比较方法．夏明忠译．北京：东方出版社，2006：8.

说，组织要实现一定的产出，就必须将这一产出拆分到各个环节与流程中去完成。其组织结构也是围绕着这种技术而设计的。汽车工业和建筑工业一般都采用这种组织形式。

(2)媒介组织。媒介组织使用的是媒介技术。这类组织关心的是如何把希望保持相互依赖的人群集合在一起，即这类组织以自身作为某些期待互动的人群的沟通媒介。银行、中介机构等属于此种组织形式。

(3)集约组织。集约是指组织是采用集约化技术将各种各样的工艺技术或方法结合在一起，以完成某项特别的任务。美国国家航空航天局(National Aeronautics and Space Administration，NASA)是比较典型的集约组织，该组织关心的是将丰富多样的先进技术结合起来，以完成像航天飞机或宇宙探险之类的空间技术方面的计划。

6. 按组织工作的可观测性分类

美国政治学家和管理学家詹姆斯·Q. 威尔逊(James Q. Wilson，1931～2012 年)在《美国官僚政治：政府机构的行为及其动因》一书中指出，机构间的差异主要体现在两个方面：组织工作人员的活动和这些活动的结果能否观察得到。第一个方面涉及“付出”，是指由机构所做的工作组成，即教师、医生、警察、律师、工程师、税务员每日之所为。第二个方面涉及“成果”，是指机构工作的结果，即这个世界因为上述付出而发生的变化。这两个方面都有可能难以看到。就“付出”来说，由于工作人员的所为深奥莫测(如医生进行诊断或物理学家创立理论)，或者因为工作人员在其上司的视力范围之外工作(如警察处理家庭纠纷或森林看守巡视森林)，此时工作人员的“付出”不易被观察到，因此容易引发道德危机，工作人员可以偷懒或暗中破坏。就难以看到的“成果”而言，一般有四种情形：一是因为缺少一种搜集有关其工作成果的信息的方法(如一个防止自杀的机构可能确实阻止了自杀事件的发生，但它并没有一种方法来统计可能发生的潜在自杀事件的数量)；二是因为工作人员缺少一个被证明有效的手段来获取预期成果(如犯罪心理学家不知道怎样才能改造好罪犯)；三是因为其工作成果来自工作人员的行为和其他不可知因素的综合影响(如儿童考试的分数反映了学生的智力、父母的影响、教师的水平等因素的综合效果)；四是因为成果需要经过很长一段时间的延迟之后才会显示出来(如对罪犯的改造成效，必然要在多年以后才能真正显现出来)。

根据付出和成果是否容易被观察，可以将组织分为以下四种。

(1)生产型组织，是指组织成员的付出和成果都能观察得到的机构，如邮局、注册处等。在这种组织中，领导人会面临一个问题：他们可能有意或无意地将大部分注意力集中到更容易测算的成果上，而忽略那些不那么容易测算或观察的成果。同时，雇员可能会伺机编造作为评价他们工作的依据的数据。所以，管理一个生产型组织，首先必须肯定那的确是个生产型组织，并能肯定所有重要的成果都会被观察到。然后再根据工作人员的工作效率来评判其表现，如某一成果的获得是否花费了最少财力，或者一定的财力是否取得了最大的效益。

(2)程序型组织，是指工作人员的付出可以观察到，但成果观察不到的机构，如精神病医院、少年犯管教所、和平时期的武装部队等。在这类组织中，工作人员如何干工作比干这些工作是否产生预期的效果更为重要。因此，专业化的管理方式似乎较为适合这种组织。既要按照最高专业标准招聘专业人员，又要在组织中普遍实行标准的规程，这些标准将迫使其实行者把顾客的利益放在个人利益之上，并投入最可能产生预期成果的活动中去。同时，领导者一般使用直接观察或定期统计报告等多种形式的连续监视方法来保证规程得到遵守。

(3)工艺型组织，是指组织成员的成果可以观察到，但付出观察不到的机构。部队在战争时期就会变成工艺型组织。如果评价警察局的侦察人员是看他侦破了多少罪案而不看他是如何侦破的，该组织也是个工艺型组织。问题在于，这种行动的自由可能会使某些受不到监视的工作人员产生不良或不法行为。在这种组织中，常常使用以目标为中心的管理方法，但同时，在很大程度上要依靠其工作人员的风气和责任感来管理其行为。所以，这类机构中最成功的就是那些在其工作人员中培养出一种使命感、一种敬业精神或对职业道德的崇尚，从而防止那些受不到监视的工作人员滥用权利。建筑业是一个明显的例子，瓦匠、木匠、电工、水暖工和其他工人组合在一起，在极少受到集中管理的情况下建筑房屋，而他们作业的程序受到作业者经验的支配。

(4)应付型组织，是指组织成员的付出和成果都观察不到的机构。教师、警察、外交官都是应付型组织的例子。这些机构的管理难题在于：它们可以设法招聘最佳人员，却不知道“最佳人员”是什么样子；它们可以争取创造一种有助于优质工作的气氛，却不清楚“优质工作”是什么；每当听到抱怨或出现危机时，它们可以采取相应措施，但无法确定抱怨是否合理或危机是否具有代表性。与生产型组织一样，应付型组织的领导人也会有一种强烈的愿望将其精力集中在其工作人员的最容易评估(因此也最容易控制)的活动上。另外，与程序型组织一样，应付型组织中也存在着一种强大的压力——把公平变成平等，也就是说，惩罚和奖励大家都有份，而不是只限于其中一些成员。在应付型组织中实行有效的管理十分困难，其领导人实施的惩罚往往会比表彰多。而惩罚又往往得不到工作人员的信服，他们会感觉受到了不公正的待遇，是领导“老是跟他们过不去”。因此，应付型组织中的管理人员和工作人员常常会发生矛盾。

另外，还可以根据其他一些标准来对组织进行分类，如社会领域(教育、农业、卫生等)、专业化程度(专业、半专业、非专业、服务)、组织的规模(小型、中型、大型、巨型)等。所有这些分类方式，均是各个领域的研究者从不同的角度、用不同的标准对社会组织进行分析归纳所得出的结果，因此在不同程度上与他们所处的时代背景和学术旨趣相关。这些组织分类的一般原则和方式对于我们研究和分析现实社会中的各种组织形态具有十分重要的参考价值。

1.1.3　组织理论的意义

人们普遍认为，理论与现实是对立统一的关系，理论要与实际相结合，要从实际当中来，再回到现实当中去。这一认识本身是理论性、原则性的。现实的证据一再表明，理论与现实之间总是存在着巨大的鸿沟，甚至是相互隔离的。理论与现实的相互隔离一般体现为两种极端情况：一种情况是把理论的作用极端化，无视现实世界的复杂性，一味要求现实要符合特定理论；另一种情况则是看到了理论和现实之间存在的巨大差距，进而全盘否定理论的功能。这两种极端的看法显然都是错误的。那么，在这两个极端之间，到底应该如何定位理论的功能呢？换言之，理论到底是以怎样的方式作用于现实的呢?

一方面，理论本身应具有超越性，理论本身正是因为其超越于现实才具有存在的价值。波普尔(K. Popper)的“三个世界”理论对此做了较为充分的说明。波普尔将人的精神世界分为两个部分(世界 1 是物质的世界)：世界 2 是“主观经验”的世界，即思想的内形式世界；世界 3 则是自在陈述的世界，是思想的内容世界，它必须对象化为某种实在的东西。所以，我们可以把这个由理论、问题和批判性的论证构成的世界放在我们面前，像一个客观的物体一样去评论它，去批判它。“像我们的孩子一样，我们的理论以及归根结底我们所干的一切工作，即我们的产品也都变得基本上独立于它们的制造者。我们从我们的孩子或我们的理论可能获得的知识，多于我们传授给他们的。正是这样，我们才能提高自己摆脱无知的困境；正是这样，我们才能对第三世界有所贡献。”[①]如此看来，理论工作者的所思所想总体上具有超越性，它不能停留在对现实世界简单的、经验式的描述上，而是要提出批判性的意见。一个理论或一种观念往往是因为有助于解决一个问题而具有客观的价值。也就是说，价值同问题一同出现；没有问题，价值就不可能存在；价值和问题都不可能从事实推出或获得，虽然它们往往与事实有关或与事实相联系。这也就是我们所说的理论的超越性。

另一方面，理论既来自于现实，也要从根本上服务于现实；理论不能仅仅承担一种批判性的功能，它同时应该具有一种建设性的功能。从 18 世纪的休谟(David Hume)开始，就把科学划分为规范性理论和经验性理论，此后的科学研究基本上延续了这一划分，有的侧重于(基础性)理论研究，有的则侧重于(应用性)实证研究。但我们必须承认，无论是规范性理论还是经验性理论；无论是基础学科还是应用学科；也无论是人文科学还是社会科学，其根基和出发点都无疑是人类社会，是当下我们人类既有的生存状态，是现在人类社会所面临的特有问题。人文社会科学之所以有意义，从根本上说，是因为它要回答现实中的人和社会所面临的这些问题。规范性理论也好，经验性理论也好，其差别只在于其观照和作用于现实的方式，而不在于它们需不需要去观照现实。规范性理论从宏观而长远的视角观照现实，为我们的社会发展提供远景式的指导；经验性理论则是从微观而具体的角度去解释和说明现实世界，直接回应于现实需要。以社会主义民主为例，从规范的或理想的意义上说，民主就意味着“一切权力属于人民”，人民主权是民主的最基本的原则。但目前民族国家的现实状况限制了这一理想的实现。现实社会要求我们把最基本的理论原则改变为“一切权力都不属于任何人”。这样就出现了两类民主理论和民主理论工作者，他们分别承担着批判和建设两种社会责任，或是在描绘理想中的民主蓝图，或是在为现实的民主建设出谋划策。

总体上看，理论与现实之间是对立统一的关系，这一关系决定了理论——无论是规范性理论，还是经验性理论不可避免地要以不同的方式回应社会现实。从理论的内在属性来看，任何一个健全的理论都必须是明晰、简洁且有解释力的，并内在地要求思维的一致性。理论必须在简洁性和解释力的矛盾中求得平衡，一个具有高度解释力的理论往往使用范围比较狭窄、变量关系复杂，通常这样的理论出现在个案分析或者实证研究

① 波普尔 K. 波普尔思想自述. 赵月瑟译. 上海：上海译文出版社，1988：277-278.

中，它是综合理论的基础。正如张五常先生所说："不可能被事实推翻的理论，是没有解释能力的。可以说，所有实证科学(Empirical Science)的主旨，是要创立一些可能被事实推翻的句子或言论来作推测的。换言之，科学不是求对，也不是求错。科学所求的是'可能被事实推翻'！可能被事实推翻而没有被推翻，就算是被证实(confirmed)了。"理论的同一性则要求理论要从综合理论层次到经验研究层次具有思维的一贯性，也就是至少在单一的研究者身上，他的理论应该具有一贯性，他的理论观点应该反映他具体的、经验的研究。所以思维连贯性的主要体现就是理论立场体现在经验研究、个案研究之中。从外在的学术分工的角度来看，一般是某一学科中较少的一部分人在从事基础理论研究，他们为人类社会提供的是一个罗盘，或者一种方向，而多数人在从事应用性较强的经验性研究，他们所做的工作类似于描绘或修正一幅地图。地图显然不等于社会现实，它是对社会现实的一种简化，但是没有这幅地图，我们在去往目的地的过程中就可能迷路，可能多走许多冤枉路，付出高昂的成本。

组织理论是各个不同时代的学者们在观察和思考组织过程中逐渐形成的知识累积。从根本上说，组织理论不是事实的汇总，而是关于组织的一种思维方式。组织理论是深入而准确地洞察和分析组织的方法，它为组织设计和组织管理提供必要的理论指导。具体说来，了解和学习组织理论有几个方面的意义：①组织理论是系统化的知识体系，可以帮助人们更一致、整体化地观察组织，帮助我们更好地理解组织中存在的各种问题和现象，这在形成和确认解决问题方法的过程中是至关重要的一步。通过为观察者和决策者提供研究和分析的概念工具，不管是分析者还是实践当中的管理者都处于一个提出解决方案的更好位置。②组织理论通过辨识现存的知识和正在进行的研究之间的差距而成为研究的向导。通过把研究努力的方向导向其最为需要的地方，理论就拓展了知识的边界，并将事实集中到了一起，它有助于对信息进行解释，并且提出新的认识。③管理者学习并掌握了相关的组织分析工具，了解到其他组织在过去所发生的事情，就可以在一定程度上预测所在组织在未来发展中可能会遇到的问题，从而避免不必要的风险，尽量减少可能发生的错误。④组织理论渴望成为管理活动和组织行为的向导。它为实践者提供了对组织绩效进行评价的尺度，这无疑有利于帮助实践者解决管理难题，更加高效地管理组织。

1.1.4　组织理论的分析视角

在 20 世纪初，组织理论勃兴，形成许多学派。由于概念体系和分析角度不同，各学派对组织的理解各有不同：有的从静态的角度来研究组织，认为组织就是职能分工、责权关系和层次等级的结构体系，是分工与协作的方式，这种理解是以组织结构为研究重点的；有的从动态的角度来研究组织，认为组织是为达到一定目标而由人们交互行为构成的有机系统，这种观点侧重于组织行为的研究；有的从心理的角度来分析组织，认为组织是由情感交流和思想沟通而形成的特殊心理团体，这种观点侧重于组织意识的研究；有的是从生态的角度来理解组织，认为组织是随环境变化而自我调节和自我适应的有机生命体，这种观点侧重于组织环境的研究。

概括起来，研究组织有两种方法：一种是自上而下的方法，一种是自下而上的方法。前一种方法深受韦伯的影响，研究的重点是组织的结构、目的和资源，对于那些致力于实现的目标明确而具体，机构的最高官员能够十分有把握地掌握工作进展情况的组织，这种研究方法较为适用。后一种方法则可以用来分析在一些组织中管理体制和方法与其承担的任务相适应和不相适应的程度。由此我们也可以说明组织理论与组织行为的区别。组织理论也要研究个人的行为，但是以总体的形式研究，单个的个人不是分析的重点，即组织理论与组织行为有明显区别，组织行为是组织研究的微观方法，它重点分析作为研究目标的组织中的个人。组织行为探讨的概念包括激励、领导方式、个性以及有关组织中的人们的认识和情绪的差别等。组织理论是对组织的宏观上的研究，它将整个组织作为一个分析单位。组织理论涉及组织和部门中的人员总和以及组织分析层的结构和行为差别。组织理论是组织的社会学，而组织行为则是组织的心理学。

具体而言，组织可以通过四个不同的层次加以分析(图 1.1)：①外部环境分析。外部环境分析处于组织研究的最为宏观的层次，重点分析组织与环境的互动关系。②组织分析。组织分析是以组织整体为对象的分析视角，主要关注组织如何分工，分工后如何整合，尤其是领导者如何通过组织结构重组与再造，充分调动各种组织资源，提升组织绩效等问题。③群体分析。群体在组织中无所不在，凡是各委员会、会议、同学、同乡、派系等，都是群体。在这一层次上，人们主要研究群体成员之间如何互动，群体的工作表现受哪些因素影响等问题。④个体分析。个人是组织中最小的单位，在这一微观层次上，人们关注组织成员的行为、知觉、认知、价值观、态度、情绪、学习和管理风格等。

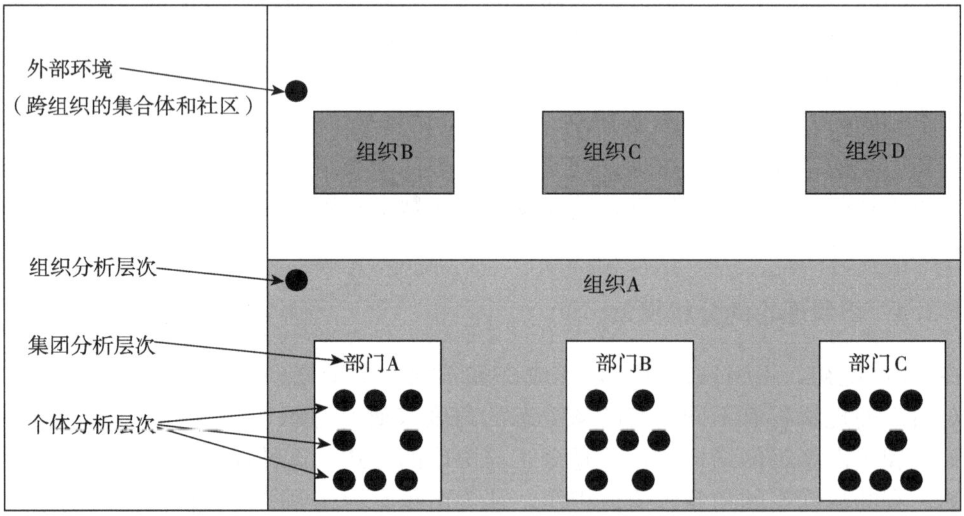

图 1.1　组织的分析层次

资料来源：达夫特 R L. 组织理论与设计. 第 10 版. 王凤彬，张秀萍，刘松博，等译. 北京：清华大学出版社，2011：38

1.2　公共组织及其管理

1.2.1　公共组织的含义

认识公共组织，首先要理解“公共”(public)一词。长期以来，学术界对“公共”概念外延的直观理解比较明确，但在具体探讨其内涵时却会遇到难以回答的问题，美国学者德怀特·沃尔多(Dwight Waldo)指出，我们可以采用不同的方法，从不同的角度探索“公共”的意义，要结合各国的社会观念和具体国情来理解“公共”一词。在中英文语义中，公共含有公(有)的、公众的、公用的、公开的等多种含义，均指社会层面的非个体性，强调的都是多数人的共享、共有和共用。在我国，“公共”就是指社会成员基于平等的公民权利，针对社会公共事务，进行公共协商和对话，形成符合公共利益的共识，来确保公共领域的稳固和社会总目标的实现。

公共组织是一个与私人组织相对的概念。这种区分本身至少说明，二者之间应该有明显的差别。但回顾组织理论发展的历史我们却发现，一直以来人们对二者之间的区别并不重视。事实上，几乎所有管理领域内的重大贡献都被认为是广泛适用于各种组织的。韦伯声称他对官僚组织的研究适用于政府机构和商业公司，泰勒把他的科学管理理论运用于政府的军火库和其他公共组织，赫伯特·西蒙的大部分理论也隐约可以用于各种组织环境中，不管是公共的还是私人的。此外，还有大量的经验性研究成果表明，组织规模、技术和任务等因素对以政府为核心的公共组织的影响要比其身份更重要，同时，公共与私人领域在很多方面是重叠的或相关联的，无论是就组织类型来说，还是就组织功能来说，都很难对它们进行清晰的划分，因此，简单地把组织划分为公共的或私人的不能作为一个普遍的组织分类法或是类型研究法①。

尽管难以在公共组织与私人组织之间划出清晰的界限，但也并不是说二者之间就没有区别了。无论如何，我们不能把所有的政府机构都私营化，也不能把所有的商业企业都国有化，这至少说明公共与私人组织之间存在重要的差别。由于公共与私人在很多方面都存在差别，人们可以用许多方法来定义公共组织。例如，可以把公共组织定义为以公共利益为活动宗旨或对公共利益产生重大影响的组织；也可以把公共组织定义为政府性组织，而把私人组织看做非政府性组织；还可以根据组织所有权和资金来源的不同组合，对组织进行四种分类：公共所有并使用公共资金的组织，公共所有但由私人提供资金的组织，私人所有但由政府提供资金的组织和私人所有并由私人提供资金的组织②。另外也有人从环境对组织行为方式影响的角度来区分公共组织与私人组织，他们认为，公共组织与私人组织之间的不同，是由于公共组织同外部环境发生交流时有独特的特点。政府所具有的垄断性和强制性既使其对人们有更大的影响，同时也要求它要在更多的公共监督下工作。

---

① 瑞尼 H G. 理解和管理公共组织．第 2 版．王孙禺，达飞译．北京：清华大学出版社，2002：60-63.

② 瑞尼 H G. 理解和管理公共组织．第 2 版．王孙禺，达飞译．北京：清华大学出版社，2002：71-72.

在本书中，我们不寻求为公共组织下一个完备的定义，只是从规范和经验两个层面强调其主要含义：从规范层面看，公共组织是以公共利益为目标的组织。尽管人们对公共利益的含义有着持久不断的争论，但我们可以简单地说："公共利益就是一个特定社会群体存在和发展所必需的，该社会群体中不确定的个人都可以享有的社会价值。"[①]因此，公共利益并不等同于国家利益，更非政府利益，甚至也不是人民利益。但是，这并不能否认公共利益与社会利益和个人利益之间有着实际存在，却被长期忽视的内在关联。公共利益与社会利益在主体性质上基本一致，只是在范围上有所不同。"社会分享的公共利益、组织分享的共同利益和私人独享的个人利益共同构成了我们所称的社会利益，形成了一个错综复杂的社会利益结构。"[②]公共利益与个人利益之间则存在对立统一的关系：一方面，没有脱离个人利益的抽象的公共利益；另一方面，任何个人利益都不可能完全与公共利益一致。

从经验层面看，公共组织是公共管理的主体。需要说明的两点是：①有人认为，公共管理的主体是狭义的政府，也就是与立法、司法部门相对的行政执行部门，就此意义而言，公共管理与公共行政就成了同义词。我们认为，行政组织是最重要的公共管理主体，但并非唯一的主体。非营利组织(non-profit organizations)或非政府组织(non-governmental organizations)也属于公共组织，是重要的公共管理主体，只是从性质上看，这些组织和政府组织相比，受法令监督与限制较少，在实际运作中有较大弹性。②尽管在新公共管理运动的背景下，有越来越多的以营利为目的的私营企业和个人与政府协作，共同参与公共事务的管理，但我们也不称之为公共管理的主体。我们所说的公共组织是私营营利组织之外从事公共事务管理的主体，其范围一般包括公共行政组织、行政性组织、一些非营利社会组织和民间社会团体等。

1.2.2 公共组织的特点

与私营组织相比，公共组织一般具有如下特点。

(1)公共组织是以追求公共利益为价值取向的，其目的和动机均是谋求社会公共利益，其所采取的一切措施都是在全局公平、公正、公开的原则下来为社会公众服务，并以最好的服务来争取社会公众的拥护与支持。公共利益是政府及其他公共组织存在的合法性依据，公共利益应该是公共组织发展的逻辑起点和终点，为此，公共组织的领导者与成员必须致力于确立并坚持一种集体的、共享的公共利益观念。

(2)公共组织的活动受法律法规的限制并具有法律权威。公共组织的活动，如预算的编制或执行、人员的晋升、资源的使用等，皆须在宪法和法律的规范下进行；同时，公共组织制定与执行法律是具有权威性的，受法律和国家强制力保护。公、私组织之间一个很大的区别在于，公共组织是一切要依明文规定行动，缺乏法律的授权则不敢行动，但私营组织只要法律未明文禁止的皆可为之。

(3)公共组织权威割裂，从而形成了公共组织间的相互依存性。一方面，为了限制

① 麻宝斌，等．十大基本政治观念．北京：社会科学文献出版社，2011：34.

② 陈庆云，刘小康，曾军荣．论公共管理中的社会利益．中国行政管理，2005，(9)：32-35.

公共权力的滥用，公共组织往往被置于错综复杂的权力制约网络之中，需要与其他组织协同合作，共同处理面对的公共事务；另一方面，现实的社会问题与公共事务往往是复杂的、动态的，具有高度的不确定性，公共组织不能独自处理和解决，也客观地要求公共组织相互配合，通过合作治理机制来适应环境，满足公众需求。

(4)公共组织受到高度的公共监督。由于公共组织的公益性质，人们对公共组织的公平、响应、诚实、开放及责任有一种独一无二的期望，这意味着公共组织的活动一定会受到舆论或社会公众的批评与监督，因此其必须坚持事务公开透明。

(5)公共组织需要更多考虑政治因素。公共组织的目标和执行过程必定发生在具有政治意蕴的环境中，其制定的政策无论是文化的、教育的还是经济的皆具有政治意义，即使行政人员以其专业的标准处理公务问题，其所发生的后果也有政治上的影响。私营组织则不必像公共组织那样必须面对全国性的或地方性的政治利益团体，较为忽略政治或权力关系。

(6)公共组织的目标大多模糊不清且不易测量。公共组织的目标是谋求社会公共利益，但公共利益在多数情况下都是抽象的、模糊的，在现实社会中，它常常会沦为公共领导者证明自身职责重大并为公众服务的一种象征性符号。同时，公共组织的服务对象不仅差异性大，而且对于行政人员的期望也很多，不仅会要求他们行政过程公开、公正，顺应民意，还要求他们承担公共责任等，这也会增强公共组织成员履行职责的难度。

(7)公共组织的独占性。公共组织的独占性一般涉及两种情况：一是由于公共组织通过政治权威或公共权力的行使而提供某些物品或服务，不允许私人加入竞争，从而形成了独占市场的局面；二是由于公共产品具有非排他性和非竞争性，造成了事实上的无人参与提供，或者是有些公共工程规模相当庞大，并非私人组织所能承担，政府等公共组织因此成为唯一的生产者，形成了独占局面。

1.2.3 公共组织的类型

1. 公共组织

从理论方面看，公共组织依靠公共权力来管理公共事务，为此，我们就可以根据公共组织所拥有的公共权力的强制力大小来划分其类型。从这个角度来看，公共组织可以分为三种类型。

(1)强制型公共组织。这类公共组织主要是指政府部门。其特点是根据宪法和法律的授权，依靠公共权力对公共事务进行强制性管理。它一旦对某一事务做出裁决，相关人员必须遵从，否则将受到惩罚。

(2)半强制型公共组织。这类公共组织更多的是依靠市场手段而不是行政手段实施管理，其管理行为对当事人有一定的强制性，要求当事人遵守。但这种强制性的动力源主要不是公共权力，而是当事人对契约的遵守或对组织权威性的服从，因此，这类公共组织的强制性是可对抗的，当事人可以拒绝裁决。现实生活中的“经济仲裁委员会”“消费者权益保障委员会”就是这类组织。

(3)非强制型公共组织。这类组织的最大特点是具有非强制性和服务性，其中多数为非营利组织，如各种院校、研究机构、基金会、医疗保健机构、文化和学术团体、各种咨询服务机构等。

在现实管理中，我国社会中的组织同样纷繁复杂、多种多样。对如此多样、复杂的组织进行分类管理，具有十分重要的现实意义。总体上看，国家通过不同类别的组织对整个社会进行条块管理，把所有的机构和个人都划归到某一类组织，无论是个人还是机构都要在这种组织内活动，并获取国家所分配的资源。目前，我国依然延续着计划经济时期所形成的三类组织管理模式。

(1)国家机关编制的组织，是指国家权力机关和行政机关，以及国家审判机关、检察机关、党派、政协、人民团体组织的机构编制。国家机关是最典型的公共组织，掌握并行使公共权力。

(2)国家事业编制组织，是指为国家创造或改善生产条件，促进社会福利，满足人们文化、卫生等需要，其经费实行预算拨款制的国家事业机构；此外还包括那些实行企业化管理的事业单位。在我国，事业单位也是典型的公共组织，目前主要包括行政执法、公益服务和生产经营等三类。

(3)国家企业编制组织，是指那些直接从事工农业生产、交通运输和商品流通等经济活动，所产生的价值可以货币形式表现的经济组织形式。随着社会主义市场经济的发展，我国已经形成了多种所有制企业并存的局面，在其中依然存在大量由中央或地方政府投资形成的公共组织。

2. 行政组织

行政组织是公共组织中最典型，也是最重要的组成部分。随着社会发展，行政组织也呈现出多样性特征。可以从不同角度对行政组织做不同的分类。

(1)按照管辖的地域范围，可将行政组织划分为中央行政组织和地方行政组织。中央行政组织的管辖范围涉及全国，在美国指的是联邦政府及其各部；在英国指的是枢密院、内阁和政府各部；在中国指的是国务院及其职能部门。地方行政组织的管辖范围只涉及一定区域，在美国指的是郡、市、教区或镇；在英国指的是郡、区、教区或社区；在中国指的是地方各级人民政府(省、市、县、乡等)及其职能部门。

(2)按照权限性质，可将行政组织划分为一般权限机关和专门权限机关。一般权限机关是指管理全国或一定地方区域内的全面性、综合性行政事务，统一领导各行政部门工作的行政组织。各级地方政府是典型的一般权限机关。专门权限机关指的是在全国或一定地方区域内管理某一项或几项行政事务的行政组织。各级政府的职能部门就是典型的专门权限机关。

(3)按照功能和作用的不同，行政组织可分为领导机关、职能机关、辅助机关、监督机关、咨询机关和派出机关。领导机关是一级行政组织中枢，对辖区内的重大行政管理问题进行决策，并指挥督导决策的实施。职能机关也称实施机关，是分管专门行政事务的机构，它服从领导机关的意志，在其管辖范围内负责专业行政事务和社会事务。辅助机关也称幕僚机关或办公机关，是指为了使行政首长或职能机关顺利开展工作而设立的承担服务性和辅助性工作的机构。辅助机关可分为综合性的(如办公厅、室)或专业性的(如人事部门、财务部门)、政务性的(如政策研究室)或事务性的(如机关事务管理局)

等。监督机关是指对行政机关及其管理活动进行监督检查的执法性机构。咨询机关也称参谋机关，通常是指由具有权威的专家学者或富有经验的资深政府官员组成，专门为政府出谋划策和对政策方案进行论证的行政机关。派出机关是指一级政府或政府部门按管辖地区授权委派的代表机构。派出机关一般没有独立的法律地位，它以派出它的政府或部门的名义行使行政权力，其行为的法律责任由派出它的政府或部门承担。

此外，还可以根据行政组织存在时间的长短将行政组织划分为常设机关和临时机关；根据管理的客观复杂程度和管理对象将行政组织划分为综合行政机关和专门行政机关。

3. 民间组织

改革开放以来，我国的民间组织发展迅速，尤其是2008年的汶川地震和北京奥运会引发了民间组织的爆发性参与以及大规模的志愿型活动。党的十七大报告中用"社会组织"术语代替了"民间组织"的提法。此后，官方文件和媒体报道多使用社会组织一词。无论称谓如何，社会组织主要包括以下三种类别。

(1)社会团体，包括行业协会、联合会、商会、促进会、学会、研究会、联谊会等。

(2)基金会，即利用自然人、法人或者其他组织捐赠的财产从事公益事业的组织，包括可向公众募捐的公募基金会和不向公众募捐的非公募基金会。

(3)民办非企业单位，即企业事业单位、社会团体和其他社会力量，以及公民个人利用非国有资产举办的，从事非营利性社会服务活动的社会组织，主要包括民办的学校、医院、福利机构、职业培训机构、文化馆和体育机构等。

截至2013年年底，全国共有社会组织54.7万个，比上年增长9.6%。其中，共有社会团体28.9万个，比上年增长6.6%；共有基金会3549个，比上年增加520个，增长17.2%；共有民办非企业单位25.5万个，比上年增长13.1%[①]。

1.2.4 公共组织的管理

公共组织的管理活动是一项计划缜密、目标明确的行动。它既是知识，又是技巧，也是艺术。多年以来，众多学者和实践管理者都针对公共组织的管理活动提出了许多理念和方法，以论证如何正确地管理组织，使其发挥最大能量以满足社会的需求。与私人组织相比，公共组织在组织环境、组织自身和组织内部等几个方面都存在阻碍组织目标实现、制约组织效能提升的难题。只有正视这些难题和挑战，才能有效提高公共组织的管理水平，改善其管理成效。

从公共组织环境来看，往往具有两方面特征：一方面，公共组织往往处于相对稳定的、独占性的环境中，缺乏外部竞争者。无论是权力主体有意造成的独占局面，还是客观环境造成的自然垄断，只要缺少来自组织外部的竞争压力，也就难以形成改进服务的内在动力。另一方面，公共组织往往具有较高的相互依存性，既相互合作，又相互冲突，形成叠床架屋、规模庞大的组织体系。这一体系的有效运行主要依赖于强大的权力

① 2013年社会服务发展统计公报，http://www.mca.gov.cn/article/zwgk/mzyw/201406/20140600654488.shtml，访问日期：2015年2月5日。

中枢、明晰的指挥链条和顺畅的信息沟通。这种自上而下的权力运行方式势必造成组织成员眼睛向“上”看，唯领导和上级的命令是从的局面。虽然有利于增强组织的整体性和协调性，保证组织命令统一、高效运行，却必然缺乏对外部环境的适应性和公众需求的敏感性。

从组织本身来看，公共组织的目标具有不明确性、多样性和相互冲突性。首先，公共组织的目标和绩效标准都比较模糊、难以确定，这导致组织目标的争议性较大，价值观的包袱沉重。例如，国防安全、公众安全、环境清洁、穷人和失业人口的生活水平提高等，粗略观察，都是鼓舞人心的政策口号和组织目标，但细究起来，都缺乏明确的共识和评价标准。其次，公共组织往往具有多样化的目标和评价标准，如效率、对公众负责和开放、响应政府、公平和法定诉讼程序、社会平等和分配标准、行为的道德等，不一而足。最后，不同组织目标之间相互冲突的趋势明显，而要在诸多相互冲突的组织目标之间形成和保持平衡则殊为不易。例如，邮局等公共机构既要收回成本，又要向偏远地区提供服务。正是公共组织所具有的这些特征，增强了自身的管理难度。在私营部门中广为通行的目标管理、绩效管理、战略管理和全面质量管理等手段，在移植到公共组织中时，都面临着水土不服的挑战。

从组织内部来看，影响公共组织绩效的主要因素包括五项。

(1)工作士气，也就是公共组织成员愿意努力工作的程度如何。一般来说，如果工作人员能够从工作中获得足够的物质奖励、精神满足，或得到预期的职务晋升，他们就可能有较强的工作动力，较高的工作热情。但公共组织成员的工资和福利标准都有严格的法律和制度规定，难以和工作绩效直接挂钩，而金字塔式的组织结构也限制了大多数基层工作人员的晋升空间，这就造成了大量公共组织成员工作热情不高、士气不足的问题。

(2)工作满足感，这也是工作态度的一种表现，但它不同于工作士气，主要表现为个人对工作本身及工作环境的满意程度。根据管理学理论的研究成果，工作满意度与工作士气不一定是正相关关系，如赫茨伯格所说，保健因素的供给只能消除员工的不满情绪，却无法提供足够的工作激励。同时，工作满足感与工作表现也有着复杂的关系。施瓦布(Schwab)和卡明斯(Cummings)认为，工作满足感与工作表现存在三种可能的关系：一是工作满足感导致高工作表现；二是两者间存在很弱的相关性；三是高工作表现导致工作满足感，而非一般所认为的单向导因关系。

(3)流动率，也称离职率，是指组织成员自愿或非自愿离开组织的情形。就公共组织而言，流动率可作宽泛的理解，即包括离开原公共组织或迁调到其他不同的公共组织。在公共组织中，存在着高层领导者频繁更换和基层工作人员流动率低的双重问题，前者会对组织整体运作产生冲击和影响，后者则会造成缺乏新进人员所带来的组织动力和活力不足的问题。

(4)工作生产力(productivity)，也称为工作绩效(job performance)，包括工作效率(job efficiency)和工作效能(job effectiveness)两个方面。在一般的工业生产组织中，生产力就代表工业产品的数量，工作效率与工作效能之间是高度一致的关系。但在公共组织中，却经常出现二者相互背离的情况。例如，对刑事警察来说，破案率是最为重要的反映工作效率的指标，但破案率高并不意味着办案质量高，也不代表社会治安形势的良好和社会公众满意率高。这势必会给公共组织的管理增加难度，要求组织领导者必须根据组织的总体目标设计出综合性的绩效考评指标体系，包括程序正义性、公开透明度、服务公平性和民众满意度等，才能保证公共组织的绩效水平。

(5)风纪与伦理。每个行业都有其应遵循的伦理规范或道德准则，公共组织也不例外。与私人组织相比，公共组织以公共权力为基础，以公共利益为基本目标，为此应遵循更为严格的工作或行政伦理(administrative ethics)。但在实践当中，公共组织成员存在着不容忽视的贪污、滥权，甚至个人私德等问题，这些都足以影响公共权力的行使，或产生危害公共利益的行为。

1.3　公共组织理论的历史演进

公共组织理论是组织理论中重要的组成部分，是关于公共组织的构成、建立、运行和发展规律的知识体系。从西方公共组织理论的发展历史来看，大体上经历了古典主义时期、行为主义时期和现代公共组织理论三个发展阶段。在这里，我们择其要者予以概述。

1.3.1　古典主义时期

19世纪末20世纪初是公共行政学研究的起步时期，在这个时期，对公共组织尤其是政府组织的研究也开始了。由于当时组织理论的研究主要是为了适应科学技术和经济发展的现实需要，以科学化、效率化为基本目标，所以公共组织理论的研究直接借鉴了一般组织理论，特别是企业组织理论的方法和成就。古典公共组织理论把专业化分工引入组织管理，强调通过严格的制度、规范的程序和明确的奖惩来求得组织效率的提高。这一时期的组织理论尽管侧重于组织内部的静态研究，忽视了社会环境对组织的影响和组织成员的社会需求，但却为公共组织理论的进一步发展奠定了基石。这一时期的代表人物主要有威尔逊、泰勒、法约尔、韦伯、古利克和厄威克等。

伍德罗·威尔逊(T. W. Wilson，1856～1924年)是西方公共行政学的创始人。他的《行政学研究》一文开创了公共行政学研究的先河，其中包含了有关行政组织的一些思想：一是要求首先明确行政组织的职能、任务、范围，即政府应该做什么、不该做什么。二是倡导改进政府机关的组织结构与工作方法，只有这样才能进一步提高工作效率。三是强调行政组织应成为公正不阿的、为公众所信赖的公共机构。

泰勒(Frederick Taylor，1856～1915年)的科学管理理论是以企业组织为研究对象的，但他的思想也对行政组织产生了深远的影响。泰勒对组织理论的主要贡献体现在三个方面：一是主张将组织中管理者的管理职能与员工的作业职能分开，既要各负其责，又要相互协作；二是强调组织管理职能的专门化，每个管理人员都要尽可能分担某一种专门职能；三是提出了组织管理中的“例外原则”，即强调高层管理人员应把一部分权力下放给下级，自己只保留例外事项的处理权。

法国的亨利·法约尔(Henry Fayol，1841～1925年)创立了一般组织理论。他从高层管理者的角度，以大型企业整体组织管理为对象，就组织结构的规定性和管理过程的原则性提出了组织管理的五种职能和 14 项原则。五种职能是计划、组织、指挥、协调、控制。14 项原则是：工作分工；权责一致；纪律；统一指挥；统一领导；个人利益服从整体利益；报酬；集权；等级系列；秩序；平等；稳定；主动性；团结精神。这些既是管理的原则，又是组织的原则。

马克斯·韦伯(Max Weber，1864～1920 年)是德国著名的社会学家、政治经济学家，也是官僚制组织理论的奠基人。他认为，任何组织的存在都是靠权威来维持的，合法的权威主要有三种来源：一是基于习俗惯例的传统权威；二是基于领袖个人魅力的神授型权威；三是基于理性和社会契约的法理型权威。每一种权威各有其理想的组织类型，官僚制则是法理型权威最适宜的组织形式。官僚制的主要内容包括：组织成员分工明确；报酬、晋级和提薪都相对固定，并取决于个人能力和表现；组织内部层级节制；组织中规章制度严明；管理中的决定和命令形成文件下达，以文件"档案"作为管理的基础。这种组织类型具有准确、迅速、统一、严格服从、减少冲突等优点，对其后相当长时期内组织建构都产生了影响。但在发展过程中，官僚制组织也逐渐暴露出一些弊端，20 世纪后半叶的行政组织改革主要是针对这些弊端而采取的。

1.3.2 行为主义时期

20 世纪 30 年代，行为科学的兴起对西方整个科学都产生了巨大冲击。行为科学的思想与方法对组织理论也产生了重要影响。这一时期组织理论的研究改变了从静态的组织结构角度来研究组织的状况，开始从动态、从心理行为机制的角度来进行研究，弥补了以往公共组织理论研究的不足，丰富了公共组织理论的研究内容。这一时期的主要代表人物包括梅奥、巴纳德、西蒙等。

乔治·埃尔顿·梅奥(J. Elton Mayo，1880～1949 年)是美国著名心理学家和社会学家，现代管理学中人际关系学派的创始人。他曾于 1927～1933 年主持了著名的"霍桑实验"。通过大量访谈和研究，梅奥提出了几个基本思想：一是"社会人"理论。他认为组织中的人不是"经济人"，而是"社会人"，是复杂社会系统的成员。"社会人"不单纯追求金钱收入，还需要得到友谊、安定感和归属感。二是"非正式组织"理论。梅奥发现，人们只要在一起活动，就会自发地形成"非正式组织"。管理者应力求在正式组织和非正式组织之间保持平衡，避免冲突。三是指出作为新型的组织领导者，其能力主要表现在通过提高组织成员的满足感来激励组织的"士气"，从而提高组织的效率。

巴纳德(Chester I. Barnard，1886～1961 年)是美国公共管理和组织管理研究的著名学者，他从系统论的角度对组织进行定义，提出组织是由两个或两个以上的人有意识地进行协调活动的系统，作为一个协作系统，组织必须具备三个要素：一是共同的目标；二是协作的意愿；三是信息。巴纳德还提出了著名的权威接受理论。他认为领导者的权威不是由其职务高低决定的，而是由下属愿意接受的程度决定的，领导者的命令只有在下属愿意服从和接受的条件下才是有效的。另外，巴纳德还提出了组织平衡的思想，认为组织成员对组织的贡献与组织对成员的满足程度将决定组织能否继续存在。虽然梅奥发现了非正式组织的存在，但真正对非正式组织进行系统研究的学者是巴纳德。

他指出，非正式组织能对正式组织起到补充、限制的作用，如果引导得好，非正式组织能对正式组织产生积极影响，促进正式组织功能的发挥；如果引导得不好，非正式组织会对正式组织产生消极影响，妨碍正式组织功能的发挥，导致组织的僵化和衰退。

赫伯特·西蒙(Herbert A. Simon，1916～2001 年)是美国著名的行政学家，诺贝尔经济学奖得主，他在管理学、组织学、经济学、心理学、政治学、社会学和计算机科学等领域都有所建树。他提出“管理就是决策”，并以决策理论为核心，建构了一个更加全面、系统和成熟的现代组织理论体系。其主要思想包括：第一，组织的基本功能是决策，而高效的组织应以正确的决策为基础；第二，组织的目标是追求决策的合理性；第三，成员参加组织的动因主要是组织对成员个人的利益实现有着诱因；第四，组织的影响方式主要是权威、组织成员对组织的忠诚心、信息沟通、效率准则和培训等；第五，组织结构的设计应与决策的过程相吻合，把组织整体结构设计为层级制，并注意组织结构是组织内部分工的依据。

1.3.3　现代公共组织理论

20 世纪 60 年代以后，西方组织理论进入了一个新的发展阶段，这一时期组织理论的研究和发展是与系统论、控制论和信息论的引进密切相关的。学者们不再把组织作为一个封闭的、孤立的团体，而是作为一个与内外部环境密不可分的开放系统加以综合性研究，既注重组织的静态研究，又注重组织的动态研究，更注重公共组织与内外环境适应性的研究，从而使人们得以更广泛、更全面，同时也更深刻地理解公共组织问题。在实践中，20 世纪 60 年代末的“新公共行政”以及 70 年代后的“新公共管理运动”和 90 年代的“政府再造”运动中，人们也都对政府等公共部门的变革给予了极大关注，试图探索寻找一条优于官僚制组织形式的新型公共组织形式。在这一系列运动过程中，公共组织理论也获得了不断的发展。现代公共组织理论包括系统与权变组织理论、行政生态组织理论、学习型组织理论、“企业家政府”、“无缝隙政府”等众多理论流派。

帕森斯(Parsons，1902～1979 年)是最早将一般系统论运用于组织研究的美国学者。他认为，任何一种组织，其本身就是一个处在各个社会系统之中的社会分系统。处在社会系统中的组织，必须具有适应环境、达成目标、统一协调和形态维持四个特质。这四个方面的特质主要通过组织的三个层级来体现：一是决策层级，负责决策和组织方向，该层级处于组织的先锋地位，和客观的社会环境直接发生关系，其工作状态是完全开放式的。二是管理层级，负责解决内外协调问题，该层级处于组织的中间层次，其工作性质是半开放、半封闭状态。三是技术层级，负责组织具体目标的达成，又称为操作层级，处于组织的基础地位，其工作性质呈封闭状态。各层级之间应职责清楚、授权分明、各司其职，不得互相干涉。

继帕森斯之后，美国华盛顿大学的管理学教授卡斯特(Fremont E. Kast)和罗森茨韦克(James E. Rosenzweig)发展了帕森斯的观点。他们在《组织与管理——系统方法与权变方法》(*Organization and Management*：*A Systems and Contingency Approach*)一书中阐述了关于组织的系统权变观念。其基本思想是：第一，组织是一个开放的系统。政府也好，企业也罢，都处在开放系统与环境的相互作用之中，并努力达到动态的平衡。第二，组织是一个整体系统。任何一个组织作为一个整体系统都由“目标与价值、技术、社会心理、结构、管理”五个分系统组成。第三，组织的权变理论。任何一个组织的外部环境和内部各分系统都处在动态的变化之中，组织在这种变化着的特殊环境中具有多变量性，而生活中不存在普遍适用于任何组织的组织原则和组织方法。所以，对于一个成功的组织而言，应该视具体情况而采取不同的设计和管理。

弗雷德·W. 里格斯(Fred Warren Riggs)是美国著名的行政学家，行政生态学、比较行政学和发展行政学的创始人。在《行政生态学》(*The Ecology of Public Administration*，1961 年)一书中，里格斯系统阐述了生态行政理论：①行政组织存在三种模式，即融合型(传统农业社会)、棱柱型(由农业社会向工业社会过渡)、衍射型(高度发达的工业化社会)。农业社会里行政组织与立法、司法组织混同，在过渡时期，行政组织则呈半分化状态，到了工业社会，则会有明确的分工。②重点分析了棱柱型即过渡社会的公共行政组织。里格斯认为，棱柱型组织模式具有三种特征，即异质性与异种性并存、形式主义、重叠性。③社会经济机制和生产力水平是影响公共行政的最主要生态因素，此外，社会沟通网络和政治制度、认同意识等也都是影响公共行政的重要生态因素。只有与生态环境相适应，并根据这些生态环境的变化适时地做出调整的公共行政组织，才有可能健康地发展。

伯恩斯(Burns)和斯托克(Stalker)于 1961 年出版了《创新的管理》(*The Management of Innovation*)一书，把环境分为相对稳定的环境、不稳定和动荡的环境，这两种不同的环境形成了两种不同的组织结构模式，即机械式组织和有机式组织模式。这种适应型组织的理论观点反映出进入 20 世纪后半期以后，西方社会所发生的从工业社会向后工业社会，或称为信息社会、知识经济社会的转型。本尼斯(Bennis)也在他的《官僚制组织结构的灭亡就要到来》等著作中，批判了传统的官僚制，并对未来的组织进行了展望。他认为，每一个历史时期都会产生一种与该时期相适应的组织结构模式，官僚制模式已脱离了当代社会的现实，行将灭亡，未来能够有效解决组织对内协调和对外适应问题的组织必然是有机-适应型组织。这种组织具有几个特征：①临时性，组织将变成适用性极强的、迅速变化的临时性系统。②围绕有待解决的各种问题设置机构。③解决工作问题要依靠由各方面专业人员组成的群体。④组织内部的工作协调有赖于处在各个工作群体之间交叉重叠部分的人员，他们身兼数职，同时属于两个以上的群体。⑤工作群体的构成是有机的，而不是机械的，谁能解决工作问题谁就发挥领导作用，无论他预定的正式角色是什么。当然，这种官僚制过时论并未获得普遍的认同，仍然有许多学者坚持官僚制可以通过自身的发展来适应变化的环境。

彼得·圣吉(Peter M. Senge，1947～)是美国麻省理工学院教授，也是学习型组织之父。他在《第五项修炼：学习型组织的艺术与实务》(*The Fifth Discipline*：*The Art and Practice of the Learning Organization*，1990 年)中提出，在知识经济的时代进程加快，组织环境日益复杂多变的背景下，企业要持续发展，就必须建设学习型组织。所谓学习型组织，是指通过培养弥漫于整个组织的学习气氛，充分发扬员工的创造性思维能力而建立起来的一种有机的、高度柔性的、扁平的、符合人性的、能持续发展的组织。这种组织具有持续学习的能力，具有高于个人绩效总和的综合绩效。要创建这种新型组织，必须进行五重修炼，即自我超越、改善心智模式、建立共同愿景、团体学习和系统思考。学习型组织理论揭示，在新的知识经济时代，知识已经成为重要的生产要素，具有独立化和资本化的功能。因此，组织结构的制度的设计与变革必须适应知识经济的需要，有利于知识的生产、沟通、共享、深化和转化。这一理论不仅对企业组织变革产生了重要影响，而且对政府等公共组织也有深远的影响。

戴维·奥斯本(David Osborne)和特德·盖布勒(Ted Gaebler)于 1992 年出版了《改革政府：企业精神如何改革着公共部门》(*Reinventing Government*：*How the Entrepreneurial Spirit is Transforming the Public Sector*)一书，提出了“企业家政府”理论，进而推动了政府重塑运动的开展。他们针对传统官僚制使得政府行动迟缓、效率低下、机构臃肿、浪费严重，过分注重规章制度而不注重结果及顾客需求，缺乏使命感的诸多问题，主张把企业管理的精髓移植到政府中来，通过改变官僚制政府的内部管理机制及内部激励机制，在政府内部建立企业家机制，从而建立一个花钱少而办事效率高的政府。他们提出了重塑政府的十条原则：第一，起催化作用的政府——掌舵而不是划桨；第二，社区拥有的政府——授权而不是服务；第三，竞争性政府——把竞争机制注入提供服务中去；第四，有使命感的政府——转变规则导向型组织；第五，结果导向型政府——按结果而不是投入进行拨款；第六，顾客驱使的政府——满足顾客而不是官僚制的需要；第七，企业化政府——挣钱而不是花钱；第八，预防型政府——预防而不是治疗；第九，分权的政府——从等级制到参与和协作；第十，市场导向型政府——通过市场力量进行变革。

拉塞尔·M. 林登(Russell M. Linden)则在《无缝隙政府——公共部门再造指南》(*Seamless Government*：*A Practical Guide to Re-Engineering in the Public Sector*)一书中详细论证了无缝隙公共组织思想，借此来扬弃和再造传统的官僚组织。他认为，“无缝隙政府是可以用流动的、灵活的、完整的、透明的、连贯的词语来形容的组织”。“无缝隙组织以一种整体的而不是各自为政的方式提供服务。而且无缝隙组织的一切都是‘整体的、全盘的’，是一个完整统一的整体。”[①]无缝隙组织的特点是：①在工作中不存在条块分割，组织的任务由具有多种技能的团队完成，由通才掌握工作程序和做出决策。②对时间的敏感度很高，迅速的反馈成为首要因素，为顾客提供快捷、及时的服务。③组织中角色的明确性和清晰度低，内部分工较为模糊，并由跨职能的团队进行组织。④顾客导向。根据顾客的需要提供服务，组织活动灵活多变，提供非标准化的产品和服务。而对于员工的测评则建立在结果及顾客满意度的基础之上。要把官僚机构转化为无缝隙组织，要求一种新的思维方式和一整套不同的组织原则，即商业流程再造。公共部门的流程再造应遵循的原则是：①围绕结果(顾客、产品、过程)而不是职能进行组织；②几个过程并举代替按顺序操作；③把后阶段的信息反馈到前阶段；④在源头处一次捕捉信息；⑤如果一有可能就为消费者和供应商提供单独的接触；⑥确保“主要序列”的持久流动性；⑦不必为田间小径铺路，首先再造，然后自动化。

德鲁克(Peter F. Drucker，1909～2005 年)是美国著名的经验主义管理学大师。他

① 林登 R M. 无缝隙政府——公共部门再造指南. 汪大海，等译. 北京：中国人民大学出版社，2002：4.

不仅因倡导目标管理(management by objectives，MBO)而闻名于世，他对组织变革的看法也很有见地。他认为，现代企业的崛起始于美国内战和普法战争之后，自那时以来，有关企业的观念和结构出现了两次大的演变。第一次是在1895年到1905年间。管理者与所有者两权分离，建立了具有独立任务的管理者职业。第二次变革在20年后才出现。在现代企业的创新过程中引入了当前通行于企业中的命令-控制模式。它强调权力分散化，企业总部的服务性人员、人事管理、一整套预算和控制工具，以及政策层面与操作层面的严格分离。在20世纪七八十年代之后，进入了第三阶段的变革：从由部门和分厂所构成的命令-控制式的组织转变为以信息为基础的组织，由知识专家组成的组织。以信息为基础的组织首先必须重视数据处理能力。其次，重视信息处理能力必然要反映在组织结构方面，管理层次和经理人员都将大幅度地削减。再次，以信息为基础的组织对专家的需求远远超过我们所熟悉的命令-控制式企业。在这种组织中，知识将主要分散在企业的底层，存在于专家们的头脑中，他们从事着不同的工作并自行决定其工作方式。最后，在以信息为基础的企业中，许多工作的做法也将同以往大不一样。传统的业务部门将同时扮演质量标准保障部、培训中心或专家分配中心的角色，而不像以往那样各做各的。在现实中，医院、交响乐队和英国政府在印度的殖民机构，都是典型的以知识为基础的组织。

➢思考题

1. 组织的定义是什么？
2. 正式组织和非正式组织有哪些区别？试举例说明。
3. 在现实中，组织有哪些类型？试列举一些你所熟悉的组织加以说明。
4. 组织的功能有哪些？
5. 与私营组织相比，公共组织具有哪些明显的特征？
6. 组织研究有哪些方法？
7. 组织分析的层次有哪些？
8. 中国的社会组织有哪些类型？
9. 公共组织理论的演进经历了几个阶段？每一阶段的代表人物是谁？
10. 请简要介绍帕森斯、林登、德鲁克、圣吉等学者的组织理论的主要内容。

第 2 章

选择与决定——公共组织的生态环境

“凡事预则立，不预则废。”这一句话充分说明了对未来进行计划和规划的重要性。事实上，无论是对于一个国家，还是对于一个具体的社会组织来说都是如此，无一不需要制定科学、合理的未来发展战略和规划。从国家层面来看，为了实现中华民族伟大复兴的“中国梦”，党的十八大明确提出了“两个一百年”的奋斗目标；新中国成立以来，党和国家还通过一系列的“五年规划”来引领经济社会的发展，2015 年是“十二五”规划的最后一年，当 2016 年的第一缕曙光照耀在古老的中华大地上的时候，我们就已经开始了“十三五”的伟大征程。从组织层面来看，作为大学生，大家都可能比较清楚的是，随着中国高等教育的国际化程度越来越高，一些大学也明确提出了建设世界一流大学的战略目标；与此同时，我们所在的学校和二级学院都要结合内外部环境的发展变化、立足自身实际制定自己的“五年规划”。所有这些规划都是公共组织战略管理的内容，即通过战略管理来回答公共组织应当如何立足自身实际并结合环境的发展变化来对自身未来的发展目标进行定位的问题。之所以要对组织的未来进行规划和定位，主要是因为随着社会的复杂性和不确定性程度越来越高，组织与内外部环境之间的联系越来越密切。从系统论的角度来看，任何组织都不可能脱离其生存的生态环境，只有积极根据生态环境的变化制定合适的组织战略才能更好地促进组织的持续发展。公共组织同样如此，也必须根据自身实际情况，并结合内外部环境的发展变化来确定未来的发展方向，制定相应的发展战略。

在理论上，对于组织与其生态环境之间的关系主要有两种代表性观点：选择论和决定论。其中，选择论认为，组织可以不受环境的任何限制而自主选择生存环境；与之相反，决定论则认为，组织完全是由生态环境决定和支配的。然而，事实却并非如此，组织与生态环境之间的关系应当是双向的，即两者是相互影响的：一方面，组织不可能完全自主地选择其生存的生态环境；另一方面，组织的生态环境也不可能完全规定组织的生存。对于一个组织来说，这就决定了其既不能在持续发展变化的生态环境面前“听天由命”“无所适从”，例如，即使一个企业的产品很受客户的欢迎，如果它不能及时根据市场需求的变化进行调整，那么就可能很快失去大部分的顾客；也不能不顾生态环境的约束而一味地“异想天开”“一意孤行”，例如，当一个企业的客户群体发生了明显变化以后，如果该企业还坚持原来的产品定位的话，那么就会很快失去市场竞争力。与这两种做法不同，一个组织更加合理的选择是，通过一系列战略管理的方法在选择与决定之间达成一种动态的平衡，进而促进组织的发展。因而，组织与生态环境之间的“协同论”正在取代选择论和决定论，成为主流的观点。这就是组织战略管理理论产生的前提和基础。“战略”一词最早是在军事领域中使用的，后来开始应用到企业组织当中，并且得到了广泛的推广，因为它能够“帮助组织在不可预知的环境中取得预期的成效”①，是企业“应对复杂新世界的导航仪”②。尽管公共组织对生态环境的发展和变化并不如私营组织那么敏感，但是，20世纪末期以来，生态环境的持续发展变化、环境不确定性的程度持续加大以及新公共管理运动的兴起，使得公共组织管理领域也开始引入战略管理的方法。

作为大学生，我们虽然不能准确地说出与战略相关的所有问题，但是对组织战略的问题应该并不十分陌生。例如，如果你之前涉猎过国际政治方面的知识，你可能已经对国际战略的相关问题有所了解；如果你曾经关注过企业管理方面的知识，你可能会更为熟悉，那些因为成功地实施了战略管理而在激烈的市场竞争中赢得竞争优势的著名企业。组织战略管理的问题也开始逐渐受到公共组织的重视，那么，从公共管理学的视角来看，公共组织的生态环境包括哪些内容？公共组织与生态环境之间具有怎样的关系？什么是公共组织的战略管理？对于组织与生态环境之间的关系有哪些具有代表性的理论？在现实中，有哪些公共组织战略管理的实践？公共组织战略管理的主要方法有哪些？在这一章，我们将立足公共组织的特征，通过对相关知识的介绍来回答上述问题。接下来，让我们一起在公共组织战略管理理论与实践的沃土上开启一段神奇的发现之旅。

2.1 公共组织与生态环境的关系

在一般意义上，组织环境主要是指一切与组织的生存与发展相联系，能够对组织的生存和发展产生影响的内外部因素的总和。在工业化、市场化、信息化等浪潮的持续冲击下，随着社会的发展进步，公共组织与生态环境之间的联系越来越密切。在现实中，与公共组织发生联系的既可能是组织的外部环境，也可能是组织的内部环境。为此，在了解公共组织与生态环境之间的关系之前，我们要首先来了解一下有关组织环境的相关内容。

2.1.1 公共组织的生态环境

在组织研究的开始阶段，组织是被放在“封闭”或“闭合”的情境中观察和分析的。自从20世纪60年代开放系统的理论被引入组织研究领域后，生态环境对组织的重要性逐渐开始进入人们的视野。组织的生态环境包括多个方面的内容，但是，人们对于组织环

① 德鲁克 P F. 21世纪的管理挑战．朱雁斌译．北京：机械工业出版社，2009：30.

② 马利克 F. 战略：应对复杂新世界的导航仪．周欣，刘欢，等译．北京：机械工业出版社，2013.

境的认识是逐渐得以拓展的。“在这一知识革命的初期，研究者们只认识到技术环境——资源以及与组织任务相关的信息——对于组织的影响；因为在这个时候，研究者们仍然认为组织是一种进行投入-产出转换的工具性生产系统。后来，到了70年代中期，研究者们才开始认识到，更广泛的社会与文化因素——制度环境——会对组织产生重要的影响。”①从系统论的视角来看，每个公共组织都是一个系统，与此同时，每一个系统又都只是一个更大的系统的次级系统，于是，更大的系统构成次级系统的外部环境。换一个视角来看，每个组织系统又要受到内部更小系统的制约，组织内部诸因素的总和就构成了组织的内部环境。组织的内外部环境共同作用于组织，影响着组织的战略定位、资源获取、结构设计以及组织成员的行为倾向。

1. 公共组织的外部环境

我们研究公共组织环境时通常是以组织的外部环境为重点。一般来说，外部环境可大致分为自然环境和社会环境两类。对公共组织来说，社会环境的影响要更为深远和直接，因此也是理论研究的重点。对特定的公共组织来说，它与外部环境的互动具有层次性、方向性和有限性等特点。我们可以把与公共组织发生交互作用的外部社会环境概略地分为两个层次。

第一个层次是一般社会环境。一般社会环境是指对特定社会内的一切组织均发生影响作用的宏观的社会因素之和。它直接影响到公共组织的总体目标、功能状态和管理方式，它对公共组织的影响是间接的、全面的和广泛的。其主要构成要素包括八个方面：一是文化，包括历史传统、意识形态、价值观念、民族心理、道德标准、行为规范，以及对权威关系、领导方式、人际关系、科学技术的看法等；二是科技，即社会的科技发展水平，包括基础理论研究状况、应用和开发能力、科学技术知识的普及程度；三是教育，包括国民的普遍文化水准、教育制度的完善程度与分化程度、国民义务教育的范围和年限、接受高等教育和专业训练的人在总人口中所占的比例等；四是政治，即社会中的一般政治气氛和倾向、政治权力的集中程度、分权和国民参政的程度、政治性组织的普遍程度和职能倾向、政党制度和政党政治的性质及运用、社会民主意识的强烈程度等；五是法制，包括宪法的功能和效应、法律制度的性质、法系特征、法制完善程度、法治水平、公民的法制意识等；六是人口，包括人口的数量、素质、性别、年龄、分布、生育率、死亡率、就业率、平均寿命、人力资源的开发能力、人口集中程度、都市化程度等；七是社会，包括社会制度、社会结构、社会阶层、社会团体、社会组织、角色划分、社会控制、贫富差距、社区发展、社会变迁及管理水平等；八是经济，包括国家基本经济结构、经济制度、所有制形式、经济政策、经济活动、经济发展水平、消费特征等。

第二个层次是特定工作环境。特定工作环境是指那些对公共组织的输入、转换和输出过程或者说公共管理活动有直接的、具体的影响作用的社会环境因素。它是公共组织与一般社会环境发生联系的中间环节。就像著名学者迈克尔·波特(Michael E. Porter)

① 斯科特 W R. 制度与组织——思想观念与物质利益．姚伟，王黎芳译．北京：中国人民大学出版社，2010：2.

所说的，“虽然与企业有关的环境异常广阔，不仅包含社会力量，也包含经济力量，然而，对于企业至关重要的环境，还是公司在其中竞争的一个或多个产业环境”①。也正是在这个意义上，“每个组织都有一个对其产生影响的独一无二的外部环境，因为组织所处的位置不同，进行的商务活动也不同，即产品、服务、客户等方面都不相同”②。特定的工作环境对组织的目标和价值系统、结构系统、技术系统、管理系统和社会心理系统都会产生直接和具体的影响。这种影响主要是通过组织对外部信息的感知和处理，并转化为影响组织内部特征的决策过程来实现的。例如，一所大学根据国家中心任务的变化和社会需求的变化放弃传统的特色而改变专业设置。在这里，原属于一般社会环境的国家经济特征和文化特征就成为该大学的特定工作环境。无论是组织所处的特定工作环境，还是一般社会环境，都处在不断变化之中，这就对组织管理提出了经常判断组织环境变化，加强与环境互动的任务。只有不断地分析特定社会环境中的动态因素，减少不确定性，努力塑造有利于管理的比较稳定的外部环境，才能保证公共组织的顺利发展。

不同环境类型之间有着不可分割的联系，它们相互依存、相互作用，形成了一个有机的整体。通过前面的分析可知，首先，一般社会环境与特定工作环境的划分是相对的，它们之间的界限并不清楚，同时这种界限又在不断地变化。一种环境内容相对于某一地区、某一组织来说，可能是特定工作环境或小环境；而相对于另一个地区或组织来说，则有可能构成社会大环境的一部分。其次，各种环境类型之间是相互影响、相互渗透的。一般社会环境总是要不断地“渗透”到一个特定的工作环境中去，成为影响特定工作环境的有关力量。这种力量会改变或重新形成某种具体的社会环境。同时，特定工作环境对一般社会环境也具有一定的防御和形成作用。它可以在一定程度上销蚀一般社会环境的作用，并在一定条件下形成某种性质的一般社会环境。

2. 公共组织的内部环境

组织内部环境既是物质的、实体的、可见的、可感知的，又是精神的、观念的、不可见的、不可感知的。前者表示组织所拥有的物质条件和物质手段，后者表示组织及其成员的形式、意识、观念、感情和感受。在正常条件下，对组织内部环境所包括的物质内容比较容易了解，一般只要通过简单的统计报表就可以掌握。而对组织内部环境所包括的精神内容则较难把握。

组织内部的非物质性环境，一般称作组织气候。它是指组织成员的个性、认知、目标与组织目标融合一致的一种变化过程，也可以说是组织内部环境的一种较持久的特质或行为气象，通常由组织成员的工作热情、态度、思想、精神等所组成并通过上述因素表现出来。组织气候是一种中介变量，它间接反映组织内部环境的内在特征和内部环境诸因素相互关系的模式。组织成员对组织的看法与感受的一致程度如何，成员的心理、个性和目标与组织目标的一致性如何，决定了组织的目标能否达成。因此，通过测度、认识和改造组织气候，就可以改进组织行为方式，增进组织的和谐、稳定与效率。

---

① 波特 M E. 竞争战略．郭武军，刘亮译．北京：华夏出版社，2012：3.

② 克朋 C. 组织环境：内部组织与外部组织．第二版．周海琴译．北京：经济管理出版社，2011：239.

学者们一般是通过把组织气候分解为若干项变数来认识和了解组织内部环境的内在特征。这方面的研究主要有以下几种代表性的观点。有学者认为，组织气候可以分为领导过程、激励力量、意见沟通过程、互动影响过程、决策过程、目标设立和命令过程、控制和考核过程 7 个变数。此外，还有学者认为，组织气候一般可以用 9 个尺度来衡量：第一，结构，代表个人所感受到的组织的法规和纪律的拘束程度，如放任或拘谨；第二，责任，个人在组织中自主处理事务的程度；第三，奖励，组织在奖励方面的公平程度与个人所享受待遇的满意程度；第四，风险，个人在组织工作中所面临的冒险性、挑战性及其程度；第五，人情，个人与组织的融洽程度，如个人所感受到的他人所给予的关注、友情以及社交机会和非正式组织的态度；第六，支持，即个人所感受到的上司、同事和下级所给予的理解和协助；第七，标准，即个人对组织目标以及组织所要求的绩效标准的认同程度；第八，冲突，即个人所感受到的上级和他人听取不同意见的程度；第九，组织认同，即组织成员对组织所具有的隶属感的程度。

2.1.2 公共组织与生态环境相互影响

公共组织系统与环境之间是相互影响和相互作用的关系。一方面，公共组织不能脱离一定的环境而存在，探讨公共组织的活动与作用，不能忽视影响组织活动的环境因素；另一方面，必须看到公共组织对环境具有强大的反作用，尤其是公共行政组织，在许多领域中是具有决定性影响的。此外，还需要注意一点，公共组织只有适应环境的发展和变化才能对环境产生持久的、强大的影响力。

1. 公共组织受环境的影响

组织环境对公共组织的作用和影响，不仅体现在公共组织运行的全过程、全部行为，而且表现为其要作用于公共组织的各个部分和层次。一般来说，公共组织可以划分为决策层、管理层和操作层。由于这三个组织层次所处的地位和承担的组织职能各不相同，它们与不同环境类型的关系也就不同，或者说它们会受到不同的环境因素影响。

就决策层来说，由于它所处理的是涉及全局和长远的组织战略与组织发展问题，在整个组织中“开放”程度最大。所以，一般社会环境首先就会接触和作用到决策层。也就是说，一般社会环境对决策层的影响最大。一般社会环境范围大且变化速度较缓，少有突发性，因此往往对公共组织的长期目标有直接影响。同时，由于一般社会环境内容复杂，变量太多，许多因素交错在一起，难以量化，也就决定了决策层的决策行为多为定性决策，具有较大的弹性。

就管理层来说，其是处于一种半封闭半开放的状态。由于管理层在决策范围内进行管理，从事协调工作，所以，特定工作环境对其有较大的影响力。同时又因为管理层在某些方面还要负责对外适应，因此，它也要直接受到一般社会环境的影响。也就是说，组织管理层受到一般社会环境和特定工作环境的双重影响，而这两种影响的力度和程度大体相当。

就操作层来说，它处于组织的底层和一种较为封闭的状态。这样，决策层和管理层会自然产生“界限防御”作用，将一般社会环境的影响因素的相当部分加以应付或处理。同时操作层是在既定的决策框架内按照既定的程序和技术规范处理业务，所以受一般社会环境的影响不大。但是，由于操作层是按照既定的程序要求和技术规范处理业务，不可避免地受到特定工作环境的影响。由于具体工作环境往往与具体的组织行为直接相关，因此必然会影响到组织当前计划的落实。在短期计划的执行过程中，在采取某项具体行为时，必须认真分析特定工作环境的性质和特点，根据特定工作环境的要求采取适宜的行为方式和计划执行方法。

基于组织环境对组织所具有的强大作用，就要求组织能够适应环境。公共组织对环境的适应主要有两个通道：一是公共组织系统对环境的需求直接做出反应，满足环境的需求，把环境需求变成组织的行动。这种活动是公共组织存在和发展的理由，是公共组织日常活动的主要内容，也被称作满足“顾客”需求的活动。二是公共组织不能对环境的需求直接做出反应，这或者是由于组织对环境的需求不敏感，或者是由于组织对环境的需求缺乏正确的判断，或者是由于环境的要求超出了组织权限或能力，这时公共组织就处于一种间接或被动适应环境的状态。在这种情况下，公共组织对外部环境的适应程度往往取决于沟通渠道是否畅通，环境压力与组织承受能力之间的力量对比关系。

2. 公共组织对环境产生的影响

环境与组织的关系是双向的，两者之间是相互影响的。因此，公共组织对环境并非只是处于被动“适应”的地位，它同时还具有选择环境、抑制环境甚至改变环境的主动性。这种影响可以从组织对不同环境的反作用中得以体现。

首先，公共组织对政治环境具有重要影响。公共行政组织能够对国家立法机关和司法机关、对国际关系、对政治稳定状况产生重大影响；其他非政府公共组织也可以通过一定(合法或非法)的渠道反映(或代表特定群体反映)其利益需求，这必然在一定程度上影响政治系统的稳定和发展。

其次，公共组织对经济环境也有重要影响。以公共行政组织为例，其对经济环境的影响可以在政府经济职能中得到充分体现：公共行政组织可以通过政策去影响和改善经济环境，通过经济体制去影响生产者的生产经营活动，通过运用宏观经济杠杆去影响和改善经济结构，通过运用财政货币政策来促进经济发展，通过制度的不断完善来创造良好的市场竞争环境，通过产业政策来引导相关战略性产业的快速发展，等等。

最后，公共组织对社会、文化乃至自然环境都会产生一定影响。这种影响主要表现为，通过参与社会公共事务管理，公共组织可以起到改善社会关系、缓解社会矛盾、解决社会问题和增进社会福利的作用；通过参与科学技术、文化艺术领域的活动，公共组织可以对该社会文化环境产生一定影响；此外，公共组织通过其各种管理行为和组织活动，还可以对地理环境、空气环境、生态环境等产生影响。以公共行政组织为例，政府出台的一系列环境保护政策有助于自然环境的改善。与此同时，一些社会组织在倡导公益事业和提供公共服务中所做的努力，有助于提升整个社会的公益意识、促进社会成员的公益行为、培育社会资本、改善公共服务的提供。

2.1.3 公共组织与生态环境关系的相关理论

从理论上来看，随着对于组织问题研究的不断深入，在组织与生态环境的关系问题上，出现了一些具有代表性的重要理论流派，如资源依赖理论、种群生态理论、制度学派、企业行为理论、权变理论、战略选择理论等。虽然这些理论的名称各有不同，但是，在实质意义上，它们所回答的都是组织与生态环境之间的相互关系问题。综合来看，这些理论主要可以分为三大类：第一类是生态环境对组织的决定论，该类理论主要认为生态环境会决定组织的生存和发展，组织只能被动应对环境的变化，不能对生态环境产生影响；第二类是组织对生态环境的自主选择论，该类理论主要强调组织对生态环境的影响，认为组织可以不受环境的限制，自主地选择生存的环境；第三类是组织与生态环境的协同论，该类理论主要认为组织与生态环境之间谁也不能决定谁，两者是相互影响的，应该努力实现两者之间的有效协同。接下来，让我们详细了解一下这三类不同理论的主要内容及观点①。

1. 生态环境对组织的决定论

这一类的理论主要包括种群生态理论(population ecology)、制度理论(institutional theory)、演进理论(evolutionary theory)、权变理论(contingency theory)、生命周期/间断均衡理论(life cycle/punctuated equilibrium) 等流派。虽然这些理论流派在环境对组织战略的决定程度上的具体看法有所不同，但无一例外的是，它们都普遍认可在环境与组织战略的关系上，环境起着主导性的作用，因此组织战略应当更多地关注如何适应环境的发展及变化。

其中，种群生态理论主要是秉承了达尔文的自然选择观点，着眼于整个组织群体或产业，强调环境对企业的残酷选择，认为企业的生存是环境自然选择的结果。对这一理论有突出贡献的学者是汉南(Hannan)和弗雷曼(Freeman)，他们在代表性文章中，强调了细分化生存空间的重要作用，认为主观战略决策对企业存亡具有很小或者根本不具有作用，环境通过资源的稀缺性和优胜劣汰原则来完成对组织群体的选择过程，任何试图通过组织再造来提高生存几率的努力都是徒劳的，甚至会起到反作用而降低组织整体的生存概率。文章还提出结构性惯性的概念，主要是指一个组织群体适应性行为与其特定环境之间的匹配性。组织正是通过不断积累这种结构性惯性来体现其对环境变化的适应性。因此，对于单个企业而言，在环境强大压力下只有极其有限的生存概率，企业只能在一个狭窄的范围内以高度差异化被动地适应环境，否则将被淘汰出局。作为一个极端的认识，种群生态理论认为组织战略管理好坏对企业发展没有任何影响。总而言之，种群生态理论的核心观点就是，组织只能适应环境，不可能改变或影响环境。

与种群生态理论不同的是，制度理论更加详细地阐述了环境是如何影响组织行为的，特别是以什么样的方式来主导组织的战略选择。当然，这一理论流派所说的“环境”主要指的是制度。它主要从制度环境的强制性、规范性以及模仿性角度研究组织的趋同性问题，并试图回答为什么不同组织间会呈现出相似特征这个问题。制度理论还从单个组织对制度环境的依赖性角度解释了组织的适应性问题，该理论认为对环境的根植性是阻碍企业变化的基本原因，如果在高度结构化的制度环境下越多的企业选择相近的组织

---

① 参见：何铮．组织环境与组织战略关系的文献综述及最新研究动态．管理世界，2006，11：44-50；陈国权．组织与环境的关系及组织学习．管理科学学报，2001，5：39-49；费显政．组织与环境的关系——不同学派述评与比较．国外社会科学，2006，3：15-21.

模式，那么通过单个组织试图改变这种模式的动力就越小。对于企业战略，制度和新制度学派暗示企业只能采取快速跟进战略，通过不断适应变化的外部环境来寻求生存和发展。

在实质意义上，前面两个理论流派都是从一个比较宏观的角度来研究环境对组织整体的影响，那么，究竟单个的企业组织与其最为直接相关的产业环境之间存在着怎样的关系？波特提出了著名的“定位理论”，即企业成败决定于它所选择行业的整体状况和其自身的定位。在定位的过程中，市场行为或企业战略仅仅是外部特定环境的反映，强调不同产业环境对组织战略和绩效的决定作用。该理论认为，战略管理的重点是选择高增长行业和富有吸引力的地区，并且实施通行的战略。

在认同环境对战略的主导作用基础上，组织内部又是如何适应环境变化的呢？演进理论从企业内部出发，通过侧重于已有组织结构的再造和改变，而不是新组织的产生来研究组织对环境的适应能力。同样是强调组织对环境的依赖性和环境条件是组织形式的重要决定因素，权变理论认为战略管理的任务就是如何让组织更好地与环境相匹配。该流派强调组织对环境的适应性反应，而忽略组织对环境的影响力，认为对环境的良好反应依赖于企业高层管理者对环境的正确认知。所以，有效的战略取决于组织领导者对环境的估计和采取相应的措施。那么，面对环境变化的复杂性和组织形态的多样性，它们之间的关系能否一直保持不变？生命周期/间断均衡理论认为环境的选择性和组织的适应性分别主导企业发展的不同时期，由此选择性和适应性这两种方向相反的力量可能形成几种不同的短暂组合。

2. 组织对生态环境的自主选择论

与前一部分的相关理论强调环境对组织的选择作用不同的是，这一部分的几个流派主要从企业内部出发，侧重于企业自身的管理和行为选择，它们共同的特点是认为在环境与战略的选择适应过程中，组织不总是被动地采取适应性反应，而是在相当程度上可以通过主观的战略行为来抵御外界的变化，并且影响环境，进而改变所处环境以求得更有利的地位。这些理论主要包括战略选择理论(strategic choice)、企业行为理论(behavioral theory of the firm)和资源基础理论(resource-based theory)。

既然这一类理论认为组织应当采取措施来影响环境，那么，在现实中，组织究竟能在多大程度上影响自己的环境呢？其中，对这个问题持最肯定态度的就是战略选择理论。该理论最早是由查尔德(Child)在1972年提出的，在这一理论的论述中，查尔德认为组织并不总是被动地适应环境，组织同时有机会和能力去重新塑造环境以满足其自身的目标。

在这一类理论中，企业行为理论所回答的主要是组织塑造环境的主要动机是什么的问题。该理论强调经理行为的主动性和自发性，以及对组织环境的再造能力，认为组织战略对组织环境具有很大的影响力。因此企业可以考虑采用多种战略，通过与外部环境的相互影响来为组织谋求最有利的发展空间。

既然这一类理论认为组织在环境与战略的关系中并不总是一直处于被动角色，而可能反过来主动影响环境进而主导环境的变化，那么，在实践中，组织究竟是如何实现了对于环境的影响这一过程的？资源基础理论对于这一问题进行了回答。在内容上，资源基础理论视企业为各种资源的集合体，包括有形、无形资源以及各种隐性知识，它们共同作用创造出企业优良的绩效。总而言之，资源基础理论有效揭示出了组织是何以实现对于环境的影响的。

3. 组织与生态环境的协同论

在组织与环境关系的三类理论中，第三类是组织与生态环境的协同论。经过前面两类理论的介绍，我们可能已经看出，在一些理论流派中已经蕴涵了环境与战略相互影响的思想，其实协同演进的概念早在韦伯关于科层制度的著作中就有一些隐含的表述。学术界普遍认为，埃尔里奇(Ehrlich)和拉文(Raven)在 1964 年首次提出协同演进概念。此后，魏爱科(Weick)在 1979 年提出组织成员与环境之间是相互作用和影响的，因此，组织的环境可以同时被视为内生和外生变量。罗格登(Roughgarden)进一步将协同演进视为关联组织之间普遍存在的、互为因果的变化过程。库夫曼(Kauffman)等学者认为不应将环境与组织的关系简单地视为一方决定另一方，而应根据时间条件具体分析，二者之间应存在协同演进的关系。在这一类理论中，有两个值得我们注意的前沿学派——组织学习理论与复杂理论。其中，组织学习理论强调为适应环境，企业必须具备一些独特的学习和再学习能力。组织学习理论看重组织学习在组织发展，特别是从过去行为到将来行动之间的桥梁作用。与组织学习理论不同的是，复杂理论脱胎于自然科学领域(如数学、物理学以及生物学)，它为研究组织环境与战略之间的关系提供了一个崭新的视角。在内容上，复杂理论主要是将环境与组织视为一个复杂系统，系统内存在自组织机制、非线性关系、多重均衡和协同演进过程。

综合来看，通过对于以上三类组织与生态环境关系理论的观点介绍，我们可以看出，组织环境与组织战略之间存在着复杂多变的关系，公共组织与其生态环境之间的关系是双向的，既非决定论，也非选择论，而是相互影响的协同论。组织与生态环境之间的这种协同关系要求公共组织立足自身实际，根据生态环境的发展变化制定自身的发展规划，通过有效执行制定好的发展规划来实现组织的目标。这就是公共组织战略管理的任务。接下来，我们将围绕公共组织战略管理的理论问题展开详细的分析和介绍。

2.2 公共组织战略管理的理论基础

“不谋万世者，不足谋一时；不谋全局者，不足谋一域。”这句话充分揭示了战略管理的一些重要特征：首先，从时间上来看，战略管理具有前瞻性的特征，因为它是未来指向的，回答的是在未来的一段时间里组织应当走向何方的问题；其次，从内容上来看，战略还具有全局性的特征，它需要有所侧重以突出组织的战略焦点和重心，与此同时，还要统筹其他方面的内容。企业组织引入战略管理的目的就是取得在市场上的竞争优势。尽管都具有前瞻性和全局性等特征，但是公共组织的战略管理与私营组织的战略管理在很多方面都具有明显的区别。

2.2.1 战略管理的十大理论学派①

自从战略管理兴起以来，不同学者都对战略管理的相关问题提出了自己的主张，进而出现了多种战略管理的理论。根据这些理论的内容和重心的不同，著名学者亨利·明茨伯格(Henry Mintzberg)将战略管理的相关理论划分为如下十个不同的学派：

(1)设计学派——战略形成是一个孕育过程；

(2)计划学派——战略形成是一个程序化过程；

(3)定位学派——战略形成是一个分析过程；

(4)企业家学派——战略形成是一个构筑愿景的过程；

(5)认知学派——战略形成是一个心智过程；

(6)学习学派——战略形成是一个涌现过程；

(7)权力学派——战略形成是一个协商过程；

(8)文化学派——战略形成是一个集体思维过程；

(9)环境学派——战略形成是一个适应性过程；

(10)结构学派——战略形成是一个变革过程。

进一步来看，由于强调内容和侧重点的差异，这十大战略管理的学派又主要可以分为三大类。

前三者属于从战略本质的整体视角进行说明的学派，他们相对更关注如何明确地表述战略，而不关注战略形成过程中的一些具体工作。其中的第一个学派是设计学派，出现于20世纪60年代，是计划学派和定位学派基本理论框架的基础。设计学派重点讨论了作为非正式设计过程的战略形成，其中“设计”是这一学派的基本概念之一。第二个学派是计划学派，在60年代与设计学派一起得到发展。计划学派把战略制定看做更加独立和系统的正式计划过程。进入20世纪80年代，计划学派在某种程度上被第三种说明性的学派——定位学派取代，定位学派更注重战略的实际内容而不是战略形成过程。它之所以被称为定位学派，是因为它关注企业在市场中战略地位的选择。

随后的六个学派对战略形成过程中的具体方面进行了思考。它们侧重于描述战略的制定和执行过程，而较少关注对理想的战略行为的描述。

一些杰出的学者长期以来一直把战略与企业家紧密地联系起来，并根据优秀的企业领导者创造的远见来描述战略形成的过程。但如果说战略就是个性化的远见的话，那么战略形成就可以被理解为概念在企业家头脑中集聚的过程，这样就产生一个很小但很重要的学派——认知学派。它是运用认知心理学的理论来理解战略家的思想的。

认知学派之后有四个学派试图透过企业家个人因素，将战略形成过程的影响因素扩大到其他影响力量和人员中去。在学习学派看来，世界如此复杂，以至于战略不可能通过清楚的计划和远见的形式确定下来，战略必须在组织的不断适应和学习过程中，一步步地逐渐形成。与学习学派相似但又有所不同的另一学派是权力学派，该学派把战略形

---

① 明茨伯格 H，阿尔斯特兰德 B，兰佩尔 J. 战略历程：穿越战略管理旷野的指南. 原书第2版. 魏江译. 北京：机械工业出版社，2012：4-5.

成过程看做一个协商的过程，包括组织内部冲突各方之间的协商，以及组织自身与其所处的外部环境之间的协商。与此相反的另一个思想学派是文化学派，该学派认为战略形成是根植于组织文化当中的，因此战略形成过程的基调是集体主义与合作。而组织理论家认为战略形成过程是一个组织主动对外部情境不断反应的过程，因此，产生了另外一个分支——环境学派，他们试图去揭示强加于组织的外部压力。

最后一组只包括一个学派，它其实是其他学派的综合，这一学派是结构学派。该派的学者崇尚整合，他们将战略制定过程、战略的内容、组织结构和组织所处的情境等战略的各个部分加以聚类，归结成清晰的阶段或时期，如企业的增长期、稳定成熟期等。有时他们也按照时间序列来描述组织的生命周期，但是除非组织已经进入稳定状态，否则战略的制定就必须要描述出从一个状态向另一个状态跃迁的过程。因此，结构学派在另一方面也描述了战略变革的过程，涉及长期以来关于战略变化的大量文献和管理实践。

2.2.2 公共组织战略管理的理论

企业战略管理的理论研究具有较长的历史，在 1962 年，钱德勒(Alfred D. Chandler)发表的专著《战略与结构：美国工商企业发展的若干篇章》(*Strategy and Structure: Chapters in the History of the American Industrial Enterprise*)[①]正式拉开了企业战略管理理论研究的帷幕。与之类似的是，公共组织的战略管理的研究和实践也都是首先出现于西方发达国家，它是 20 世纪末期以来政府改革的产物。通过对官僚制组织特征的了解，我们已经知道，传统的公共行政是内部取向的，并不关注组织的外部环境。但是，“公共部门治理和管理环境的变迁，催生了被传统公共行政‘威尔逊-韦伯范式’长期排除在外的新领域：公共部门战略管理，公共部门战略管理的实践亦成为西方各国政府的‘日常用语’”[②]。西方发达国家公共组织战略管理的实践经验表明，在公共组织中，战略管理能够在如下几个方面成功实施[③]：公共机构、部门以及主要的组织分支机构；一般意义上的政府，如市、郡、州以及部落政府；非营利组织提供的一些基本的公共服务；特别功能——如交通、卫生或是教育——能够跨越组织与政府之间的界限；组织间的网络——如公私部门间的伙伴关系、合作、联盟及合并；整个社区、城市或是大都市区域、地区及州。

1. 公共组织战略管理的定义

自从战略管理出现以来，许多学者都提出了战略管理的定义。其中，比较有代表性的定义主要有如下几种。

著名战略管理学者戴维(David)认为，“战略管理(strategic management)是一门关

---

① 参见：钱德勒 A D. 战略与结构：美国工商企业发展的若干篇章．北京天则经济研究所，北京江南天慧经济研究公司译．昆明：云南人民出版社，2002.

② 曹堂哲．西方 30 年来公共部门战略管理研究的总体特征——主题、学科和方法的定性与定量研究．中国行政管理，2011，2：116.

③ 布赖森 J M. 公共与非营利组织战略规划：增强并保持组织成就的行动指南．第三版．孙春霞译．北京：北京大学出版社，2010：8.

于制定、实施和评价使组织能够实现其目标的跨功能决策的艺术与科学"①。

纳特(Paull C. Nutt)和巴可夫(Robert W. Backoff)认为，战略管理"探讨这样一个关键问题：组织如何定位以面对越来越不确定的未来。为了给组织定位，管理者努力预测那些可以预见的事件并为此制定计划，评估方向，调整组织行动以使它与反映了希望和志向的理想取得一致"②。

希特(M. A. Hitt)等学者认为，战略管理就是"一家公司想要获取战略竞争力和超额利润而采用的一整套约定、政策和行动"③。

此外，还有学者认为，"战略管理，是指在制定、实施和评价指导全局工作并决定全局命运的方针、方式和计划活动中，通过一定的程序和技术，获取最有效率和效果的过程"④。

从以上几种定义中，我们可以看出以下几种共性的特征：第一，战略管理是面向未来的，回答的是组织的未来定位问题；第二，战略管理具有全局性的意义，是全局工作的指南；第三，战略管理包括制定、执行以及评估等多个不同环节的内容。

基于以上认识，立足公共组织的特征，我们将公共组织的战略管理定义为，公共组织在系统评估内外部环境的基础上，科学制定组织的长远发展规划，并且动员组织全部力量来达成战略规划的目标，进而为组织赢得竞争优势的过程。

2. 战略管理与战略规划的区别

如果在平时对组织战略的实践比较关注，或者经常翻阅战略管理的相关资料，那么我们肯定会注意到，与战略管理经常在一起使用的还有战略规划(strategic plan)这一概念。那么，这两个概念有没有区别？对于这一问题，有的学者认为两者之间没有区别；而有的学者则认为两者之间具有明显的区别。

我们认为战略规划与战略管理是既相互区别，又相互联系的两个概念。

首先，从区别上来看，主要有两点。第一，两者在出现时间上存在不同，相比较而言，战略规划的概念比战略管理的概念要早。但是，随着研究的不断深入，战略规划这一概念逐渐为战略管理所取代。第二，两者在内容上也存在差异。战略管理所包含的内容要比战略规划更为丰富一些，战略规划指的是对组织发展规划的制定，而战略管理不仅包括战略规划的制定，还包括战略执行及评估等内容。

其次，从两者之间的联系上来看，它们并不是毫不相关的概念。战略规划是战略管理的重要组成部分之一，从动态的角度来看，战略规划是组织战略管理过程的起点，它回答的是组织应当走向何方的问题。对一个组织来说，只有制定了清晰的战略规划，组织成员才能进入战略执行阶段。

---

① 戴维 F R. 战略管理：概念与案例 . 第 13 版 . 徐飞译 . 北京：中国人民大学出版社，2012：5.

② 纳特 P C，巴可夫 R W. 公共和第三部门组织的战略管理：领导手册 . 陈振明，等译 . 北京：中国人民大学出版社，2001：48.

③ 希特 M A，爱尔兰 R D，霍斯基森 R E. 战略管理：竞争与全球化(概念). 吕巍，等译 . 北京：机械工业出版社，2012.

④ 王建民 . 战略管理学 . 北京：北京大学出版社，2013：8.

3. 公共组织战略管理的特征

由于组织性质的差异，公共组织具有许多明显区别于私营组织的特征，包括非营利性、受到法律制度更多的约束、目标多元、目标不易量化等。也“正是这些特征使得一些适用于私人部门的战略管理方法不能照搬到具有公共背景的组织中去，否则，就会误导这些组织”[①]。纳特和巴可夫从市场、交易和程序三个维度对公共部门、第三部门以及私人部门之间战略管理的区别进行了介绍。

首先，从市场维度上来看。这一维度又可以分为三个不同的方面——市场、制约和政治影响。在市场方面，公共部门的特征是，市场由监督机构构成，提供同一服务的组织相互合作，资金来源依靠预算拨款，缺乏数据，市场信号弱；第三部门的特征是，市场由监督机构和委托人的购买行为构成，相互默认或谈判而达成各自只为某一特定市场区域提供服务的协议，资金来源既依靠预算拨款又依赖服务收费和税金，合作以提供数据并且共享数据，有的市场信号清晰、有的模糊；私人部门的特征是，人们的购买行为决定了市场，为了提供某项服务而竞争，资金来源依靠收费，数据充分可用，市场信号清晰。在制约方面，公共部门的特征是，指令和义务限制了自主权和灵活性；第三部门的特征是，签约限制了自主权和灵活性；私人部门的特征是，自主权和灵活性只受到法律和内部多数人意见的限制。在政治影响上，公共部门的特征是，需要缓冲装置以应对外部的影响和帮助谈判，政治影响源于权威网络和用户；第三部门的特征是，需要缓冲装置以应对签约方，政治影响源于权威网络和签约方；私人部门的特征是，政治影响被当做例外处理，没有特别的安排，政治影响是间接的。

其次，从交易维度上来看。这一维度又分为强制力、影响范围、公众审查、所有权四个方面。在强制力上，公共部门的特征是，人们必须资助和消费组织的服务；第三部门的特征是，对服务的赞助和使用依赖于对此做出规定的合同及安排；私人部门的特征是，消费是自愿的、依据使用情况付费。在影响范围上，公共部门的特征是，具有较大社会影响的大范围的问题；第三部门的特征是，协议的指令限制了社会关注的范围，不受立法的干预；私人部门的特征是，具有较小社会影响的窄范围的关注。在公众审查上，公共部门的特征是，不能将计划保密或在暗地里制订计划；第三部门的特征是，定期检查计划及其活动，并将此作为一项任务；私人部门的特征是，可以隐秘地制订计划并将计划保密。在所有权上，公共部门的特征是，公民经常以所有者的身份向组织活动及执行提出期望和要求，无所不在的利益相关者；第三部门的特征是，所有权属于促进了它们利益的使用者，许多利益相关者；私人部门的特征是，所有权属于股东、他们的利益可以用财务指标来衡量，除了股东之外几乎没有利益相关者。

最后，从程序维度上来看。这一维度又分为目标、权力限制、绩效期望和激励四个方面。在目标上，公共部门的特征是，长期和短期目标不断变化、复杂、相互冲突且难以界定，最关注公平。第三部门的特征是，多注重长期目标，很难将它们按照优先顺序排列，使得短期目标不清；既关注公平，又关注效率。私人部门的特征是，清楚的、大

① 纳特 P C，巴可夫 R W. 公共和第三部门组织的战略管理：领导手册．陈振明，等译．北京：中国人民大学出版社，2001：20.

家认同的目标。在权力限制上，公共部门的特征是，执行根据不受权威领导控制的利益相关者而定，政府控制下的机构管理，公共行动所带来的限制；第三部门的特征是，执行依赖于获得关键的签约方的同意，权威结构下的机构管理，传统所带来的限制；私人部门的特征是，执行被授权给有权力行动的权威人物，基本不受外界影响的机构管理，没有限制。在绩效期望上，公共部门的特征是，模糊并处于不断变化中，随选举和政治任命的变化而变化，鼓励无所事事；第三部门的特征是，在共同的看法出现之前，对紧迫感有多种解释；私人部门的特征是，清楚，在长时间内稳定不变，因而使人产生紧迫感。在激励上，公共部门的特征是，稳定的工作，赞同、任务和角色；第三部门的特征是，专业标准创造了对工作的期望值；私人部门的特征是，金钱①。

4. 公共组织战略管理的内容

通过对公共组织战略管理定义的了解，我们已经知道它是一个过程，并且这一过程包括多个阶段的不同内容。著名公共组织的战略学者纳特和巴可夫认为公共组织战略管理主要包括六个阶段的不同内容，并且，在每一阶段都需要重复进行探究、综合和选择三个步骤。

其中，第一阶段是历史背景阶段，在这一阶段需要做的工作是，识别出那些反映了组织承受的压力的趋势、事件和方向，并在此基础上确定组织的思想。第二阶段是形势评估阶段，在这一阶段需要做的工作是明确组织当前的优势、弱点和未来的机遇、威胁，并将它们分成不同的等级。第三阶段是问题议程阶段，在这一阶段要处理的核心问题是建立问题议程，议题是一种困难，它对组织运行方式或组织达到其向往的目标的能力有重大影响，而且人们对这种困难没有一致的看法。第四阶段是备选战略阶段，在这一阶段需要做的工作是确定可行的战略行动。第五阶段是可行性评估阶段，在这一阶段需要做的工作是对组织进行利益相关者分析。与此同时，在这一阶段还需要评估执行战略所需的资源，这些资源有财政、政治、法律、管理和职业资源以及那些能分配这些资源的人。第六阶段是实施阶段，这一阶段需要做的工作是积极应对战略变化所引起的关注②。

5. 公共组织战略的主要类型

组织战略的目的就是要力争提高组织的竞争力，那么，在现实中公共组织的战略可以有哪些类型？对于组织战略类型的研究主要集中在企业领域，但是这并不意味着公共组织不能从中汲取一些营养。

1)迈克尔·波特的组织战略类型划分③

迈克尔·波特认为企业在市场中会受到五种力量的影响，这五种竞争作用力包括进入威胁、替代威胁、客户价格谈判能力、供应商价格谈判能力和现有竞争对手的竞争。

---

① 纳特 P C，巴可夫 R W. 公共和第三部门组织的战略管理：领导手册．陈振明，等译．北京：中国人民大学出版社，2001：23-40.

② 纳特 P C，巴可夫 R W. 公共和第三部门组织的战略管理：领导手册．陈振明，等译．北京：中国人民大学出版社，2001：139-168.

③ 参见：波特 M E. 竞争战略．郭武军，刘亮译．北京：华夏出版社，2012.

在这种情况下，企业的战略就是，采取进攻性或防守性活动，在产业中建立起进退有据的地位，成功地对付五种竞争作用力，从而为公司赢得超常的投资收益。尽管不同企业所采取的策略有各自的特色，但是，总体来看，在与五种竞争作用力的抗争中，有三种基本的战略方法能够使得公司成为同行中的佼佼者。这三种战略类型是成本领先战略(overall cost leadership)、差异化战略(differentiation)、集中差异化战略(focus)。这三种战略具有各自不同的内容。

成本领先战略要求积极地建立起达到有效规模的生产设施，在经验基础上全力以赴降低成本，抓紧成本与管理费用的控制，以及最大限度地减少研究开发、服务、推销、广告等方面的成本费用。

差异化战略是将公司提供的产品或服务差异化，形成一些在全产业范围中具有独特性的东西。实现差异化战略可以有多种方式，如设计或品牌形象、技术特点、外观特点、客户服务、经销网络及其他方面的特殊性。

集中差异化战略是主攻某个特定的顾客群、某产品链的一个细分区段或某一个地区市场。与差异化战略类似的是，这种战略同样具有多种实现形式。实施这一战略的前提是公司能够以更高的效率、更好的效果为某一狭窄的战略对象服务，从而超过更广阔范围内的竞争对手。

2)雷蒙德·迈尔斯和查尔斯·斯诺的组织战略类型划分[①]

雷蒙德·迈尔斯(Raymond Miles)和查尔斯·斯诺(Charles Snow)在《组织的战略、结构和过程》(*Organization Strategy*, *Structure and Process*)一书中将组织战略的类型划分为四类——防御型组织、被动反应型组织、分析型组织和开创型组织。

其中，防御型组织的产品—市场定位非常有限。该类型组织的最高管理层对组织有限的业务范围了如指掌，但是他们却不大可能进入其他领域去寻找新的市场机遇。这一类组织的管理层将工作重点都放在了提高已有业务的效率上。

被动反应型组织的最高管理层时常看到组织环境发生的变动和不确定性，但却不能有效对其做出反应。除非迫于环境的压力，否则，这一类的组织很少做出任何的调整。

分析型组织采用了两种不同类型的产品—市场定位领域，一种较为稳定，另一种则在不断变动。在稳定的领域，组织通过制度化的结构和过程，例行公事地高效运行；而在变动的领域中，组织的最高管理层会密切关注其竞争对手的新动向，然后迅速地采纳最具发展潜力的做法。

开创型组织几乎从未停止寻找新的市场机会，它们总是不断地试验潜在的方式以应对新出现的环境趋势。因此，开创型组织是变化和不确定性的来源，其竞争对手必须应对他们的开创性活动，但是，由于开创型组织过于关注产品创新和市场创新，他们的运行效率并不一定很高。

相比其他的组织战略类型划分，这一类型的组织战略较好地实现了组织的战略、结构与过程的有机结合。

---

① 参见：迈尔斯 R，斯诺 C. 组织的战略、结构和过程. 方洁译. 北京：东方出版社，2006.

3)金等学者的蓝海战略[①]

在组织战略的类型中，金(W. Chan Kim)等学者提出的蓝海战略(Blue Ocean Strategy)也是比较具有代表性的一类。

蓝海战略是针对红海战略提出来的，这一战略旨在激励企业去冲破存在激烈竞争的红海，开创无人争抢的市场空间，把竞争甩在脑后。蓝海战略不去瓜分现有的且常常是萎缩的需求，也不把竞争对手立为标杆，而是去扩大需求，摆脱竞争。蓝海战略将战略行动作为最佳的分析单元。蓝海战略一共有六项原则，即重建市场边界，注重全局而非数字，超越现有需求，遵循合理的战略顺序，克服关键组织障碍，将战略执行建成战略的一部分。其中，前四项属于战略制定的原则，后两项属于战略执行的原则。

2.3 公共组织战略管理的实践：以中国的发展规划为例

在公共组织战略管理的实践这一部分，我们将主要介绍中国的发展规划体系、“五年规划”的制定及其实施情况。“战略管理就是为实现组织目标，协调组织与外部环境，而在战略制定和实施过程中的一系列决策和行动的综合。规划涉及未来的发展定位和路径选择，具有战略属性，是战略管理的重要手段。”[②]在这个意义上来看，发展规划也属于战略管理的重要内容之一。“在我国，国民经济和社会发展五年规(计)划(简称‘五年规(计)划’，英文名称为 Five-year Plan)是我国发展规划体系的龙头和主体，有时也被称为发展规划。我国的国民经济和社会发展规划可以说是一种比较全面的、长远的、纲领性的规划；是国家对国民经济和社会发展的总体谋划。”[③]新中国成立以来，党和国家一直通过“五年规(计)划”的形式来引领经济社会的发展。除了 1949～1952 年的国民经济恢复时期和 1963～1965 年的国民经济调整时期之外，从 1953 年开始到现在，我国一共实施了 12 个五年规(计)划。2015 年是“十二五”规划的最后一年，从 2016 年开始，我国将实施“十三五”规划。值得注意的是，进入“十一五”以后，在相关文件中，“规划”才开始代替“计划”，也就是说，“计划”这一名称一直沿用到了“十五”时期。新中国成立以来经济社会发展的实践表明，“五年规划”在我国经济社会发展方面发挥了重要的推动作用，以至于有学者将其看做“中国发展奇迹的重要手段”[④]。

2.3.1 中国的发展规划体系

“政府编制的规划是政府对一定范围内的经济、社会、文化、政治各领域在时空上的设想、谋划、部署或具体安排。”[⑤]在中国，政府所编制的规划初步构成了一个系统化

---

① 蓝海战略相关问题的详细介绍，参见：金 W C，莫博涅 R. 蓝海战略——超越产业竞争，开创全新市场 . 吉宓译 . 北京：商务印书馆，2010.

② 杨永恒 . 发展规划：理论、方法和实践 . 北京：清华大学出版社，2012：5.

③ 杨永恒 . 发展规划：理论、方法和实践 . 北京：清华大学出版社，2012：23-24.

④ 胡鞍钢，鄢一龙，吕捷 . 中国发展奇迹的重要手段——以五年计划转型为例(从“六五”到“十一五”). 清华大学学报(哲学社会科学版)，2011，1：43-52.

⑤ 杨伟民 . 发展规划的理论和实践 . 北京：清华大学出版社，2010：2.

的、完善的发展规划体系。2005 年通过的《国务院关于加强国民经济和社会发展规划编制工作的若干意见》对中国的发展规划体系编制工作进行了规定，指出要"建立三级三类规划管理体系。国民经济和社会发展规划按行政层级分为国家级规划、省(区、市)级规划、市县级规划；按对象和功能类别分为总体规划、专项规划、区域规划"。

1. 国家级规划、省(区、市)级规划、市县级规划

国家总体规划和省(区、市)级、市县级总体规划分别由同级人民政府组织编制，并由同级人民政府发展改革部门会同有关部门负责起草；专项规划由各级人民政府有关部门组织编制；跨省(区、市)的区域规划，由国务院发展改革部门组织国务院有关部门和区域内省(区、市)人民政府有关部门编制。

2. 总体规划、专项规划、区域规划

总体规划是国民经济和社会发展的战略性、纲领性、综合性规划，是编制本级和下级专项规划、区域规划以及制定有关政策和年度计划的依据，其他规划要符合总体规划的要求。专项规划是以国民经济和社会发展特定领域为对象编制的规划，是总体规划在特定领域的细化，也是政府指导该领域发展以及审批、核准重大项目，安排政府投资和财政支出预算，制定特定领域相关政策的依据。区域规划是以跨行政区的特定区域国民经济和社会发展为对象编制的规划，是总体规划在特定区域的细化和落实。跨省(区、市)的区域规划是编制区域内省(区、市)级总体规划、专项规划的依据。

此外，按照管理系统横向分工的不同，发展规划可以分为综合发展规划、行业发展规划和重点发展规划。

其中，综合发展规划是以规划区内国民经济和社会发展为对象编制的规划，是规划区内经济和社会发展的总体战略部署，是制定其他各类规划、年度计划及一系列重大宏观政策的重要依据。

行业发展规划是在综合发展规划的指导下，对各个行业所作的规划，如农业发展规划、工业发展规划。

重点发展规划是以规划区内经济和社会发展的关键领域、薄弱环节等重大问题及重点企业为对象编制的规划①。

2.3.2　中国"五年规划"的实施效果评价

"五年计划作为重要的发展工具，规定了中国各个时期的发展目标、发展任务和发展战略，并在国家政治经济生活中被高度强调，它的制定和实施，是中国的发展不断由蓝图变为现实，不断再描绘新蓝图，不断再创造新奇迹的过程。五年计划不但是创造经济奇迹、保持宏观稳定的重要手段，也是促进社会发展、促进中国不断转型的重要手段。"②那么，"五年规(计)划"的实施情况如何？是否实现了预期的目标？五年规划在实施过程中既要进行中期评估，又要在结束后进行评估。接下来，我们将通过介绍"十一

① 杨永恒．发展规划：理论、方法和实践．北京：清华大学出版社，2012：26.

② 鄢一龙．目标治理：看得见的五年规划之手．北京：中国人民大学出版社，2013：73.

五”规划实施状况评估的研究结论来回答这些问题。

1.“十一五”规划实施的阶段性评估结论

有学者对“十一五”规划的实施情况进行了阶段性的评估，其主要结论有以下几点①。

1)九大规划目标总体进展顺利

“十一五”规划提出了国民经济和社会发展的九大目标。从实施情况来看，“十一五”规划的九大目标中，进展良好的有4个——宏观经济运行，城乡区域协调发展，基本公共服务，人民生活水平提高。进展正常的有3个——资源利用效率提高，市场经济体制完善，民主法制建设和精神文明建设。进展较差的有2个——产业结构优化升级，可持续发展能力。九大规划目标中的7个进展顺利，总体实施情况良好。综上，九大目标的56个分项指标中，进展良好的有19个，占34%；进展正常的有27个，占48%；进展较差的有10个，占18%。进展顺利的指标占82%，也说明规划目标实施情况良好。

2)22个主要指标大部分进展顺利

“十一五”规划提出了经济社会发展的22个主要指标。从实施情况来看，进展顺利的有15个，进展滞后的有5个，另有2个指标由于缺乏数据难以进行准确评估(森林覆盖率和农业劳动力转移)。在实施进展滞后5个指标中，预期性指标有3个。从分项目标进展情况来看，经济增长与人民生活公共服务目标进展顺利，经济结构调整与资源、环境目标的部分指标进展滞后。经济增长的2个指标实施进展大大超过计划预期。公共服务与人民生活的8个指标中，除了转移农业劳动力指标进展可能略有滞后之外，其余7个指标全部进展良好。在经济结构调整4个指标中，有3个指标进展滞后。人口资源环境的8个指标中，有2个指标进展滞后。

2.“十一五”规划的实施状况评估结论②

1)“十一五”规划取得的成绩

综合来看，“十一五”规划取得的成绩主要体现在以下几个方面。

一是“十一五”规划主要指标基本完成。“十一五”规划的各项目标实施进展顺利，到2010年年底，22个主要发展指标完成19个，未能完成的指标只有服务业增加值比重、服务业就业比重、R&D投入占GDP比重3个指标完成率达到86.4%，是完成情况最好的五年规划(计划)之一。二是主要目标顺利实现。经济增长目标提前完成；城乡居民收入水平增长提前实现目标；基本公共服务明显加强；自主创新能力明显增强；可持续发展能力进一步增强。三是发展方式初步转变。政府职能由经济增长型向公共服务型转变。环境状况初步改善，主要污染物减排取得重要进展，单位GDP能耗累计下降19.1%，实现规划下降20%左右的目标，二氧化硫累计减排14.3%，化学需氧量累计减排12.5%，均超额完成规划目标，大气环境、水环境质量初步改善；水土流失、荒漠化、草地三化等生态环境总体恶化趋势得到了初步遏制。省级人均GDP差距明显缩

① 胡鞍钢，王亚华，鄢一龙．国家“十一五”规划纲要实施进展评估报告．宏观经济管理，2008，10：13-17.

② 鄢一龙，胡鞍钢．中国十一个五年计划实施情况回顾．清华大学学报(哲学社会科学版)，2012，4：35-45.

小，省级人均 GDP 相对差异系数由 2004 年的最高值 75%，下降到 2010 年的 56%，已经达到改革开放以来的最低点；安全生产明显改善，主要安全事故数量大幅度下降，下降幅度为 35%～70%。

2)“十一五”规划实施的主要问题

“十一五”规划实施的主要问题包括以下几个方面。

第一，结构调整滞后。2010 年服务业就业占总就业比重为 34.8%，无法如期实现 35.4%的目标，服务业增加值比重为 43%，也低于 43.5% 的规划指标。2010 年 R&D 经费支出占 GDP 比重达到 1.75%，未达到 2% 的预期目标。第二，传统发展模式未根本改变。重工业产值占工业总产值的比重由 2005 年的 69%上升到 2009 年的 72%；经济增长吸纳就业能力进一步下降，就业弹性系数下降到 0.04，大幅度低于“九五”(0.13)、“十五”(0.1)；收入分配差距进一步拉大，劳动报酬占 GDP 的比重由 2003 年的 49.6% 下降到了 39.7%（2007 年）；高消耗、碳排放密集的黑猫模式并未根本转变，超过美国成为能源消费的世界第一大国，与此相伴的是中国已经成为二氧化硫、二氧化碳、有机废水排放的世界第一大国。

2.4　公共组织战略管理的方法

为了有效应对生态环境的不断发展和变化所带来的挑战，保持或者增强组织的竞争力，公共组织同样需要有效的战略管理方法来适应环境的变化、积极促进组织与生态环境之间的协同作用。具体来看，公共组织战略管理的方法主要有如下几种。

2.4.1　对组织的内外部环境进行系统分析

公共组织战略管理的首要工作就是对组织的内外部环境进行评估。其中，对组织外部环境进行评估的工具主要是 LoNGPEST 分析和 SWOT 分析。其中，LoNGPEST 分析是对组织外部环境进行分析的工具；而 SWOT 分析是对组织内部与外部环境进行分综合析的有效工具。具体来看，在 LoNGPEST 分析中，首先要把组织的外部环境分解成为政治、经济、社会文化和技术四个部分，而 PEST 就是这四类环境英文名称的第一个字母组合而成的；除了影响领域之外，组织的外部环境还可以分为不同的层次，LoNG 所表示的就是地方、国家和全球这三个层次，LoNG 同样是三个层次英文名称的字母组合而成。因此，LoNGPEST 分析就是从领域和层次两个不同的维度对某一个公共组织的外部环境进行分析，并且找出对组织影响最为明显的因素。在 SWOT 分析工具中，S 代表的是优势(strengths)、W 代表的是劣势（weaknesses)，这两者是组织的内部因素；O 代表的是机会(opportunities)、T 代表的是威胁(threats)，这两者是外部因素。这一分析工具能够使得组织对自身的优势和劣势以及环境中的机会和威胁有一个系统和全面的认识。在具体分析的过程中，就是运用这一工具来发现组织所面临的一些关键问题。

2.4.2 科学制定组织战略规划

在公共组织战略管理的过程中，采用科学方法对组织的内外部环境进行系统的分析之后，接下来需要做的工作就是科学制定组织的战略规划。组织战略规划的制定要集思广益，创造条件使得组织成员都能参与到战略规划的制定中来，积极、广泛地听取相关部门、成员以及外部专家的意见和建议。制定组织战略规划主要是旨在通过民主的方式来形成战略方案：组织是在原有的领域保持领先地位，还是到一个全新的领域去开拓新的天地。组织战略规划需要进行可行性评估，评估的重点是战略规划制定之初是否认真地对组织的内外部环境进行了评估，组织战略规划的目标是否能够达成，组织内部是否有足够的资源来支撑组织战略的实施，组织战略实施阶段的安排是否周密。总而言之，科学的组织战略规划不仅要尽可能保证它的民主性，与此同时，还要保证它的科学性和可行性，只有达到了这些标准，才能形成一个合理的战略规划。

2.4.3 将组织的战略规划付诸实践

公共组织的战略规划是对组织未来发展状态的一种描绘。但是，战略规划的生命在于执行，因此，在组织的战略规划出台之后，还必须通过有效的方法来实现组织规划的蓝图，而完美和高效的战略执行就是达到战略蓝图的必要的途径。将组织的战略规划付诸实践包括四个步骤：第一，需要在组织内部宣传组织的规划，使规划的内容和目标能够被组织成员熟悉，进而激发他们的工作热情及动力。第二，将战略规划付诸实践还需要将组织的规划进行分解，将相关任务交由不同的部门来完成，那么在组织战略布局中处于重要地位的部门要承担更多的任务。当然，组织的资源也要适度向这些部门进行倾斜。第三，执行组织战略也离不开时间上的安排。一般来说，组织的战略规划应当具有阶段性的特点。当一个阶段的目标达成之后，再向着下一个阶段的目标努力。第四，执行组织战略需要配备所需的人力、物力以及财力等多个方面的资源，只有这样，才能为组织战略规划的实现奠定坚实的基础，保证战略规划的“落地”。

2.4.4 对组织的战略实施状况进行评估

我们知道，组织战略是基于对组织内外部环境进行判断后做出的，这就表明，内外部环境的变化必然会要求组织战略规划的适当调整。在一定程度上，我们可以将战略理解为，在一个不确定性的环境中为了尽可能减少组织的不确定性而进行的一系列努力。战略的关键在于执行和落实，但是，在组织战略执行的过程中不可能避免组织不确定性的影响。这就决定了在组织战略实施的过程中需要对其实施状况进行评估。之所以进行评估主要是出于这样的考虑：组织环境的变化是否与组织战略之间发生了偏离；组织战略规划的内容是否存在一些不合理之处；战略执行的资源配置是否合理。很显然，这些问题在战略规划制定的时候是不能发现的，也是不能预知的。“组织的动态性以及它与所处环境间的动态关系使得战略问题议程会在一两年内发生变化，新的议题将进入议程，而不合时宜的议题将退出议程。因此，战略管理者必须定期检讨和修正问题议程。”[①]总而言之，在公共组织战略管理的过程中，需要定期对战略的实施状况进行评估，发现其中的问题，并且提出有针对性的建议，如果是环境变化的问题，就需要对战略规划进行调整；如果是组织战略执行中出现的偏差问题，就需要积极进行纠偏；如果是资源配置的问题，就需要重新调整相关的资源。

2.4.5　加强组织领导者的战略领导能力

了解过组织领导学的相关知识的人都会清楚，在一个组织内部，领导者的一个重要职责就是确定组织的发展方向、把握组织的发展大局。在实质意义上，确定方向和把握大局所反映的就是组织领导在组织战略管理中应当承担的重要职责。那么，组织领导者如何才能履行好这些职责？从战略管理的视角来看，公共组织的领导者需要具有卓越的战略领导能力。“战略管理者(Strategic Leaders)是指那些存在于企业不同位置，利用战略管理过程帮助企业达成愿景和使命的人。”[②]为了成为卓越的战略领导者，组织领导层需要强化自身的战略领导力。事实上，只有具备了战略领导能力，公共组织的领导者才能够用战略的眼光来审视组织的生存与发展问题，才会树立整个组织“一盘棋”的意识，对组织的全局进行考虑，才会带领整个组织不断提高自身的竞争力和影响力。提升战略领导能力需要领导者具有战略思维，能够在瞬息万变的组织生态环境中，敏锐地把握住有利于组织生存与发展的机会，并且通过科学的战略管理方法来领导组织走出一条新的道路。与此同时，还需要组织领导者具备突出的资源整合能力，能够集中组织的资源来实现战略规划目标。最后，提升战略领导能力绝对离不开领导者的创新意识，只有不断地提出新想法，制定新举措才能始终确保组织的竞争力。

➢思考题

1. 组织环境的定义是什么？
2. 公共组织的环境包括哪些内容？
3. 公共组织与生态环境之间具有怎样的相互关系？请尝试举例说明两者之间的关系。
4. 对于公共组织与环境之间的关系有哪几种代表性的理论观点？
5. 什么是公共组织的战略管理？
6. 公共组织战略管理包括哪些内容？
7. 公共组织战略管理与战略规划存在哪些区别？
8. 公共组织战略管理的主要方法有哪些？
9. 组织环境分析的主要方法有哪些？
10. SWOT 分析的主要内容是什么？请选择你熟悉的一个公共组织，运用 SWOT 分析方法分析其面临的机遇和问题。

---

① 纳特 P C，巴可夫 R W．公共和第三部门组织的战略管理：领导手册．陈振明，等译．北京：中国人民大学出版社，2001：151.

② 希特 M A，爱尔兰 R D，霍斯基森 R E. 战略管理：竞争与全球化(概念)．吕巍，等译．北京：机械工业出版社，2012：20-21.

11. 请分别选择一个你所熟悉的公共组织和私营组织，比较两者的战略管理之间的区别，并且尽可能说明是什么原因导致了这种区别的存在。

12. 请选择一个你所熟悉的公共组织，了解一下它的生态环境的构成，介绍其战略管理的内容，并且分析其中存在的优点及不足。

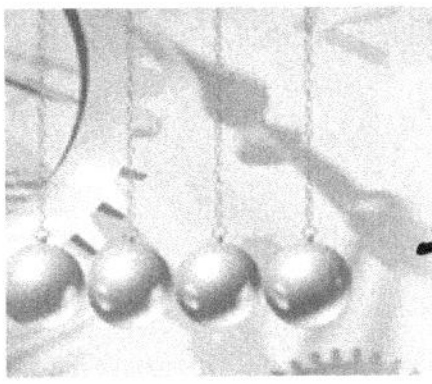

第 3 章

公平与效率——公共组织的价值困境

对于组织来说，价值是其行使职能的过程中应当遵守的准则。或者更为直观地说，价值回答的就是组织应当做什么和如何做的问题。就公共组织而言，维护公共利益、提供公共服务是其根本的使命。由此来看，公共性可以称为公共组织的“目的性价值”[1]。但是，公共性并不是公共组织唯一的价值诉求，因为它并没有解决公共组织如何实现这一价值的问题。为了实现公共利益，公共组织需要在民主和法治的框架下，积极、快速地回应社会的需求。在这个意义上来看，公平、效率、民主和法治等也是公共组织应当遵守的价值。与公共性在公共组织价值体系中所处的“统领”位置不同，它们是“实现目的性价值的手段所具有的价值”，即服务于公共性的“工具性的价值”[1]。在理论上，只有当多元的工具性价值之间相互促进的时候，才能有效促进公共组织公共性的实现。实际情况却更为复杂。在现实中，多元的工具性价值之间的相互促进并不是它们相互关系的全部。在有些情况下，这些价值之间也会产生一些冲突，从而使公共组织陷入价值上的困境。其中，公平与效率之间的对立与统一就具有很强的代表性。这也从一个侧面揭示出，公共组织管理者在日常工作中经常会遇到在多种价值之间不断徘徊的选择难题。“管理者被置于冲突的价值观之中”[2]，“组织及其管理人员必须平衡这些相互竞争的价值，或者有效管理这些相互竞争的价值”[3]。而为了实现对这些价值的管理或平衡，公共组织管理的过程中需要引入价值管理的方法，采取多种方式动态地协调多元工具性价值之间的关系。

从内容上来看，公共组织价值管理体现在社会和组织两个不同的层面上。其中，组织层面的价值管理一般被称为价值观管理。作为一种新兴的组织管理工具，价值观管理首先出现在企业领域，并且逐渐向公共组织领域扩展。那么，对于公共组织而言，公平价值和效率价值主要包括哪些内容？公平价值与效率价值的关系体现在哪些方面？公共组织的相

---

① 麻宝斌．公共行政学．大连：东北财经大学出版社，2012：29.

② 卡斯特 F E，罗森茨韦克 J E. 组织与管理：系统与权变的方法．傅严，等译．北京：中国社会科学出版社，2000：57.

③ Rainey H G. Understanding and Managing Public Organizations. San Francisco：Jossey-Bass，2009：165.

关理论是如何处理公平价值与效率价值之间的关系的？什么是组织价值观管理？公共组织价值观管理的主要方法有哪些？带着这些问题，本章将立足公共组织的特点，从理论和方法两个不同的维度，对公共组织价值管理的相关问题进行详细的介绍。

3.1 公共组织公平价值与效率价值的关系

3.1.1 公共组织的公平价值与效率价值

1. 公共组织的公平价值

公平是一个耳熟能详的词语，它离我们每一个人都很近，并且大多数人都能或多或少地说出自己对于公平的理解。其原因在于，在日常生活中，我们每一个人都使用它来对一些社会现象做出自己的评价。在一定程度上，我们可以认为，每一个人的心中都有一把属于自己的公平标尺。但是，换一个角度来看，公平又离我们很远，甚至是到了一种遥不可及的程度。如果要我们对公平提出一个准确的定义，那么这肯定是一件让人力有不逮的事情。这是因为，公平属于人们主观判断的范畴，个人由于文化背景、受教育程度、收入水平、个人经历、从事职业以及年龄等方面的差异而具有自己的评价标准。在现实生活中，这种现象并不少见。我们经常能够看到，在对某一特定的社会现象是否公平进行评价时，老年人和青年人、不同收入水平的人所得出的结论经常是大相径庭的。此外，这种差异还可能与评价人所处的位置有一定关系。例如，在对目前中国大学招生名额分配是否公平的问题进行评价的过程中，大学所在地的居民和其他地区的居民可能会得出截然相反的评价，可以称得上是“公说公有理，婆说婆有理”。

尽管对公平进行定义存在困难，但是，学术界在公平内涵的界定问题上还是形成了一些共识。一般认为，公平是指社会成员对机会和收入分配结果是否正当形成的主观判断。由此来看，公平是与人们的收入和资产的数量紧密联系在一起的。但是，公平(fairness)与平等(equality)之间又存在明显的区别，它以收入或财产的数量为依托，但却通过人们主观评价的形式体现出来。在这个意义上来看，公平是主观范畴的概念，而平等则不同，它属于客观范畴。因此，二者之间并不能简单地画等号。例如，在一个组织内部，甲与乙两个工作人员在工作能力与成绩上存在很大差别。甲的工作量与成果明显比乙多，在这种情况下，如果两个人得到同样数额的报酬，那么甲肯定会认为这种分配对其来说是不公平的，因为他的付出要明显比乙多。

那么，组织成员对组织的公平状况进行评价时会考虑哪些问题呢？杰森·库尔奎特(Jason A. Colquitt)系统总结了组织正义问题的研究成果，认为在组织层面上，组织员工对于组织的正义状况进行评价时①，通常会考虑到以下四个方面的内容：组织决策结果的公平性，也就是组织内部的分配结果是否公平，包括个人对于付出与回报是否满意

① 学术界对正义(justice)、公平(fairness)和公正(impartiality)之间的区别存在多种不同的理解。我们认为，在这些概念中，正义是范围最大的一个概念，包括公平和公正。其中，公平是指人们对机会和结果的分配是否合理的评价，而公正则是指人们对分配过程是否合理和正当的评价。

等内容；组织决策过程的正义性，也就是组织的决策程序是否公正，组织成员是否有机会参与到组织决策的过程；组织中的人际正义，就是指组织成员之间是否相互尊重，在交往的过程中是否有礼貌；组织中的信息公平，就是指组织内部的信息传递是否及时、符合相关程序，是否能够传递到所有成员①。

对于公共组织来说，它的公平价值体现在社会和组织两个不同的层面上。在组织层面，公共组织的公平价值就意味着公共组织内部分配结果的公平、组织成员之间的机会均等。在社会层面，公平价值则意味着要努力实现社会成员之间的权利公平、机会公平以及结果公平。

2. 公共组织的效率价值

和公平一样，我们中的大多数人对于效率也都非常熟悉。例如，在日常生活中，我们可能都要去某一个政府部门办理审批项目，在与政府部门工作人员打交道的过程中，可能会发出类似的抱怨，“这个部门(或工作人员)的工作效率实在太低了”；同时，在日常学习或工作的过程中，我们也会经常切实感受到身边的同学或同事的学习或工作效率存在明显的差异。同样的一件事情，有的人能够很快完成，而有的人却需要较长的时间才能完成。但是，令人遗憾的是，我们却很难较为系统地说出效率的准确含义。

回顾效率这一概念的演进历史，我们可以发现，在一开始，效率主要是在机械工程方面应用的。后来，效率的应用范围逐渐变得越来越广，相应地，它所包含的内容也越来越多。例如，从不同学科的视角来看，经济学以及管理学等都提出了对于效率的理解。综合来看，学术界对于效率含义的探讨主要包括以下几个方面的内容：第一，从投入与产出之间的比率上来理解效率。在这个意义上，效率高就意味着投入产出比高，也就是说，对于特定数量的投入，能够获得尽可能多的产出，或者是对于一定的产出，要努力使得所付出的成本最小。按照这种理解，如果“一旦社会发现一种以同样的投入可以得到更多产品(当然其他产品并不减少)的途径，那它便提高了效率”②。第二，从组织或者个人的行为上来理解效率。在这个意义上，效率高就意味着组织或者个人能够在最短的时间完成所承担的工作。如果个人或者组织缩短了完成任务的时间，那么该组织或个人便提高了效率。第三，从资源配置的角度来理解效率。在这个意义上，效率高就意味着资源配置合理，也就是能够将稀缺的资源配置到社会生活的不同领域，使资源配置能够获得最佳的收益。如果一个组织能够将稀缺的资源进行优化配置，避免资源的浪费，那么该组织就提高了效率。

效率不仅是私人组织应当遵循的价值，也是公共组织所追求的重要价值。例如，“高效”一直是近年来我国行政体制改革的重要目标诉求之一。虽然效率是公共组织和私人组织共同关注的问题，但是，“由于不同行为主体的性质和组织特征很不相同，其效率的体现方式必然存在巨大的差别，效率研究在重点、内容和方法上应该反映这些差

---

① Colquitt J A. On the dimensionality of organizational justice：a construct validation of a measure. Journal of Applied Psychology，2001，86(3)：386-400.

② 奥肯 A. 平等与效率：重大抉择．王奔洲，等译．北京：华夏出版社，2010：3.

别”[①]。公共组织与私人组织存在本质的区别，这种区别就决定了它们对于效率价值的追求还存在很多差异之处。其中的一个最重要的差异就是，在公共组织实现公共利益的过程中，公平价值是优先于效率价值的；而在私人组织追逐利润的过程中，对于效率价值的重视显然是优先于公平价值的。

既然价值对于组织来说如此重要，那么，我们应当怎样认识组织价值呢？根据本书第1章对于组织分析层次的介绍，我们认为，具体来看，对于公共组织来说，效率价值主要体现在三个层面。在个人层面上，公共组织的效率就是要求组织中的每个人都能在尽可能短的时间里，通过尽可能小的成本来完成自己所承担的工作。在组织层面上，“组织的存在为个人效率整合成为社会效率提供了实际的物质结构载体，致力于组织效率的改善和提高也成为所有组织化活动共同关注的核心问题，企业组织如此，公共组织如此”[②]。在社会层面上，公共组织的效率价值就意味着社会资源总体的配置效率和公共服务的提供效率。

3.1.2 公共组织公平价值与效率价值的关系

公共组织的公平价值与效率价值之间是对立与统一的关系，这种对立与统一既体现在社会层面上，又体现在组织层面上。

1. 社会层面上的对立与统一

在社会层面上，效率的提高对于社会公平具有促进作用，也就是说，社会整体效率的提高能够为社会公平的实现提供物质上的保障。人类社会对于公平的追求是高质量的、高水平的。在这个意义上，低水平的平等是与人类文明相悖的。因此，社会公平的程度也必然应当是动态的，这就必然会要求社会整体效率的提高。社会整体效率的提高必然会促进经济的发展，进而增加社会的物质财富总量、做大可供全社会用来分配的“蛋糕”，这就为实现更高程度的社会公平提供了充足的物质基础。换一个角度来看，按照公平原则设计的分配制度，必定会充分激发每一个社会成员的工作积极性。“一方面，社会越是公平，每个人的贡献与所得便越一致，每个人的劳动积极性便越高，社会越不公平，每个人的贡献与所得便越背离，每个人的劳动积极性便越低，从而效率也就越低。另一方面，社会越公平，人们损害社会或他人与损害自己便越相等，人们损害社会和他人的倾向便越小，从而社会活动的总体效率便越高，社会越不公平，人们越是利己，人们损害社会和他人的倾向便越大，从而社会活动的总体效率便越低。”[③]

与此同时，公平与效率也有可能会发生冲突。首先，一个显失公平的制度安排会影响社会效率的提高。社会不公大致可以分为两种情况：一种情况是社会成员在收入分配数量上是绝对平均的，无论付出是否具有差别，每一个人的所得都是一样的；另一种情况则是社会成员之间收入分配的差距很大。这两种制度安排都不可能使得社会效率得到提高。如果按照平均主义的原则对社会成员的收入进行分配，那么这种分配制度很难激

---

① 周志忍．行政效率研究的三个发展趋势．中国行政管理，2000，(1)：37-40.

② 刘旭涛．政府绩效管理：制度、战略与方法．北京：机械工业出版社，2003：17.

③ 王海明．公正 平等 人道：社会治理的道德原则体系．北京：北京大学出版社，2000：112.

发社会成员的活力，这也就必然会影响到社会的整体效率。同理，如果一个社会的收入分配差距过大，不同群体或阶层之间的收入差距非常明显，那么这就可能会引发一些社会矛盾，这些矛盾进而可能会影响到社会的稳定。当一个社会缺乏稳定环境的时候，整体的效率就很难得到提升，推动经济社会的发展就成为了一句空话。其次，效率也有可能对公平形成冲击。这种冲击具体表现为社会整体效率的缺失或者对于社会效率的片面追求也会影响到社会公平的实现。如果社会整体效率不高的话，就不能为社会公平的实现提供充足的物质基础，在这种情况下，即使能够实现所谓的公平，也只是低层次的，与人类社会发展从低级到高级的规律是相悖的。此外，如果一味追求效率的提高，就会对社会公平形成极大的冲击。由于公共组织的效率价值是服务于公平价值的，如果以放弃社会公平为代价来一味追求社会效率的提高，就像在大海中航行的巨轮没有了导航系统一样，不可能抵达目的地。

2. 组织层面上的对立与统一

在组织层面上，只有员工具有强烈公平感的组织才会有高效率。如果公共组织管理者能够做到根据组织成员的贡献大小设计相应的组织激励与分配制度，并且为组织成员提供参与组织管理和决策的渠道，那么这种管理制度设计就会有效激励组织内部所有员工的积极性。同时，公共组织效率的提高能够推动公共组织公平价值的顺利实现。由于公共组织的效率价值是服从和服务于公平价值的，所以，效率高的公共组织会更加有助于其公平价值的实现。政府组织是由公众授权形成的、向社会提供公共服务的组织。在政府行使职能的过程中，行政成本等都是通过税收等方式获得的，因此，政府在履行职能的过程中，必须不断提高运作效率，来尽可能地扩大公共支出的收益，节约公共资源。

如果一个组织一味强调效率，就有可能会牺牲对于组织公平问题的充分关注，从而造成组织内部收入分配的差距过大等诸多公平问题。当组织员工对于组织分配制度的公平感不强，或者认为组织现有分配制度或决策过程不合理，那么他们就有可能选择消极怠工。甚至，在有些情况下，一些组织成员还可能会选择离职。可以想象，当一个组织发展到这个地步时，无论员工做出哪种选择，都势必会影响到整个组织的稳定和运行效率。同理，如果一个组织一味强调公平，按照平均主义的原则设计组织的分配制度，那么，它也很难有效率可言。

3.2　公平价值与效率价值关系的处理：不同公共行政理论的主张

行政组织是公共组织的最重要组成部分，因此，如何处理公平与效率之间的关系也是公共行政学的重要研究内容。在公共行政学的学科发展历史上，在公共行政学的理论丛林中，不同理论对于该问题所给出的回答存在很大差异。与之相对应，政府组织价值的天平也在公平与效率之间不断摆动，有时会倾向于效率一方，有时则又会倾向于公平一方。接下来，我们将从公共行政学学科发展的视角，对传统公共行政理论、新公共行政理论、新公共管理理论以及新公共服务理论的相关价值主张进行详细的介绍。

3.2.1 “效率至上”的传统公共行政理论

学术界普遍认为，公共行政学作为一门独立学科的兴起，是以1887年伍德罗·威尔逊在《政治学季刊》上发表的《行政学研究》一文为标志的。在公共行政学的学科发展史上，从《行政学研究》的发表到20世纪六七十年代之间，占主导地位的是传统公共行政理论。传统公共行政理论是以威尔逊首先提出并且经由古德诺(Frank Goodnow)进一步完善的政治-行政二分法和马克斯·韦伯的官僚制理论为基础的。

政治-行政二分法认为，政治是国家意志的表达，行政是国家意志的执行。与政治不同，行政是事务性的领域，是单纯的执行活动。因此，威尔逊主张，既然行政是国家意志的执行，那么在价值选择上，政府就可以把精力集中在如何提高效率上。相应地，公平、民主、回应性等价值就不属于行政学的研究范畴了。由此，效率成为传统公共行政理论的核心价值观。在传统公共行政理论看来，在价值选择上，“公共行政的出发点是效率，终极价值指向也是效率，政府行政就在于通过对公共资源的有效配置和利用，以较少的投入获取较多的政府产出”①。

既然效率是传统公共行政理论的核心价值观，那么，如何有效提升政府的效率就成为了行政学的主旨。因此，为了有效提升政府的运行效率，威尔逊进一步指出，行政学研究的目的就在于解决两个方面的问题，“首先，政府能够适当地和成功地进行什么工作，其次，政府怎样才能以尽可能高的效率以及最少的财力或者精力方面的成本来完成这些适当的工作”②。为了有效提升政府的运作效率，传统公共行政理论突出强调行政的中立性、非人格化以及技术性等方面的内容。如果说政治-行政二分法的提出为公共行政的效率价值提供了一个理论基础的话。那么，韦伯的官僚制理论则为公共行政对于效率的追求提供了技术上的支撑。官僚制理论为政府效率价值的实现提供了一个组织层面的支撑。对于官僚制组织，韦伯认为，它是一种建立在权威与理性基础上的最有效率的组织形式，主要有非人格化、严格的效率取向、重视法律及程序、强调专业知识与技术的重要性等几个方面的特征，并且，这些特征能够确保官僚制组织在实现效率方面比其他类型组织有独特的优势。

3.2.2 “社会公平”的新公共行政理论

一般认为，在公共行政学的学科发展史上，从20世纪60年代末期开始到20世纪80年代之间的这段时间占主导地位的是新公共行政理论。在价值取向上，新公共行政理论与传统公共行政理论有着明显的不同。如果说效率价值是传统公共行政的核心价值观的话，那么，公平价值则成为了新公共行政理论高扬的理论旗帜。

实践的发展是推动理论研究进步的不竭动力。20世纪中期以来，西方国家经济社会的持续发展变化使得传统公共行政理论不断受到新的挑战。面对这些挑战，政府已经没有办法沿用以往的管理方式实现对经济社会事务的有效管理。在此背景下，为了有效

① 金太军．西方公共行政价值取向的历史演变．江海学刊，2000，(6)：37-41.

② Wilson W. The study of administration. Political Science Quarterly，1887，2(2)：197-222.

应对经济社会发展和变化提出的挑战，西方行政学界开始反思传统公共行政理论的局限。例如，“发生在 20 世纪 60 年代中期和 20 世纪 70 年代之间的三个特殊事件或活动给社会、政府以及公共行政留下了难以磨灭的痕迹：越南战争、都市骚乱和持续的种族冲突以及水门事件。这些危机和事件导致了一些新的政府项目并且改变了公共行政的思维方式和实践方式”①。在此过程中，一些学者主张从全新的视角来对公共行政进行研究，从而引发了一场新公共行政运动，并且形成了公共行政学发展史上的一个新流派——新公共行政学派。

新公共行政学派的代表人物主要有弗雷德里克森等。弗雷德里克森认为，“传统和古典的公共行政不外乎试图回答下列问题：(1)我们怎样才能利用可用的资源提供更多或更好的服务呢(效率)？(2)我们怎样才能在节省支出的同时保持我们的服务水平呢(经济)？”②但是，在新公共行政学派看来，传统公共行政理论“效率至上”的主张是存在局限的，效率对于公共行政固然重要，“但绝不是其核心价值，更不是唯一的价值准则和终极目标”③。公平的重要性要明显高于效率，因此，公共行政应当高举“社会公平”的理论旗帜，将“社会公平”作为追求的核心价值目标。基于这种理解，新公共行政学者指出，与传统公共行政执着追求政府的效率价值相比，新公共行政理论要追加一个问题，即政府的“这种服务增进了社会公平吗？②”

对于社会公平，弗雷德里克森进一步指出，“社会公平是一个包括一系列价值偏好、组织设计偏好以及管理风格偏好的短语。社会公平强调政府服务的平等，强调公共管理者决策和项目执行的责任，强调公共管理的变革，强调对公民需求而非公共组织需求的回应，强调对公共行政研究与教育的探讨，公共行政不仅具有跨学科性和应用性，而且具有解决问题的特性和理论上的合理性”②。为了实现对于社会公平目标的追求，新公共行政理论还从参与以及组织结构变革等方面提出了一些主张。例如，“鉴于传统公共行政学‘效率至上’原则固有的缺陷，新公共行政学采取解释学和批判理论的模式进行研究，以期超越传统公共行政学的所谓‘理性模式’，它主张公共行政组织通过‘了解’和理想情景的沟通对话来促使公共行政与其服务对象——人民产生真挚的互动，以通过增加其对广大民众的需求做出积极反应来抵消传统公共行政理论下的无效率观，引导社会价值，进而实现公共行政的民主政治责任与义务”③。

此外，新公共行政理论还对传统公共行政理论所主张的政治-行政二分法观点提出了质疑。该理论认为这种主张与现实并不完全符合，政治-行政二分法的观点并不能从实践层面获得充足的证据，得到有力的证明。在现实中，政治与行政没有办法泾渭分明地分开，两者之间是密切联系的。因此，在实际工作中，政府管理者并不是价值中立的“工具人”，他们应当将公平等价值作为崇高的追求，并且将公平的原则贯彻到自己的日常工作当中。

通过以上分析，我们可以看出，在政府组织价值问题的研究上，新公共行政理论与

① 弗雷德里克森 H G. 新公共行政．丁煌，方兴译．北京：中国人民大学出版社，2011：2.

② 弗雷德里克森 H G. 新公共行政．丁煌，方兴译．北京：中国人民大学出版社，2011：4.

③ 丁煌．寻求公平与效率的协调与统一——评现代西方新公共行政学的价值追求．中国行政管理，1999，(12)：82.

传统公共行政理论存在明显的区别：第一，与传统公共行政理论将效率作为政府组织的唯一价值不同，新公共行政理论将公平看做政府组织的核心价值；第二，传统公共行政对于效率价值的探讨集中在组织的内部运作上，而新公共行政理论则尝试跳出组织的视野，逐渐开始从政府组织与社会互动的视角来分析公共行政的价值观。

3.2.3 "崇尚效率"的新公共管理理论

尽管新公共行政理论高举"公平"导向的理论旗帜向古典公共行政理论的"效率中心论"发起了挑战，但是，稍显遗憾的是，新公共行政理论的相关主张自始至终只是停留在理论的层面上，并没有在公共行政的实践中得到应用。20 世纪七八十年代以来，西方发达国家开始遇到了前所未有的挑战。在经济上，福利国家模式对于社会经济生活的全面干预导致了"滞涨"现象的出现。与此同时，社会公众对于政府行动迟缓、效率低下等问题的诟病使得其陷入了难以自拔的财政危机和信任危机之中。在此背景下，为了有效应对面临的诸多挑战，西方发达国家掀起了一场以追求"3E"(经济、效率和效益)为目标的政府改革运动，即新公共管理运动。在这场运动中，效率被重新拉回到公共行政价值论争舞台的中心位置，从而成为政府改革的核心价值追求之一。

在内容上，新公共管理理论认为，管理就是管理，在这个意义上来看，公共部门管理与私人部门管理之间并没有本质的区别。以这种理念为指导，新公共管理理论认为，为了有效提高政府的运行效率，政府应当向企业进行学习，采用企业管理的相关理念和方法来提升公共部门的运作效率。沿着这种思路，许多学者都提出了提高政府效率的"药方"：引入市场竞争机制，打破公共服务提供的垄断；借鉴企业领域绩效管理的方法，引入平衡计分卡等绩效管理工具，实行政府绩效管理等；树立"顾客导向"的理念，将其贯彻到公共服务的提供中。新公共管理理论的相关主张主要体现在奥斯本和盖布勒合著的《改革政府：企业家精神如何改革着公共部门》一书中，该书从十个方面对于新公共管理理论的相关内容进行了介绍：起催化作用的政府，掌舵而不是划桨；社区拥有的政府，授权而不是服务；竞争性政府，把竞争机制注入提供服务中去；有使命感的政府，改变照章办事的组织；讲究效果的政府，按效果而不是按投入拨款；受顾客驱使的政府，满足顾客的需要，而不是官僚政治的需要；有事业心的政府，有收益而不浪费；有预见的政府，预防而不是治疗；分权的政府，从等级制到参与和协作；以市场为导向的政府，通过市场力量进行变革①。

在价值主张上，尽管新公共管理理论与传统公共行政理论同样主张效率价值。但是，我们可以看到，与传统公共行政理论相比，新公共管理理论并没有将效率价值作为唯一的追求，除此之外，经济和效益也成了政府应当追求的重要价值。不仅如此，事实上，仅就政府组织的效率价值而言，新公共管理理论的主张与传统公共行政理论之间也是存在区别的。这种区别主要表现为，传统公共行政理论所关注的效率主要是政府的内部运行效率，而新公共管理理论则拓展了效率研究和分析的视野，从内部与外部两个方

---

① 参见：奥斯本 D，盖布勒 T. 改革政府：企业家精神如何改革着公共部门. 周敦仁，等译. 上海：上海译文出版社，2006.

面来对政府效率进行探讨。

3.2.4 “找回公平”的新公共服务理论

无论是对于自然科学，还是对于社会科学，理性的批判始终是推动理论不断发展与进步的动力。今天我们都非常熟悉的许多理论都是在被批判与质疑的过程中逐步走向成熟的。自从新公共管理理论提出以来，它同样受到了来自多个方面的批评。在这些批评当中，著名学者登哈特(Robert B. Denhardt)所提出的新公共服务理论就是典型的代表之一。新公共服务理论认为公共部门管理和私人部门管理之间存在本质的区别，“政府不应该像企业那样运作；它应该像一个民主政体那样运作”[①]。以此为基础，新公共服务理论认为以往公共行政理论存在的一个缺陷就是，“满足不了我们对回答某些核心问题更为基本的渴望：我们是谁？我们为什么在这儿？所有这一切都意味着什么？”[②]为了对公共行政的核心价值进行定位，登哈特认为，驱使公共部门及其工作人员努力工作的根本就是“为公民服务以增进共同的利益”[②]。由此，公共服务和公共利益就成为了新公共服务理论构建其理论大厦的最重要的基石。在这种观点下，新公共管理理论所主张的效率价值观受到了新公共服务理论的批评。公平价值是实现公共利益的过程中必不可少的，因此，公平成为了新公共服务的重要价值观之一。

在内容上，新公共服务理论的主张主要包括以下几个方面：“服务于公民，而不是服务于顾客；追求公共利益；重视公民权胜过重视企业家精神；思考要具有战略性，行动要具有民主性；承认责任并不简单；服务，而不是掌舵；重视人，而不是重视生产率。”[③]在性质上来看，新公共服务是一场基于公共利益、民主治理过程的理想和重新恢复的公民参与的运动，这显然是区别于传统公共行政理论和新公共管理理论的。从价值主张上来看，尽管新公共服务理论突出强调了公共行政的公平、民主等价值，但是，新公共服务理论并不是对新公共管理理论的否定，而是一种扬弃和批判性的继承。例如，登哈特夫妇指出，“效率和生产力等价值观不应当被抛弃，但是应当被置于民主、社区和公共利益这一更广泛的框架体系之中”[④]。这说明，在某种程度上，新公共服务理论开始对政府组织的目的性价值与工具性价值进行区分。

从以上对于不同公共行政理论价值主张的介绍，我们可以看到，总体来看，公共行政价值取向的演进大致可以体现出以下几个趋势：第一，从内容上来看，公共行政组织的价值呈现出从一元到多元的特征，即围绕实现公共利益的根本目的，形成了从最初的效率到包括公平、民主、责任、回应性、效率、法治、服务等内容在内的多元化价值观。第二，对于行政组织来说，公共性的根本价值取向得以确立，其他价值都是服从和服务于公共性的，处于“从属”的位置。也就是说，“公共行政学对科学因素的关注、对

---

① 登哈特 R B. 新公共服务：服务，而不是掌舵．丁煌译．北京：中国人民大学出版社，2010：1.

② 登哈特 R B. 新公共服务：服务，而不是掌舵．丁煌译．北京：中国人民大学出版社，2010：2.

③ 登哈特 R B. 新公共服务：服务，而不是掌舵．丁煌译．北京：中国人民大学出版社，2010：31.

④ Denhardt R B, Denhardt J V. The new public service: serving rather than steering. Public Administration Review, 60(6): 549-559.

方法和技术的偏爱，都只有服务于公共性的实现这一目的时才是积极的”①。第三，从层次上来看，公共行政组织的价值体系既包括组织层面上的价值观，又包括社会整体层面上的价值观。第四，从对于人的认识来看，公共行政的人本主义特征越来越明确，工具人的主张彻底被抛弃，“开始关注行政主体的需求、强调行政系统内部管理的人本性，也更注重行政的社会价值分配职能，强调行政的社会性、公益性，是对人的价值的一种挖掘和发现”②。

3.3 实现多元价值的动态平衡：公共组织价值管理的主题

公共组织的公平价值与效率价值之间存在冲突，主要是因为，“人类所欲求的各种价值和善之间并非如人们所期望的那样相辅相成、共生共长，相反，它们经常在终极层面存在难以调和的冲突”③。在这个意义上来看，公平价值与效率价值之间的这种对立与统一可以看做公共组织多元价值之间关系的一个“压缩”版本。罗森布鲁姆(David H. Rosenblum)从管理途径、政治途径和法律途径三个角度对公共行政的价值原则进行了分析。其中，管理途径又可以分为传统管理途径和新公共管理途径。这些途径分别强调不同的价值：传统管理途径强调的是效率；新公共管理主张公共行政应当是非政治化的和企业化的；政治途径推崇的是代表性、政治回应和责任；法律途径强调的是法治，主要包含程序性正当法律程序、个人应享有的实质权利和法律的平等保护、公平、正直诚实④。在多元的价值体系中，除了公平与效率的冲突之外，民主与效率、法治与效率等不同价值之间也具有对立统一的关系。在这种背景下，面对多元价值之间的复杂关系，以有效协调这些关系为主题的价值观管理就成了公共组织管理的一个必不可少的环节。

3.3.1 公共组织价值管理的兴起

价值观管理是与传统的指令管理和目标管理等相对应的一种管理方式，它首先出现于企业管理领域，是外部环境影响的结果。“20世纪工作环境中不断增加的复杂性、不确定性和迅速的变化推动了组织管理的演变。”⑤在这种背景下，传统的指令管理和目标管理已经不能适合企业发展的需要，价值观管理开始出现。具体来看，价值观管理的出现是质量和客户导向的要求、自主权和职业责任的要求、由“老板”转变为领导者/促进者的要求、更加扁平化和更灵活的组织结构的要求等发展趋势共同作用的结果。在企业管理领域，“价值观管理是组织发展领域经典技术和理论应用的实践结果，旨在将人或

---

① 张康之，张乾友，等．公共行政的概念．北京：中国社会科学出版社，2013：191.

② 颜佳华，王升平．近百年来西方行政价值观演变的特征、规律及趋势探析．中国行政管理，2008，(8)：107-110.

③ 李春成．论行政伦理两难的成因．中国行政管理，2011，312(6)：4.

④ 参见：罗森布鲁姆 D H，克拉夫丘克 R S. 公共行政学：管理、政治和法律的途径．第五版．张成福，等译．北京：中国人民大学出版社，2002.

⑤ 多伦 S L，加西亚 S. 价值观管理：21世纪企业生存之道．李超平译．北京：中国人民大学出版社，2009：6.

个体的因素引入管理思想中，不仅仅是理论上，更重要的是在日常工作中”[①]。从作用上来看，“除了指导战略调整，价值观管理还可以指导我们如何充分利用现有资源克服日常工作中的困难。价值观管理完美地融合了组织内两个‘被拆分’的领域：战略定位(管理)与人力资源管理”[②]。

价值观管理并不是企业管理所独有的一种管理方式。外部环境的复杂化和不确定性程度的增加也都向公共组织管理提出了新的变革要求，公共组织价值观管理也因此逐步兴起。但是，公共组织的价值与私人组织价值之间存在明显的区别，因此，这就决定了公共组织的价值管理与私人组织价值管理之间存在着本质的差异。如果照搬私人组织的价值观管理方法势必会侵蚀公共组织的公共性，使得公共组织背离其公共性。这就决定了公共组织的价值观念“常常与私营部门所持价值观相背离。例如政府对效率的考虑就必须从属于许多政治原则之下，包括代表性、责任与透明性等。效率原则同样需让位于某些法律考量，如正当程序等”[③]。具体来看，公共组织价值管理出现的原因主要体现在以下方面——公共组织多元价值之间的冲突、公共组织特性的影响以及社会价值观念的多元化等。

1. 公共组织多元价值之间的冲突

公共组织和私人组织之间存在着本质的区别：公共组织以维护公共利益、提供公共服务、促进社会公平正义为根本宗旨；而私人组织则以利润最大化作为终极诉求。公共组织应当追求的价值是多元化的，并且这些价值具有不同的划分标准。例如，有学者将公共组织的价值总结为“个人价值、职业价值、组织价值、合法价值和公共利益价值”[④]五个方面。事实上，无论采用何种方式对公共组织的价值进行分类，都说明公共组织的价值不是单一的，而是多元化的。在这种情况下，公共组织的多元价值之间难免会发生冲突，这种冲突是由多元价值之间的不兼容引起的。例如，“公共行政具有追求或要求多元的，有时甚至是冲突的多元价值的特质。公共行政在本质上是以民主宪政为基石，强调追求人民主权、公民权利、人性尊严、社会公正、公共利益、社会责任等多元价值的。过分强调对效率和工具理性的追求，使公共行政无力反省公共行政及公共服务的根本价值、目的，将其变为执行与管理的工具，不但无力担负起公共行政捍卫民主政治价值的责任，也无法实现提升公民道德水准的使命”[⑤]。

此外，公共组织多元价值之间的冲突还可能是个人角色的多元化导致的。例如，“在公共管理中，公共政策的制定者常常会比其他人更强烈地感到某些价值冲突带来的困惑，如他们为国家或组织的利益要承担直接或间接的伦理义务，为此要考虑到公共管理中复杂的、相互排斥的价值观念；而作为履行公民义务的个人，其个人利益则要服从公共利益等等。尽管如此，作为公共管理者，他们更关注在公共政策制定中哪些价值取

---

① 多伦 S L，加西亚 S. 价值观管理：21世纪企业生存之道．李超平译．北京：中国人民大学出版社，2009：4.

② 多伦 S L，加西亚 S. 价值观管理：21世纪企业生存之道．李超平译．北京：中国人民大学出版社，2009：17.

③ 罗森布鲁姆 D H，克拉夫丘克 R S. 公共行政学：管理、政治和法律的途径．第五版．张成福，等译．北京：中国人民大学出版社，2002：8.

④ 范瓦特 M. 公共管理的价值根源．周菲译．经济社会体制比较，2002，102(4)：27-32.

⑤ 张成福．公共行政的管理主义：反思与批判．中国人民大学学报，2001，(1)：15-21.

向是最基本的。人们普遍认为公共管理中存在着大量的角色定位或价值取向，这些角色定位或价值取向是公共管理者做出决策的基本依据”①。更为明显的是，当多元价值在同一情景中同时呈现时，往往会导致评价者或实践者很难对它们进行取舍②。因此，积极协调多元价值之间的冲突，形成不同价值之间的合力就成为了公共组织价值管理兴起的一个重要原因。

2. 公共组织特性的影响

与私人组织相比，公共组织在目标定位、服务提供方式以及分配制度设计等多个方面都有其独特之处，这些特征也是公共组织价值管理提出的重要背景之一。从目标上来看，公共组织的目标具有模糊性的特征，不能像企业那样能够用数量进行精确的量化。因此，在公共组织管理的过程中，就不能向企业那样设计明确的目标对组织成员进行激励。为了有效调动组织成员的工作积极性，就必须立足公共组织的特点，对组织员工进行教育，使其认识到工作的重要意义，进而树立正确的价值观，增强为社会服务的动机。除了模糊性之外，从目标上来看，公共组织的目标还具有多元化的特征，这些目标之间相互促进、缺一不可，如果在实际管理的过程中，忽视其中的任何一个都有可能造成不好的结果。这也就意味着在公共组织价值管理的过程中，必须立足实际，全面了解组织所应当追求的价值观，并且，尽可能在履行职能的过程中全面贯彻这些价值。“以警察组织为例，可以明显用生产力概念表达的是破案率。传统的概念认为破案件数越多越好，因为各类刑案的发生，民众、民代，甚至是警察首长都希望尽快破案，于是警务单位将各类刑案依严重程度的大小，将之分散化，并以得分数作为个人绩效好坏的衡量标准，甚至对结果采取重惩重奖的方式。但在此种奖励制度运作下，难免造成对程序正义及办案质量的忽略，成为只重视结果而不重视过程的绩效文化。事实上，刑案对于整体治安的影响及办案过程是否合乎诉讼程序等，有时难以用数字表达。警察的任务不是只有侦破案件而已，尤其是警勤区员警，还身负社区服务及预防犯罪的功能，但这些涉及服务质量与顾客(民众)满意的工作项目，不能以单纯的服务件数作为唯一的衡量标准，还必须通过多重指标的设计方式，例如，程序正义性、困难性、民主性、民众的满意度等，才能真正测量出员警的工作表现。更重要的是，如此才能将员警重视结果的行为导正，使员警转而重视服务与侦办刑案过程的行为。”③

从服务提供方式来看，公共组织尤其是政府组织对于公共服务的提供具有一定的垄断性特征。事实上，这就有可能导致政府组织工作人员感受不到企业组织在激烈的市场竞争中所能感受到的那种压力。在这种情况下，公共组织及其工作人员由于缺乏外在的竞争压力就有可能缺乏服务意识以及工作的积极性。为了有效应对这种局限，西方发达国家开始引入了系统的组织绩效管理制度，通过绩效评价主体的多元化来促使公共组织履行所承担的职责。我们认为，对于公共组织管理而言，只有自外向内的压力是不够的，这就要求积极探索新的激励方式，以提高组织员工工作的积极性，进而实现组织工

---

① 范瓦特 M. 公共管理的价值根源. 周菲译. 经济社会体制比较，2002，102(4)：27-32.

② 李春成. 行政伦理两难的深度案例分析. 上海：复旦大学出版社，2011：6.

③ 徐仁辉，杨永年，张昕. 公共组织行为. 北京：北京大学出版社，2006：17.

作人员由内向外的使命驱动。在一定程度上，公共组织的价值观管理就是在公共组织管理的过程中提供从内向外的一种激励方式，能够从根本上使员工认识到公共服务工作的神圣性，进一步增强公共服务的动机。

从分配制度上来看，与企业相比，公共组织的分配制度相对较为缺乏弹性，不够灵活。“私营企业不仅存在追求效率的内在动机，而且可以根据需要采用灵活的激励机制，推进效率的不断提高。由于受到公共财政规则、统一的公务员工资制度和公众舆论等方面的约束，物质激励机制长期以来无法在公共部门发挥作用。当代改革中的结果预算制、绩效工资制、社会服务承诺制、绩效评估制、模拟市场竞争制等等，无疑是在面临特殊约束条件下，公共部门探讨提高效率的特殊机制的努力。”①在不能通过分配制度的改革来激发工作人员动机的情况下，公共组织管理的过程中需要引入价值观管理的方法来有效应对分配制度设计上存在的这种局限，使组织成员树立起与公共组织的公共性相适应的价值观。

从组织结构上来看，经济社会的不断发展对于公共组织结构提出了新的要求。我们都知道，传统的公共行政模式是以官僚制组织为基础的，在后工业化趋势日益明显的今天，它显然已经不能有效回应经济社会发展的要求了。“组织结构和动机转变紧密相关。工业社会的传统官僚制度衰退的原因之一就在于，从本质上讲，它们的效率在高科技社会中以及在劳动力高度专业化的情况下，要比在工业社会早期阶段低下得多。衰退的另一个原因在于，后现代社会的民众经过价值观的转变后对它们不再如之前那般认可了。”②因此，公共组织既需要对工作人员的价值观进行了解，又需要系统掌握社会上的不同价值观念。

3. 社会价值观念的多元化

“价值观并不是虚无缥缈的东西，它直接与利益密切相关并以利益为基础。因此，价值观分化的根源直接源自社会利益的分化。”③从更大的方面来看，价值观的差别不仅仅与利益分化有关，还会受到文化等因素的影响。因此，社会成员的价值观具有多样的特征。例如，杜建政等采用问卷调查方法对中国民众公正观的结构进行的研究发现，公众认同的公正观依次为：法律面前人人平等；求学、就业等方面的机会平等；程序的公平合理。而相对不被公众认可的公正观则是得到同样结果和平均分配。同时，该研究通过因素分析对问卷调查结果的分析发现，公众的正义观是多元的，主要体现为权利、衡平、救济、报应、平等和平均六个维度④。滕国鹏的实证研究发现中国民众的社会公平期望结构可以分为分配公平期望、程序公平期望以及公平控制期望⑤。张静的研究发现，受访者认可的原则有多种，包括平等、需要、衡平、差序、情理、权利等。但是这

---

① 周志忍．行政效率研究的三个发展趋势．中国行政管理，2000，(1)：38.

② 英格尔哈特 R. 现代化与后现代化：43 个国家的文化、经济与政治变迁．严挺译．北京：社会科学文献出版社，2013：27.

③ 廖小平，周泽宇．价值观的分化探析——以改革开放以来中国社会为背景．北京大学学报(哲学社会科学版)，2013，50(3)：19.

④ 杜建政，刘宁，李明，等．国民公正观的结构．心理科学进展，2010，(7)：1168-1174.

⑤ 滕国鹏，金盛华，韩春伟，等．民众社会公平期望的结构及其预测机制．公共管理学报，2011，(3)：80-90.

些原则有时适用于所有领域、有时适用于不同的领域。同时，这些原则在不同的时期也具有不同的使用序列。总体来看，衡平/平等/需要、投资/获益、制度平等、程序公开等原则在中国获得普遍的承认①。

社会成员的价值观能够对公共组织的政策制定以及执行效果产生重要的影响。因此，公共组织在提供公共服务的过程中，必须深入了解社会上存在的不同价值观念。只有这样，才能更有针对性地设计政策内容，对政策执行的效果进行评估。具体来看，面临社会价值观多元化的现实，公共组织价值观管理就需要做好以下几项工作。“其一，确定需要考虑哪些人的偏好：现在的顾客；需要服务的人们（即使他们没有感知到这一点）；将来的顾客；那些永远不会使用服务的人，但是需要他们持续的政治支持；那些对于谁值得获取服务有自己想法的人。其二，确定公众想要参与的问题。公共管理者应该去获得公民的重要想法但并不过分要求他们。事实上，在有的问题上，受其影响的公众强烈希望他们的观点被当局知道，但在其他领域则不一定是这种情况。其三，安排讨论会，让公民了解问题，表达想法，探究细节，寻找彼此之间的迁就方法，从而做出决策。其四，认识到‘已知偏好’的局限性，探索‘规定偏好’方法的潜力，关注于政策交易且不将金钱作为唯一的比照参数。最后，认识到与倾听公众偏好一样，也要发展技术以委托决策（至少是部分）来对公众负责。”②

3.3.2 公共组织价值管理的两个维度：社会与组织

由于公共组织的多元价值体现在组织成员的价值观念以及社会成员的价值观念两个不同的层面上，所以，为协调不同价值冲突而实施的公共组织价值管理就包含社会与组织两个不同层次的维度。

1. 社会层面上的价值管理

在社会维度上，公共组织价值管理的主要任务就是根据经济社会的发展变化，动态地协调社会上的多元价值之间的关系，使这些价值之间尽可能处于一个平衡的状态。例如，改革开放初期，针对计划经济时期所实行的平均分配制度存在的局限，中国开始逐渐对平均主义的分配制度进行改革。三十多年来，分配制度的改革极大地解放了为计划经济所束缚的生产力，推动了中国经济的快速发展。但是，与之相伴随的是，中国的收入差距等问题开始显现，区域、城乡、行业以及群体之间的差距逐渐显现。在这种背景下，为了有效促进社会的公平正义，国家陆续出台了一系列旨在调节收入分配、规范收入分配秩序、实现基本公共服务均等化的政策。

2. 组织层面上的价值管理

在组织层面上，价值管理又可以称为价值观管理。具体来看，价值观管理就是管理会影响人类行为的组织价值观体系的三个要素（或维度方面）：①经济—实用价值观；②伦理—社会价值观；③情感—发展价值观。这些维度包含不同的内容。经济—实用价

---

① 参见：张静．转型中国：社会公正观研究．北京．中国人民大学出版社，2008.

② 转引自：何艳玲．“公共价值管理”：一个新的公共行政学范式．政治学研究，2009，(6)：65.

值观对保持和集成组织的各个子系统来说是必需的，包括与效率、绩效标准和纪律相关的价值观，主要用于指导计划、质量保证和财务会计等活动。经济—实用价值观指导人们在团队/群体中的行为。伦理—社会价值观是关于人们在公共场合、工作和人际关系中应当如何立身行事的一些理念。情感—发展价值观是创造新机会所必需的，它与信任、自由和幸福联系在一起。对于企业而言，这三组价值观都是必需的，为了增强系统的组织和个体健康层面的效果，每个组织都必须找到三组价值观的平衡点。在这个意义上，价值观管理就是立足组织的实际，有效协调上述几个方面的内容，推动企业的成长与进步①。值得注意的是，上述价值观的内容是针对企业组织而言的。公共组织的价值观与企业组织的价值观存在诸多明显的区别。因此，公共组织的价值观管理需要立足自身实际，制定切实可行的具体措施。

3.4 公共组织价值观管理的方法

对于企业而言，组织价值观的管理要受到以下因素的影响："创始人的信念和价值观；现有管理层的信念和价值观；员工的信念和价值观；咨询人员的培训和影响；现行法律制度；特定市场中的游戏规则；当前社会的主导价值观；每个社会的文化传统；企业的成败史。"②公共组织的管理活动是一项经过缜密计划、目标明确的行动，或者说，它既是知识，又是技巧，还是艺术，体现为三者的有机统一。处理好包括公平与效率等多元化价值之间的关系，寻找这些价值之间的最佳平衡点，同样是中国公共组织价值管理的使命。接下来，在这一部分，我们将主要从组织的层面上对于公共组织价值观管理的主要方法进行简要的介绍。

3.4.1 提炼组织的核心价值观

对于任何组织而言，精确提炼组织的核心价值观始终都是价值观管理实施的重要前提和基础。公共组织都是因为公共利益而存在的，这也就决定了公共性是所有的公共组织都应当高扬的旗帜。但是，由于不同公共组织承担着不同的职能，因此，对于具体的公共组织来说，其价值观可能在侧重点上与其他公共组织存在一定的区别。组织的价值观必须与组织的使命、愿景保持一致，并且要让员工更多地参与到价值观管理的过程中①这就要求不同公共组织的领导者立足组织自身的职能定位，紧密联系组织的使命以及愿景，在有关专家的帮助下，通过科学的方法，积极动员组织成员参与，集思广益，努力提炼出符合组织自身实际的核心价值观。

对一个具体的公共组织来说，其核心价值观应当如何提炼？我们可以看到，近年来，我国的一些地方政府开始逐步进行类似的尝试，并且在实践上取得了积极的成效。例如，2005年10月11日，青岛市通过了《关于在全市机关创建机关品牌的意见》，开

---

① 多伦SL，加西亚S. 价值观管理：21世纪企业生存之道. 李超平译. 北京：中国人民大学出版社，2009：214.

② 多伦SL，加西亚S. 价值观管理：21世纪企业生存之道. 李超平译. 北京：中国人民大学出版社，2009：43-44.

始机关品牌的创建活动。自从品牌创建活动开展以来，青岛市党委系统、政府系统以及群团系统的机关都立足自身的职能定位，创建了能够充分体现自身特色的品牌。例如，中共青岛市委宣传部创建了“弘理聚心”的机关品牌；青岛市民政局创建了“爱心飞扬”的机关品牌；青岛市人事局创建了“人诚事公”的机关品牌；青岛市环保局创建了“碧海蓝天”的机关品牌；青岛市卫生局创建了“健康盾牌”的机关品牌；青岛市审计局创建了“为民护财”的机关品牌；青岛市统计局创建了“市情信达”的机关品牌；青岛市总工会创建了“维权到位、温暖到家”的机关品牌①。

3.4.2 全面了解组织成员的价值观

人是一切组织中最根本的要素，在知识经济时代，人力资源是社会上的第一资源。对于公共组织而言，更是如此。从组织行为学的视角来看，观念是行为的重要影响因素，这表明，“对个人价值观的理解将提供关于其态度的有力指示器”②。在这个意义上，深入了解组织成员的价值观对于公共组织的管理就具有了极为重要的意义。

组织成员的价值观不仅是多元化的，而且，还有可能会与组织的核心价值观之间存在一定的偏差。例如，一项实证研究发现，“在一个大型电信组织中，个人偏好价值观与主要的工作(日常)价值观存在显著差异。这项研究的样本包括 800 多名高级经理人”。此外，一项对于组织亚文化的研究发现，在组织内部，主要存在三种类型的组织亚文化：专业人员亚文化，包括所有管理者和受教育程度较高的员工；行政人员亚文化，包括所有(大多数是女性)从事事务性工作的员工；客户接口亚文化，包括直接面对客户的两个群体，即销售人员和理赔人员。这三类亚文化之间存在明显的差异：专业人员群体的特点是高工作导向、专业素质导向、开放体系、严密控制和实用导向；行政人员群体的特点是本位主义导向和实用导向；客户接口群体的特点是高结果导向、高员工导向、闭合体系和松散控制③。

事实上，在公共组织内部，组织成员的价值观同样是具有多元化特征的。例如，一项针对地方政府工作人员价值观的实证研究发现，在荣誉、服务、效率、遵纪守法、责任、诚实守信、廉洁奉公、民主、公正九项价值中，有五项的选择人数在 10%以上④。著名学者安东尼·唐斯(Anthony Downs)认为，“官僚化官员一般都有一系列复杂的目标，包括权力、收入、声望、安全、个人舒适，对理念、机构或者国家的忠诚，卓越工作的骄傲感，服务公共利益的渴望”⑤。事实上，除了多元化的特点之外，我们可以看到，近年来由于市场经济浪潮的不断冲击，个别公共组织成员的价值观是偏离了公共组织应有的公共服务宗旨的。这就要求，公共组织的领导者在公共组织价值观管理的过程

---

① 参见：中共青岛市委市直机关工作委员会．机关品牌——中国品牌之都：青岛的实践．北京：人民出版社，2008.

② 克朋 C. 组织环境：内部组织与外部组织．第二版．周海琴译．北京：经济管理出版社，2011：71.

③ 霍夫斯泰德 G，霍夫斯泰德 G J. 文化与组织：心理软件的力量．第二版．李原，孙健敏译．北京：中国人民大学出版社，2010：321-322.

④ 麻宝斌，马征．海林市公务员行政伦理状况调研报告．云南行政学院学报，2007，(3)：11.

⑤ 唐斯 A. 官僚制内幕．郭小聪，等译．北京：中国人民大学出版社，2006：2.

中，对于组织员工的价值观进行深入和全面的了解。在方法上，对于组织成员价值观的了解，可以采用观察法、问卷调查法以及访谈法等多种方法进行。

3.4.3　通过宣传使组织成员深入了解组织价值观

在了解组织成员价值观的实际状况之后，通过核心价值观的宣传来引领组织员工的行为就成了一项重要的工作。公共组织的核心价值观对于员工的行为具有引领作用，"公共行政组织内部成员会存在不同的价值观，不同主体的行为在公共行政价值的导向下会凝聚起来，形成强烈的'认同感'和'使命感'，使众多个体的行为产生合力，促进公共行政的发展"[①]。对于组织的核心价值观进行宣传，就是指在通过宣传和教育使得组织员工"对他所从事的工作赋予越多的价值(或意义)，他就越有可能承诺做到最好，也就是说，他会以更饱满的激情投入到工作中"[②]。以社会组织为例，由于其资产属于社会公益资产，并且面临所有者缺位的问题。同时，由于"不分配约束"等规定的限制，组织成员很难获得高水平的物质激励。在这种情况下，只能采取使命驱动的方式来为组织发展提供积极支持。

因此，在公共组织价值观管理的过程中，提炼组织的核心价值观只是其中的第一步，还必须通过宣传教育使组织的核心价值观得到员工的认同，并且能够做到以此为指导，通过它来引领自己的工作。这就对组织的领导者提出了新的要求，"价值观管理认为，领导力的真正本质是关注人的价值观。领导者的工作就是在企业的前进过程中，使组织的战略方向与核心价值观协调一致。具体来说，就是创建一种共享价值观的文化，明确或隐含地指导各层次或各部门员工的日常工作"[③]。在具体的方法选择上，组织价值观的教育和宣传要尽可能采取与日常工作紧密结合的、多元化的方式，如组织员工对核心价值观的学习、组织员工的集体活动等。

3.4.4　将组织的核心价值观贯彻到人力资源管理的全过程

人力资源管理包括组织成员的录用、激励等多个方面的内容。因此，必须将组织核心价值观的要求贯彻到组织人力资源管理的全过程。首先，在组织人员的录用环节，组织不仅要对应聘人员的能力和素质进行考核，还"应该雇佣与组织本身的主流价值观相同的人员——如果某员工的价值观与组织相适应，那么，此员工的满意度和成就很可能会很高"[④]。其次，还要将组织的核心价值观贯彻到组织成员的激励及考核等环节。例如，《中华人民共和国公务员法》第33条规定，"全面考核公务员的德、能、勤、绩、廉，重点考核工作实绩"。

---

① 麻宝斌．公共行政学．大连：东北财经大学出版社，2012：34.

② 多伦SL，加西亚S. 价值观管理：21世纪企业生存之道．李超平译．北京：中国人民大学出版社，2009：213.

③ 多伦SL，加西亚S. 价值观管理：21世纪企业生存之道．李超平译．北京：中国人民大学出版社，2009：4.

④ 克朋C. 组织环境：内部组织与外部组织．第二版．周海琴译．北京：经济管理出版社，2011：71.

“如果员工的价值观与组织价值观相匹配，那么他的工作绩效和满意程度可能更高。”[①]因此，组织的人力资源管理需要根据组织成员的公平偏好，对组织的激励制度进行科学设计。尽管公共组织是以提公共服务、维护公共利益为最终目的的，但是，这并不意味着物质激励等方式是没有必要的。“一方面，良好的报酬、稳定的工作和工作业绩对于营造一个优秀组织是重要的，也是现实的。另一方面，在许多公共组织内没有基金托管，职工对工作的不满意带来了工作的不稳定和较低的工作业绩，这种情况同样也是现实的。当一个公职人员的工资低于市场的平均工资时，他可能会离职或要求增加工资，或者用消极怠工、减少工时以及拒绝接受自己承担的分内工作等办法迫使组织提高报酬。”[②]对于具体的公共组织而言，建立较为完善的激励制度，就是要在法律、法规所允许的范围之内，逐步建立健全能够兼顾组织成员不同偏好的激励制度，通过激励制度的实施来有效提升组织成员的工作动机。

3.4.5 实现组织决策过程的民主化

学术界对于组织管理研究的相关成果表明，组织内部决策过程的民主化和公开化对于强化组织成员的认同感具有重要的作用。因此，组织决策的民主化就成为组织价值观管理的重要内容。对于一个缺乏民主氛围的组织来说，组织成员很难参与到组织的管理过程中，在这种情况下，组织内部的信息传递以及意见表达就是不流畅的。组织成员就不可能从根本上了解组织的核心价值观，这也影响了组织认同感的形成。因此，在公共组织价值观管理的过程中，必须尽可能地为组织内部所有成员提供多元化的参与渠道，进一步提升组织成员对于组织的认同感和归属感。只有这样，组织的价值观才有可能在组织的层面上得到较为广泛的认同。具体来看，组织价值观管理的过程中可以通过员工代表大会等方式，来积极发挥这些方式在上传下达中的作用，努力实现组织内部决策的民主化。

3.4.6 积极构建平等、合作的组织文化

在实质意义上，组织是围绕着特定的目标而形成的人的集合体。在具体的组织内部，不同成员所承担的职责是不同的，这就需要通过合作机制的设计将组织的员工有机地联系起来。从这个视角来看，积极营造以平等、和谐及合作为突出特征的组织文化就成了公共组织价值观管理的重要工作。在官本位特征较为明显的环境下，积极形成平等、合作的组织文化，就显得尤为重要。具体来看，积极营造平等、合作的组织文化就是要求组织领导者尽可能体谅组织成员，能够设身处地地为组织成员着想，尊重组织成员的劳动成果，为组织成员参与组织决策创造机会、提供平台。对于组织成员而言，就是要尊重同事，在交往的过程中尽可能保持礼貌的态度。最后，通过组织领导层以及全体成员的共同努力，组织中逐步形成平等、合作的新型组织文化，为更好地实施组织价

---

① 罗宾斯 S P，贾奇 T A. 组织行为学. 第 14 版. 孙健敏，李原，黄小勇译. 北京：中国人民大学出版社，2012：132.

② 范瓦特 M. 公共管理的价值根源. 周非译. 经济社会体制比较，2002，102(4)：28.

值观提供有益的帮助。

➢思考题

1. 公共组织的公平价值包含哪些内容?
2. 公共组织的效率价值包含哪些内容?
3. 如何理解公共组织公平价值与效率价值之间的对立与统一关系?
4. 传统公共行政理论的主导价值是什么?
5. 新公共行政理论的主导价值是什么?
6. 新公共管理理论的主导价值是什么?
7. 新公共服务理论的主导价值是什么?
8. 公共组织的公平价值与效率价值在现实中的冲突主要表现在哪些方面?
9. 价值观管理及其提出的背景是什么?
10. 公共组织价值观管理的主要方法有哪些?
11. 请选择一个你所熟悉或者亲身经历过的价值冲突现象，描述这种冲突的具体表现，并且提出相应的应对办法。

第 4 章

使命与任务——公共组织的行为准则

与私人组织相比，公共组织因为维护公共利益、提供公共服务而存在。但是在维护公共利益、提供公共服务的这一过程中，不同的公共组织又履行着具有差异化的职能。例如，政府职能部门、医院、学校等公共组织都具有自己独特的职能。这主要是因为，“一个组织机构是为了某种特殊目的和使命，为了某种特殊的社会职能而存在的”[1]。对于一个具体的公共组织来说，这种“特殊的社会职能”就是该组织的使命，它所回答的问题是，该组织“是做什么的”。例如，在现代社会，大学的使命主要有培养人才、创造知识、科研创新和服务社会等。尽管“一个组织的使命乃是其命脉之所在”[2]，但是，对于一个组织来说，只有使命陈述是不够的，或者说是不完整的。很明显的是，单纯的使命陈述并没有解决这一组织通过什么工作来达成自身使命的问题。这表明，除了组织的使命陈述之外，一个组织机构还需要立足组织的使命进一步明确组织的具体任务，即明确“组织应当做什么具体的工作”。让我们继续以大学为例对这一问题进行分析，大学为了实现科研创新的使命，首先必须搭建学科平台、扶持学术团队，并且鼓励学术团队在所在的专业选择一个研究领域进行深入研究，产出具有影响力的科研成果。质言之，大学的使命必须要依靠具体的措施才能达成，而这些具体的措施就是大学的任务设定。

从以上的分析中，我们可以看出，在组织实际运行的过程中，使命和任务都是组织运行必备的要件之一。从关系上来看，二者之间是相互联系、相互影响的。其中，使命是任务的依托和最终归宿，任务则是使命的具体化。对一个特定的公共组织来说，只有当使命与任务之间实现有机统一的时候，才是理想的状态。但是，在现实中，两者却有可能会发生背离，使命如果不明确就会导致任务无法确定，反过来看，没有可行的任务设定就不可能实现组织的使命。在这个意义上，有效的公共组织管理必须能够有效地统筹使命与任务的关系，进而产生理想的执行效果。因此，在公共组织管理的过程中，需要通过目标管理的方法来有效协调使命与任务之间的关系。目标是一个组织的行动纲领，明确的组织目标可以为执行者指明行动方向，并且提供评价标准。以此为基础，我

---

① 德鲁克 P F. 管理：使命、责任、实务(使命篇). 王永贵译 . 北京：机械工业出版社，2009：39.

② 盖拉特 J P. 非营利组织管理 . 邓国胜，等译 . 北京：中国人民大学出版社，2013：11.

们可以将公共组织的目标划分为根本目标和直接目标两类。这样的话，目标就成了组织使命与组织任务的结合点。其中，公共组织的根本目标可以称为组织的使命，而公共组织的直接目标则可以称为组织的任务。公共组织目标管理的主要内容就是有效协调组织的使命(根本目标)和任务(直接目标)之间的关系，使得二者处于一个统一的状态，尽可能避免二者在现实中的背离。

与私人组织相比，公共组织的目标在很多方面都具有一定的特殊性。对于公共组织来说，其目标具有多元化、模糊性以及不易量化等特征。因此，公共组织目标管理需要立足公共组织的特征来提出切实可行的方法，协调使命与任务之间的关系。那么，对于公共组织来说，什么是它的使命和任务？其使命和任务之间的关系又是怎样的？公共组织的目标有哪些特征？中国的公共组织目标管理在实践中进行了怎样的探索？在现实中，公共组织的目标管理存在哪些问题？公共组织目标管理的主要方法有哪些？接下来，本章将紧密围绕上述问题对公共组织目标管理的相关问题进行分析和介绍。

4.1 公共组织的使命与任务

4.1.1 公共组织的使命

1. 公共组织使命的定义

在英语中，与使命对应的单词是“mission”，在有些时候，它也会被翻译为宗旨。在最一般的意义上，使命或者宗旨就是对“组织是做什么的”这一问题的高度抽象的回答。质言之，使命所回答的是一个组织因为什么而存在的问题。事实上，也正是因为有了明确的使命陈述，一个组织才能够得以与别的组织区分开来，明确自己因什么而存在，有效解决了其在多元的社会组织中的“合法性”问题。对一个组织来说，“确立组织的存在与发展的使命，可以起到定义组织方向的作用。所谓定义方向，就是在组织生存与发展的公共空间里，找到东西、南北、上下三条坐标线的交点，并且对未来一段时期内这个交点的变化轨迹给出合理判断”①。

从上面的分析中，我们可以看出使命对于一个组织发展和定位的重要作用。立足公共组织的特征，我们认为，公共组织的使命就是一个特定的公共组织对其“为什么存在”以及“做什么”等相关问题的精确、概括性的表述。

2. 公共组织的使命表述

概括来看，使命表述(mission statement)就是组织对自己“是做什么的”这一问题的概括性表达。一般来说，一个组织的使命表述应当具有如下特征。

1)以组织的性质为依托

任何一个组织都应当具有自己的使命，但是，不同性质的组织的使命之间有明显区别，因此，组织使命的陈述应当符合组织的性质，不能背离自身的性质。作为一个公共

---

① 王建民. 战略管理学. 北京：北京大学出版社，2013：60.

组织，肯定不能像私营组织那样，将营利作为自己的使命与追求，而是始终应当捍卫社会公共利益。进一步来看，不仅仅不同性质的组织之间，即使作为同一性质的组织，它们之间的使命也是有所差异的，而决定这种差异的因素就是所承担职能的不同。例如，我们在这一章开始部分所提到的学校和医院之间使命的差异，就是两种组织的职能不同导致的。

2)高度的抽象性

一个组织的使命陈述必须高度概括和抽象，即通过“化繁为简”的表达方式来表明自身因为什么原因而存在，并且能够为社会和服务对象提供一种怎样的服务或者价值。例如，中国移动通信的使命是“创无限通信世界 做信息社会栋梁”。对于一个具体的组织来说，使命的这种高度概括和抽象的特征主要有两个方面的意义：一是，“有利于扩大目标和战略选择空间。使命表述过于具体、详细，势必会压抑战略决策者、制定者或管理者的思想，使他们难以充分发挥想象力和创造力”。二是，“有利于协调组织利益相关者之间的相互关系，或者满足利益相关者提出的各种要求”①。

3)社会导向性

在现代社会，每一个组织都具有特定的职能，组织职能的定位需要从社会的视野中进行。企业主要是通过提供某种产品或服务来获取利润，而以维护公共利益为宗旨的公共组织主要是向社会提供公共服务，因此，其使命表述应当具有社会导向性的特征，即明确表达出组织能够向社会或者某一社会群体提供的具体的公共服务。

3. 公共组织使命的构成要素

公共组织的使命应当包括哪些要素？这是了解公共组织使命的一个重要环节。戴维对企业使命陈述的要素进行了分析，认为它应当包括九个方面的要素②：第一，顾客，企业的顾客是谁？第二，产品或服务，企业的主要产品或服务是什么？第三，市场，从地域角度考虑，企业在哪些地区具有竞争力？第四，技术，企业的技术紧跟时代步伐吗？第五，关注生存、发展与盈利能力，企业能够实现业务增长并获得合理的财务收益吗？第六，理念，企业的基本信念、价值观、志向和伦理道德倾向是什么？第七，自我认知，企业独特的竞争能力或主要的竞争优势是什么？第八，关注公共形象，企业是否对社会、社区和环境事项承担责任？第九，关注员工，员工是企业有价值的资产吗？

公共组织与私营组织存在诸多的不同，因此，其使命表述应当充分体现公共组织的相关特征。一般来说，公共组织的使命应当包括如下几个方面的要素：第一，组织的服务对象是谁；第二，组织能够为社会或者服务对象提供的公共服务或者创造的价值是什么；第三，组织的核心理念或者价值观是什么；第四，组织的主要竞争优势什么。当然，在现实中，并不是所有公共组织的使命表述都涵盖这几点，有一些公共组织的使命表述可能只体现上述要素中的一部分。

---

① 王建民．战略管理学．北京：北京大学出版社，2013：63.

② 戴维 F R. 战略管理：概念与案例．第13版．徐飞译．北京：中国人民大学出版社，2012：48-49.

4.1.2　公共组织的任务

在英语中，与任务对应的单词是“task”，指的是一个组织为了达成自身使命而需要做的工作，它所回答的是“组织的主要业务是什么”的问题。“任何组织都要做事，任何组织都不可能做所有的事，因此，任何组织都要决定自己应该做什么、不应做什么。”① 也正是因为有了具体的任务设定，在组织的发展过程中，才能“使所有成员明白要干什么和为什么人服务，使整个组织找到落实其宗旨的任务定位”②。任务是基于组织的使命而产生的，是组织为了达成自身的使命而确定的具体的工作内容以及业务范围。与使命的高度概括性特征不同，一个组织的任务设定应当翔实，这是因为，翔实的任务设定有助于组织成员明确自己应当负责的工作。在组织任务确定的过程中，不能仅仅考虑组织的使命。与此同时，组织任务的确定还应当从顾客的角度出发。“由宗旨和顾客需求出发，组织必然会发现许多值得投入的服务对象和项目，根据组织所处的独特位置和能力找到几个重要的工作点，这就是组织的任务所在，是组织能做出成绩的地方。”② 例如，中国不同地区的高等学校都结合自身的科研能力，立足当地经济社会发展的状况确立了一些旨在服务所在地经济社会发展的计划，以积极回应地方经济社会发展的现实要求。

基于以上分析，我们认为，公共组织的任务就是，根据组织自身的使命表述而确定的组织的具体工作内容和业务范围。

4.1.3　公共组织的愿景

我们在对一些知名企业或者社会组织进行了解时，可能会注意到，与组织的使命和任务等在一起使用的还有“愿景”这一概念。在英语中，与愿景相对应的单词是“vision”，指的是“组织未来期望达到的一种状态，是组织的远大的目标或追求，是需要花五年甚至十几年来实现的目标”③。在这个意义上，组织的愿景可以理解为，是一个组织对其自身未来发展状况的一种描绘和勾勒，它回答的是组织成员经过努力工作所能够达到的一种未来的状态。“愿景给人们一个努力奋斗的方向，让大家知道我们会变成什么，我们要变成什么。”④在组织发展的过程中，愿景能够成为一种动力，可以有效凝聚全部组织成员的力量，充分激发组织成员的工作动机，形成组织工作的合力。“没有一个成功的愿景，组织成员就无法完全明白怎样去完成使命。”⑤

从愿景与使命、任务等相关概念之间的比较来看，尽管它们都是一个组织生存与发展必不可少的组成部分，但还是存在一些较为明显的区别。我们认为，如果说使命回答了一个组织因为什么而存在的问题，任务回答了一个组织主要从事什么工作的问题，那

---

① 康晓光．非营利组织管理．北京：中国人民大学出版社，2011：26.

② 王名．非营利组织管理概论．修订版．北京：中国人民大学出版社，2010：97.

③ 杨文士，焦权斌，张雁，等．管理学．第三版．北京：中国人民大学出版社，2009：59.

④ 杨文士，焦权斌，张雁，等．管理学．第三版．北京：中国人民大学出版社，2009：63.

⑤ 布赖森 J M. 公共与非营利组织战略规划：增强并保持组织成就的行动指南．第三版．孙春霞译．北京：北京大学出版社，2010：87.

么，愿景所回答的就是一个组织在所明确的使命和业务范围内，通过努力工作在未来的一段时间里能够取得的理想成绩以及可能达到的预期结果。

综上所述，我们认为，公共组织的愿景，就是指一个特定的公共组织立足自身的使命和任务而确定的未来一段时间之内的发展目标和期望达到的状态。

4.1.4 公共组织使命与任务之间的关系

公共组织的使命与任务之间是既相互区别又相互联系的关系。从区别上来看，两者的内容存在一定的差异。从联系上来看，两者之间是对立和统一的。在理论上，两者应当是统一的。但是，在现实中，两者之间又可能会出现偏离。具体来看，这种关系主要表现在如下几个方面。

1. 公共组织使命与任务的区别

公共组织的使命与任务之间的区别，首先表现为各自所包含内容的不同。经过前一部分的介绍，我们已经比较清楚，使命指的是组织因什么而存在；任务指的是组织的业务范围，即主要做什么工作。也就是说，组织的使命较为抽象，而组织的任务较为具体。

其次，从动态的角度来看，公共组织的使命与任务之间也存在较为明显的差别。相比较而言，公共组织的使命比较稳定，而任务却是容易发生变动的。“组织使命可以是永恒的，至少应和我们所能预见的一样久远。”例如，“只要人类存在，就有饱受疾病煎熬的人们”。“然而目标可以是短暂的或者可以因使命的完成而进行大幅调整。100 年前，结核病疗养院还是 19 世纪最伟大的发明之一，但现在，至少在发达国家，它的使命已经完成了，因为我们已经掌握了如何使用抗生素来治疗结核病。因此非营利组织的管理者必须对目标及时进行审核、修正和系统的扬弃。”①

2. 公共组织使命与任务的相互联系

1)任务是组织使命的具体化

从理论上来看，公共组织的使命和任务之间应当是有机统一的关系，其中，使命是任务的前提和依托，而任务则是使命的具体化，它必须以组织的使命陈述为基础。“使命陈述必须是切实可行的，否则就只是良好的愿望而已。使命陈述必须着眼于组织缺失计划采取的行动，然后加以贯彻落实，使每个组织成员都能明确地表示：这是我对组织目标的贡献。”②这一论述很好地揭示了组织的使命与任务之间的关系。

此外，一些学者在相关研究中对于使命与任务之间的这种联系进行了详细的分析。例如，著名学者西蒙(Simon)从事实判断和价值判断的区别对这一问题进行了研究。“支配具体行动的小决策，是实际应用更大范围涉及目的和方法的决策的必然结果。”“每项决策都包括选择目标和与目标相关的行为，而此目标可能又是实现另一个更远目标的中间目标。如此进行下去，直到达成相对的最终目标为止。只要是导向最终目标选择的决策，就成为

---

① 德鲁克 P F. 非营利组织的管理．吴振阳译．北京：机械工业出版社，2007：5.

② 德鲁克 P F. 非营利组织的管理．吴振阳译．北京：机械工业出版社，2007：4.

‘价值判断’；只要是包含最终目标实现的决策，就成为‘事实判断’。”①

罗宾斯等从陈述目标(stated goals)和真实目标(real goals)的区别对使命和任务进行了区分。其中，前者是指对组织的宣言、信念、价值观以及使命的正式阐述；后者则是该组织的成员正在做的事情②。

威尔逊认为一个组织的成功需要处理好三个方面的问题：第一个问题是决定怎样去执行组织的关键任务，这里的关键任务是，如果由重要的组织成员顺利完成的话，那些使组织具有处理关键环境问题能力的行为。第二个问题是对关键任务的定义方法的一致意见和广泛认同。第三个问题是取得行动的充分自由和外部政治支持，以允许该组织以自己认为最好的方式重新定义任务，并给该定义注入使命感③。威尔逊认为只有能充分做到这三点的组织才是一个有效的组织。

接下来，为了更好地理解两者之间的这种关系，让我们了解一下一些社会组织的使命陈述以及任务设计，并在此基础上，发现两者之间的联系。

中国青少年发展基金会的使命是“通过资助服务、利益表达和社会倡导，帮助青少年提高能力，改善青少年成长环境”④。中国青少年发展基金会的具体工作主要有：希望工程学生资助；希望小学建设；希望医院(卫生室)；保护母亲河行动；紧急救灾助学；新工厂协力中心；公益行动；利益表达与社会倡导。

中国扶贫基金会的宗旨是“扶持贫困社区和人口改善生产条件、生活条件、健康条件并提高其素质和能力，实现脱贫致富和持续发展”⑤。中国扶贫基金会的业务范围包括：①依据《中华人民共和国公益事业捐赠法》接受海内外热心支持中国扶贫事业的政府、组织、团体、企业和个人提供的资金、物资捐赠及技术援助；②按照合法、自愿、有效的原则，开展各种扶贫济困活动，通过各种渠道，募集扶贫资金、物资等；③资助中国贫困社区进行必要的教育、卫生、环境和文化建设；④扶持贫困家庭和人口改善其生产条件和生活条件，促进其素质和能力提高，以达脱贫致富之目的；⑤对遭受自然灾害的地区进行紧急救援，减轻灾民的疾苦，实施灾后重建；⑥促进中国贫困地区与沿海经济发达地区以及海外的联系、交流与培训，为贫困地区的开发储备人才；⑦为一切关怀、支持和热心中国扶贫事业的海内外政府、组织、团体、企业和个人开展的消除贫困等公益活动提供优良的咨询、代管和服务等扶贫合作；⑧积极参与公共事务，自觉承担社会责任，为推进社会公共事务问责制度的建设而努力；⑨按照中华人民共和国国务院《基金会管理条例》和中国人民银行的有关规定，设立人民币账户和外汇账户，实行独立核算。按照科学、合法、公开的原则对基金的募集和使用进行管理。

---

① 西蒙 H A. 管理行为. 詹正茂译. 北京：机械工业出版社，2013：4.

② 罗宾斯 S P，库尔特 M. 管理学. 第 11 版. 李原，孙健敏，黄小勇译. 北京：中国人民大学出版社，2012：202.

③ 威尔逊 J Q. 官僚机构：政府机构的作为及其原因. 孙艳，等译. 北京：生活·读书·新知三联书店，2006：34-36.

④ http://www.cydf.org.cn/Abouts/，访问日期：2015 年 1 月 28 日。

⑤ http://www.cfpa.org.cn/pageDetail.cn?pageId=efcba487cc3f47cd9f119bcda398f403&p=cdf1ffca2d454-9598a438e36bf5007e8，访问日期：2015 年 1 月 28 日。

中华慈善总会的宗旨是“发扬人道主义精神，弘扬中华民族扶贫济困的传统美德，帮助社会上不幸的个人和困难群体，开展多种形式的社会救助工作”①。中华慈善总会的业务范围是“接受捐赠、国际交往、兴办慈善服务机构、开展社会救助”。

中国红十字会的使命是“发扬人道、博爱、奉献精神，保护人的生命和健康，促进人类和平进步事业”②。《中华人民共和国红十字会法》规定，中国红十字会履行下列职责：①开展救灾的准备工作；在自然灾害和突发事件中，对伤病人员和其他受害者进行救助。②普及卫生救护和防病知识，进行初级卫生救护培训，组织群众参加现场救护；参与输血献血工作，推动无偿献血；开展其他人道主义服务活动。③开展红十字青少年活动。④参加国际人道主义救援工作。⑤宣传国际红十字和红新月运动的基本原则和《日内瓦公约》及其附加议定书。⑥依照国际红十字和红新月运动的基本原则，完成人民政府委托事宜。⑦依照日内瓦公约及其附加议定书的有关规定开展工作。

中国宋庆龄基金会的宗旨是“继承和发扬宋庆龄毕生致力的增进国际友好，维护世界和平；开展两岸交流，促进祖国统一；关注民族未来，发展少儿事业”③。中国宋庆龄基金会的主要任务是：①弘扬孙中山、宋庆龄伟大思想和精神，深入挖掘其学术和人文价值。②扩大同国际知名组织、公益机构、友好人士的交往、联系与合作。③联络孙中山、宋庆龄亲友及后代，团结海内外爱国同胞，广聚人才和智力资源。④推动与台、港、澳地区多领域、多层次的交流与合作。⑤发展公益慈善事业，多渠道、多形式募集基金。关注民生，扶危济困，促进社会和谐。⑥创办有益于少年儿童健康成长和妇幼福利事业发展的公益服务设施，组织开展相关业务与活动。

2)公共组织的使命是评价其绩效的根本标准

组织的任务是组织使命的具体化，因此，对于组织任务完成状况的评价就是要看是否有助于达成组织的使命。例如，政府执行力的核心不在于执行能力，而应关注政府贯彻执行法规制度和方针政策的实际程度，也就是执行的结果。政府执行结果的达成与组织目标的设定紧密相关。一方面，组织目标为执行结果提供了评判标准，执行结果的好坏取决于组织目标的完成情况；另一方面，组织目标也在约束着政府执行的结果，执行目标的设定如果科学可行，操作性强，则执行结果容易达成，反之，如果执行目标设定得不够科学，其执行的结果必然会不尽如人意。具体来说，政府执行的目标可分为两种类型：一类是对直接目标的落实，也就是我们所说的“任务”；另一类是对根本目标的落实，也就是我们所说的“使命”。对于任务与使命的区分，彼得·圣吉将其理解为症状解和根本解，“症状解能快速解决问题症状，但却只是暂时的”，而“根本解代表较根本的解决方式，但其效果要较长的时间才会显现，然后它可能是唯一见效的方式”④。因此，我们认为对任务的执行是一些直接目标的集合，一般可以对其进行量化，如公共服务投入的增加、经济增长率的提高等；而达成使命则意味着追求根本目标，这类目标提供了方向上的指引，如建设服务型政府、实现小康社会等。对公共组织的任务完成进行评

① http://www.chinacharityfederation.org/WebSite/NewsList/3，访问日期：2015年1月29日。

② http://www.redcross.org.cn/hhzh/zh/hsigk/hszjs/，访问日期：2015年2月5日。

③ http://www.sclf.org/jgjj/jgzc/，访问日期：2015年1月29日。

④ 圣吉 P. 第五项修炼——学习型组织的艺术与实务. 郭进隆译. 上海：上海三联书店，1998：114.

价，必须以使命为最核心的标准。

3. 公共组织使命与任务的背离

从理论上来看，公共组织的使命与任务应当是统一的，但是，从实践来看，公共组织使命与任务背离的情况却时常会出现。例如，在政府执行的过程中，往往会发生任务与使命相背离的情况，这也是造成政府的方针政策落实容易走样的重要原因。具体来看，政府执行过程中的任务与使命的背离通常包括如下几种情况：一是任务置换使命，本末倒置。例如，经济增长指标本是实现人民生活状况改善的一个重要方面，经济增长应该是任务，而人民生活状况的改善才是使命，但在现实中，出于政绩冲动，容易将经济增长作为工作的主要目标，甚至以环境污染、社会贫富差异加剧为代价，反而忽视了改善人民群众生活的使命。二是注重任务而忽视使命，舍本逐末。例如，地方政府过分依赖出售土地来维持财政收入，形成“土地财政”，而忽视了当地经济的均衡发展，不注重培育多元优质的财政增长源，从而陷入不可持续的发展模式，对地方发展形成负面影响。三是任务的落实与使命背道而驰，本末分离。例如，一些政府所建设的面子工程、形象工程等，这些工程与公共利益相违背，与使命相脱节，所导致的后果也最为严重。以上几种情况都揭示了政府执行存在短视的危险，任务和使命脱节，长此以往会侵蚀政府目标，使政府执行偏离轨道，难以达到满意的效果。

4.2　公共组织目标管理的理论基础

4.2.1　组织的目标

目标是组织的构成要素之一。它是组织预定在一定时间和空间内要取得的最后成果，或者说是组织为之奋斗以争取实现的一种未来状态，也可以理解成是组织的一整套的价值标准[①]。目标直接反映了组织的属性，反过来，组织性质决定着组织的目标。在一定意义上，我们可以将目标理解为组织使命、任务以及愿景之间的连接点，正是因为有目标的存在，组织才能在所确定的使命以及任务上凝聚全部的力量，朝着未来的一种理想状态而努力。“在任何情况下，组织的使命和任务必须要转化为组织总目标和战略，总目标和战略更多地指向组织较远的未来，并且为组织的未来提供行动框架。这些行动框架必须要进一步地细化为更多的具体的行动目标和行动方案。”[②]因此，研究公共组织的目标，首先需要了解一般性组织目标的相关理论，其次要把握公共组织目标与私营组织目标之间的区别。

1. 一般性组织目标

1)目标的功能

目标对组织来说是至关重要的，从管理学的角度来说，目标的功能主要体现在如下

① 张国庆．行政管理学．北京：北京大学出版社，2000：164.

② 周三多，陈传明，鲁明泓．管理学——原理与方法．上海：复旦大学出版社，2009：253.

四个方面。

第一，促进组织结构和权责体系合理化，以目标为导向设立机构和分配权责，有益于促进其合理化，减少和避免权责不清、机构重叠、人浮于事、苦乐不均、互相推诿、互相扯皮等现象。

第二，增强组织的协调和整合能力。明确和相互配合的目标系统有助于各个组织单位和人员工作定位，确定相对位置，使每个单位和每个人都知道自己应该干什么和如何去干、与谁合作完成任务，这样有助于提高组织的整体协调能力和发挥总体功能。

第三，激发组织成员的工作热情和合作意识。目标是使不同的人走到一起并合作完成任务的聚合点与动力源。合理的、适度的、切实可行的工作目标将成为组织成员自我引导、自我控制的准绳，因为完成工作任务意味着自我成就和得到工作肯定。

第四，组织目标尤其是具体的工作目标，可以作为考核的客观和公平的对照标准，有助于克服考核方面的主观臆断、笼统含糊、抽象原则、亲疏相向的不良现象，为组织稳定和形成公正的舆论环境创造条件。

2)目标的层次

目标作为组织的一个次级系统，本身又包含着一些子系统，存在一定的结构，呈现出层次性的特征。从时间序列上看，目标系统可分为长期—中期—近期目标；从空间序列上看，可分为整体—部分—个人目标；从价值标准上看，可分为社会—组织—团体目标；从性质上看，可分为综合—技术—心理目标；等等。一般来说，人们是在空间的意义上划分组织目标系统的，在组织层面上，组织目标可以分为整体目标、部门目标以及个人目标。

第一，整体目标，也就是组织的总目标，是由组织最高决策层制定并通晓全组织、要求全体组织成员共同完成的主体目标。组织的整体目标通常以书面形式加以表述和说明。

第二，部门目标，也称分目标，一般指组织内部不同部门的工作目标。它受制、服从和服务于组织的总目标，但又表现出自身的业务性和职权范围。

第三，个人目标，通常是指组织成员的个人工作目标。其层次比部门目标更低。而且，个人目标中往往会掺杂较多的个人情感、追求和价值观，因此具有较大的弹性。对组织领导者来说，如何将个人目标与组织目标有效协调起来，始终是一个需要回答和解决的问题。

3)目标的要求

设定合理的组织目标，既要求组织目标自身符合一定的要求，同时更主要的是该组织目标的设定必须反映一定的客观需求、客观制约条件，同时也要反映相关社会成员和组织成员的主观愿望与要求。一般来说，设定组织目标要做到以下几点。

第一，目标合理。目标合理是对组织目标的实质性要求。一定的组织目标反映的是组织成员在一定时间内对特定环境需求的认知和满足程度，所以，合理的组织目标必定是人们的主观认识与客观需求协调一致的产物。那么，什么样的组织目标才算合理？有学者将合理目标的特征概括为如下几点：从结果而不是行动方面来阐述；是可测量的和量化的；具有明确的时间框架；有挑战性但却是可实现的；是书面化的；便于所有必要的组织成员理解[①]。一般来说，组织目标合理与否取决于四个方面因素：一是社会承认，即组织目标要符合一定的社会需求或带来一定利益，同时还必须符合社会生活的一般准则。二是组织能力，合理的组织目标应体现环境与组织能力之间的综合平衡，目标期望值不宜超出或过分低于组织实际可能的承载能力。三是团体状态，即组织目标的设定要尽量符合团体利益，若组织目标不能获得团体认同，必然会在实行过程中面临阻碍。四是成员意识，主要表现为组织成员对组织目标的了解、关心和参与程度。当成员目标与组织目标一致时，就比较容易建立良好的工作意识，从而为组织目标的实现提供最基本的保障。

第二，目标明确。目标明确是对组织目标的一项基本要求。既然目标是组织成员的奋斗方向，就应当明确透彻，否则会造成组织成员无所适从。目标明确有三层含义：一是对组织目标的表述要清楚，不要产生歧义；二是在时间概念上要准确，特别是具体目标在时间长度的界定上更要明确；三是在空间概念上要严格。

第三，目标一致。目标一致是对组织目标的形式化要求，它是指组织目标上下贯通、前后衔接、左右联系、内外兼顾、互为因果，共同服从于总目标。目标不一致，势必导致政出多门，各行其是，削弱目标的导向功能和凝聚功能，妨碍组织目标的实现。

第四，目标调整。依靠自身机制对目标进行调整是组织对环境进行再认识的结果，也是组织能力和组织健康的一种标志。目标调整一般表现为两种形式：一是策略性调整，调整的对象多是组织的局部目标或者具体的工作目标，调整的目的通常是使局部的组织管理工作更加完善。在总体性目标系统不变的情况下，策略性调整应当避免对其他目标产生过多的直接影响，以免造成过大的组织动荡。二是战略性调整。这种调整往往与组织的发展相联系。一般是从组织的总目标开始，顺序调整组织整个目标系统的结构。战略性目标调整以组织的整体价值标准的变化为基础，其对象首先是组织的原则目标，其目的在于造就为新的原则、目标服务的新的目标结构。

2. 公共组织目标

1)公共组织目标的特点

“组织似乎只有一个目标。营利组织希望获得利润，而非营利组织希望满足某个(某些)特定群体的需求。然而，仅仅一个目标并不能充分定义一个组织的成功。而且，如果管理者仅仅强调一个目标，那么对组织的长期成功至关重要的其他目标就会被忽视。”[②]因此，即便对私人组织的目标来说，也存在目标的多重性问题。“今天，绝大多数关于目标管理的讨论都谈到寻找一个正确的目标。但是，这种做法不但会像寻找点金石一样徒劳无功，而且必然有害无益，误导方向。”[③]某一个目标总是人们所力图实现的目标集合中的一个。在同一目标集合中的各个目标可能会相互冲突——如果我们追求其

---

① 罗宾斯 S P，库尔特 M. 管理学. 第11版. 李原，孙健敏，黄小勇译. 北京：中国人民大学出版社，2012：206.

② 罗宾斯 S P，库尔特 M. 管理学. 第11版. 李原，孙健敏，黄小勇译. 北京：中国人民大学出版社，2012：202.

③ 德鲁克 P F. 管理的实践. 齐若兰译. 北京：机械工业出版社，2009：49.

中一个目标的话，可能其他的目标就会受到影响；短期与长期目标之间也存在着矛盾。这种组织目标的复杂性使人们对组织目标的阐述和组织有效性的评价十分困难。对于企业组织来说，“应该设定绩效和成果目标的领域共有 8 个：包括市场地位、创新、生产力、实物和财力资源、获利能力、管理者绩效和培养管理者、员工绩效和工作态度、社会责任”①。通过长期的观察，人们普遍认为，与私人组织相比，公共组织的目标更为模糊，更具有多重性，更难以把握，且公共组织的目标内部也存在着更大的矛盾。

这是因为，公共组织所提供的产品和服务并不是在市场上进行交易，它们提供产品和服务的活动得到政府的支持和监督。正是因为公共组织活动的这一性质，它们的目标具有多重性，常常相互矛盾，而且难以把握。这些目标反映了组织的许多价值追求：符合宪法的精神，以及公平竞争的原则，积极地响应外部要求等。例如，资源管理部门因为同时收到保护资源和开发资源的命令而倍感压力。

公共组织目标的复杂性对组织及管理者来说有诸多方面的影响。这首先表现在对工作人员工作态度和表现的影响方面。布坎南(Buchanan)发现，在联邦机构中任职的管理人员和在私人公司中任职的管理人员相比，对组织的责任感更少，对工作的投入程度和工作满意程度都更低。而且，联邦机构中任职的管理人员感到他们对组织的影响较小，同时在工作中也更少感受到挑战。其次，目标不确定性对组织结构和上下级命令关系也存在影响。一些学者的研究表明，公共机构的目标模糊不清，导致人们很难建立清晰的衡量工作表现的标准，这就使得人们在评价公共机构的工作表现时，总是以成员是否遵从了合理的工作程序并服从规则为基础。由此产生了“不可避免的官僚主义”式的恶性循环。在这一恶性循环中，要求公共组织进一步负起责任的呼声越强，公共组织越会进一步强调其成员遵守规则和上级命令。另外，目标的模糊也导致组织领导者权威的削弱。因为他们不能根据清晰的标准来评价员工工作表现，因此，他们对下层的控制也受到了削弱。由于不存在清晰的评价标准，领导者对机构发展的关心也被削弱。

尽管许多研究者都指出了公共组织的目标有其独特的特点，能够影响公共组织的其他特点和管理工作。但也有部分学者通过问卷调查得出结论，公共组织目标与私人目标之间并没有太大的区别。这无疑增加了问题的复杂性。这就要求我们在考察和制定公共组织的目标时，要尽量澄清组织目标模糊和多重性的内涵，并明确这些目标特点对组织管理存在的实际影响。

2)公共组织目标制定的原则

尽管公共组织的目标可能是相当复杂的，机构领导和管理人员仍然有必要进一步澄清组织目标。对组织目标的确立始终要持科学和审慎的态度，始终要留意各种复杂的问题和冲突。一般来讲，制定公共组织的目标要遵循如下原则②。

第一，目标要统一。各部门的具体目标应以组织的整体目标为依据，如此才能使组织内的目标一致，构成一个整体的目标组合系统。

第二，所有的目标都应有明确而具体的说明，使全体人员均能彻底了解。

---

① 德鲁克 P F. 管理的实践．齐若兰译．北京：机械工业出版社，2009：50.

② 王沪宁，竺乾威．行政学导论．上海：上海三联书店，1988：76-77.

第三，目标的制定必须切实可行，要顾及影响目标实现的组织内部与外部因素，并尽量符合组织成员的愿望，使之感到目标的确定关系到其个人利益。

第四，目标的范围要适中，太大可能导致责重难负，太小可能造成组织资源与能量的浪费。

第五，目标须按其重要的程度，列入不同的等级，使各部门的目标有轻重缓急之分。

第六，已制定的目标须根据环境变化适时修正。上级对目标做出调整，必须与下级充分沟通，使下级了解情况。

第七，必须制定实现目标的方针，根据目标紧要的程度限时完成。

3)公共组织目标制定的步骤

一般来说，公共组织目标的制定应当遵循以下几个步骤①。

第一，回顾该组织的使命，即目的。使命是对组织目的的宽泛陈述，它对组织成员认为什么是重要事项提供一种总体指导。管理者在设定目标之前应当回顾组织的使命，因为目标应该反映使命。

第二，评估可获得的资源。在对组织的目标进行设置的过程中，要注意对组织能够获得的资源进行评估。这是因为，如果缺乏实现某个目标所需要的资源，那么，这个目标也就没有任何意义了。

第三，独自或者与其他人共同确定目标。设定的目标应该反映所期望的结果，而且应该与本组织的使命以及其他组织领域的目标相一致。这些目标应该是可测量的、具体的，而且包含了实现目标的时间框架。

第四，写下这些目标并把它们传达给所有必要的人员。写下和传达这些目标会迫使人们对它们进行更全面彻底的思考。这些成文的目标还会成为明显的证据，表明努力实现某件(些)事情具有重要意义。

第五，对取得的结果进行评估以判断目标是否已经实现。如果目标没有实现，那么在必要时可以改变目标。

4.2.2　公共组织的目标管理

1. 公共组织目标管理的定义

目标管理(management by objective，MBO)的基本概念是由美国管理学家德鲁克(P. F. Drucker，又译杜拉克)于 1954 年明确提出的。其后，亨利·法约尔、林达尔·厄威克和切斯特·巴纳德等都曾对目标及目标的实现做出过论述。道格拉斯·麦克格雷戈尔、爱德华·施莱和乔治·奥迪奥恩等也就目标管理发表过自己的观点。目标管理的最大特点就是，“管理者因此能控制自己的绩效。自我控制意味着更强烈的工作动机：想要有最好的表现，而不只是达标而已，因此会制定更高的绩效目标和更

---

① 罗宾斯 S P，库尔特 M. 管理学．第 11 版．李原，孙健敏，黄小勇译．北京：中国人民大学出版社，2012：207.

宏伟的愿景”①。

尽管不同学者都对目标管理进行了定义，总体来看，目标管理的相关定义都强调以下几个方面的内容。“重视心理因素。目标管理重在谋求共同认识与相互了解，由共信而生互信，由互信促成团结。注重整体观念。目标管理以团结意识、整合观念为基础，谋致踊跃热烈的一致行动，共赴事功。实行民主参与。无论目标的建立还是目标的完成，均以民主参与的方式以行之。”②

目标管理是一种科学的管理制度和管理方法。它通过确定目标、实施目标和评估目标成果等自我控制手段来达到管理目的。现在，目标管理已经在世界各国的各行各业中广泛推行，许多公共组织也引入了目标管理方法。在许多国家的公共行政改革中，甚至把目标管理看做“重大的行政改革”。从行政学的角度来看，在行政组织领域，所谓目标管理是指，“机关的上下级行政人员共同设定团体及各部门的目标，使各部门的目标相互配合，并促使各级行政人员产生工作的动机，最后有效地实现组织的共同目标”③。

从这一点推开来看，在公共组织管理领域，公共组织目标管理是指公共组织根据自身的使命和任务，通过民主、科学的方法确定组织的目标，并且协调整个组织的力量来达成组织目标，进而实现组织的使命。

2. 公共组织目标管理的内容

从内容上来看，公共组织的目标管理主要包括公共组织目标的设定、目标实施过程的管理和目标成果的评估三个环节。

1)目标的设定

实践表明，在组织目标管理的过程中，“真正的困难不在于确定我们需要什么目标，而在于决定如何去设定目标”④。这既是目标管理的起点，又是目标管理期望达到的结果，因而构成目标管理全过程中的主导性环节。在这一环节中，应特别注意两个方面的问题：一是制定组织目标必须依据国家的法律法规、组织面临的主要问题和主客观方面的条件限制；二是在目标体系建立过程中，要运用目标分解法，由上到下，由大到小，由远到近，由宏观到微观地把总体组织目标分解为各个部门和单位，直至个人的岗位目标；把长期目标分解为中期目标、近期目标；把综合目标分解为单项目标等，从而形成一个多层次、多序列的组织目标体系。

2)目标实施过程的管理

在这一环节中，应重点抓好两个方面：一是检查考核。实践证明，如果只有目标的制定而不切实抓好检查考核，会使目标管理流于形式。一般来说，检查考核的主要内容包括：检查各级目标实施中的方向偏差和达标情况；检查目标体系中各层次分目标的实施均衡情况。二是实施有效的目标控制。当发现目标不尽合理，目标计划本身有偏差时，必须修正目标计划。而当客观环境发生重大变化或本身有重大失误，使预定目标和

---

① 德鲁克 P F. 管理的实践. 齐若兰译. 北京：机械工业出版社，2009：106.
② 陈照明. 实用目标管理. 厦门：厦门大学出版社，2002：15.
③ 王沪宁，竺乾威. 行政学导论. 上海：上海三联书店，1988：77.
④ 德鲁克 P F. 管理的实践. 齐若兰译. 北京：机械工业出版社，2009：51.

计划不能继续执行时，则必须重新制定目标，全面改变计划。

3)目标成果的评估

目标成果的评估就是用科学的测定方法，实事求是地评定目标成果，总结经验，找出差距，并依据目标成果进行奖惩，正确体现责、权、利三者的统一。因此，目标成果评估既是上一目标管理周期的结束，又是下一目标管理周期的开始，它在目标管理中起着承上启下的作用。

目标管理的评估与以往重工作态度而轻工作能力和成绩，笼统的、鉴定式的定性评价不同，它重视目标成果的评估，强调以先期目标本身规定的各项定量指标为标准，与实际达成的成绩、效果和贡献联系起来进行全面分析、比较和测定，从而做出客观的评价。因此，目标成果评估一般由目标达成度、目标复杂困难度和努力程度三方面要素组成。

3. 公共组织目标管理存在的问题

需要明确的是，尽管目标管理现在已经广泛应用于公共组织当中，但在公共组织中实行目标管理仍然有一定限制，公共管理过程本身的动态性和公共管理目标的多样性、复杂性，制约了目标管理的实行。具体来说，实行目标管理的困难主要体现在以下几个方面。

(1)目标管理在封闭体系的组织中较易实行，但在变动且难以预测的动荡环境中则不易使用，因为此时目标往往难以设定。

(2)目标管理存在信任问题。在传统行政组织中，目标往往是由高层领导制定的，一般工作人员很少有参与机会，在执行过程中，一般人员也少有裁量权，目标管理要打破这种状况，也是不容易的。

(3)公共部门的目标往往比较模糊，不易量化，其结果也不容易衡量。

(4)公共目标的制定过程并非是一个理性选择的过程，而是一个政治过程，往往充满了多元目标的冲突。

(5)公共组织的目标是多元的，有些目标容易量化，而有些目标却很难量化。这就会导致在实行目标管理的过程中，那些容易量化的目标就容易得到执行；与之相反，那些很难进行量化的目标往往会被忽视。

(6)目标管理的实施多以一年为周期，这种强调短期目标的管理可能忽视了组织长期目标发展的规划。

4.3　公共组织目标管理的实践

目标管理的方法于20世纪80年代传入中国，自从那时起，目标管理的方法就开始在企业组织、党政机关以及事业单位等组织中得到了广泛的应用。接下来，我们将主要介绍一下我国党政机关目标管理责任制以及部分高等学校目标管理的实践情况。

4.3.1　政府目标管理责任制

自20世纪80年代初开始，我国就开始试行机关工作人员岗位责任制，1982年劳动人事部下发了《关于建立国家行政机关工作人员岗位责任制的通知》，要求各级国家行政机关都要制定岗位责任制，将岗位责任制同考核制度、奖惩制度及工资制度改革结合起来。到80年代后期至90年代初，随着我国经济体制改革进入新的阶段，各地在岗位责任制的基础上，普遍实行目标管理责任制，在党政部门大力推行目标管理。许多省份出台了开展目标管理工作的规范性文件和方案，如北京市1991年发布了《党政机关目标管理岗位责任制试行方案》，陕西省1991年出台了《机关目标管理岗位责任制试行办法》，四川省1992年发布了《四川省人民政府目标管理工作细则》。据不完全统计，到1998年，全国有23个省区市实行了省区市级机关目标管理，90%以上地市级机关推行了目标责任制，有100多个城市实行了城市目标管理。进入21世纪，一些地方根据新形势发展变化，在实践中不断改革完善目标管理的方式和手段，贵州省直机关以目标管理为载体将机关党建工作与中心工作紧密结合，相互促进；福建省开展机关效能建设；黑龙江省实行新的机关工作责任制；深圳市运用现代技术手段进行行政许可绩效测评。

我国目标管理有以下几个基本特点：一是目标管理的目的和目标是改进机关作风，提高机关效率，保证党和政府确定的目标任务能较好地完成；二是目标管理的范围主要在党政工作部门，也有些省市将下级政府纳入目标管理；三是目标的制定主要依据部门的职能和当年政府工作报告确定的重点任务；四是目标的实施和检查实行自查与上级检查相结合；五是目标考核实行年度考核，有的是主管领导考核，有的是从各部门抽调人员成立专门的考核小组进行集中考核；六是实行目标奖励，根据考核的不同等次与奖金挂钩或进行表扬批评。目前我国的目标管理实践，根据科学发展和构建和谐社会的新要求，吸收现代绩效评估的经验和方法，重视绩效导向和绩效测评，正向现代绩效管理和评估的方向转型发展①。

4.3.2 高等学校目标管理的实践

在中国，目标管理不仅在党政机关中得到了广泛的应用，而且在高等学校等公共组织中得到了应用。从当前一些高等学校目标管理的实践来看，高等学校的目标管理一共是由四个环节、十个步骤组成。其中，第一环节是目标制定，包括论证决策、协商分解和定责授权三个步骤；第二环节是目标实施，包括咨询指导、监控督察和调整纠偏三个步骤；第三环节是目标考核环节，包括绩效考核和实施奖惩两个步骤；第四环节是总结反馈，包括反馈考核结果和指出改进方向两个步骤②。

目前，目标管理的方法在中国高等学校中得到了多大规模的应用？有学者对中国中南地区高等学校的目标管理状况进行了一项实证研究。在该项研究的75个调查对象中，省属院校占64%，部属院校占19%，地方院校占12%，其他类型院校占5%。结果显示，正在实行绩效管理的院校有32所，计划实行的院校有17所，实行后终止的院校有2所，未实行目标管理的院校有24所。

对那些实行目标管理的高等学校成员来说，他们认可和接受目标管理吗？有

① 桑助来．中国政府绩效评估报告．北京：中共中央党校出版社，2009：12-13.

② 董泽芳，何祥林．高校目标管理的理论与实践．北京：中国社会科学出版社，2013：133.

77.1%的调查对象认为对目标管理有一定的“了解”；有 14.5%的调查对象认为对目标管理只是听说过；有 8.4%的调查对象认为对目标管理“很了解”。有 80.7%的调查对象认为高等学校实行目标管理“有用”；有 13.3%的调查对象认为高等学校实行目标管理“非常有用”；仅有 6%的调查对象认为“作用不大”。

高等学校在实行目标管理的过程中遇到的问题有哪些？该项实证调查的结果显示，65.1%的调查对象认为，高等学校实行目标管理的最大难点在于“考核难以科学、公平、公正”；30.1%的调查对象认为高等学校实行目标管理的最大难点在于“目标难以确定”；15.7%的调查对象认为高等学校实行目标管理的最大问题是容易“导致各个单位盲目追求结果”，还有 1.2%的调查对象认为高等学校实行目标管理“程序过于繁杂”①。

此外，该项研究还采用实证研究方法对中国湖北和广州 9 所高等学校的目标管理实行状况进行了调查。研究发现，目前，高等学校目标管理主要有二级单位目标管理、团队目标管理以及个人目标管理三种模式。调查对象对目标管理持有一种复杂的看法，认为目标管理是必要的、复杂的、有效的、有局限的。总体来看，中国高等学校的目标管理还处于初级阶段，主要表现在时间不长、方案较粗、技术落后和效果欠佳等方面。当前中国高等学校目标管理存在的问题主要有：机构设置不合理，指挥系统失灵；目标达成不科学，目标分解失衡；过程管理不到位，信息反馈失真；考核程序不严密，考核结果失信；奖惩方法不公平，奖惩依据失当②。

4.4　公共组织目标管理的方法

4.4.1　清晰地表述组织的使命

通过本章前一部分对组织使命相关问题的介绍，我们都已经知道，组织的使命是“组织合法性”的基础和来源，而目标和任务则是组织使命的具体化，因此，公共组织目标管理的首要环节就是清晰地表述组织的使命。事实上，明确的组织使命陈述是一个杰出公共组织的特征之一，“一个杰出非营利组织的主要特征是：它具有明确界定的，并且为所有成员认同和珍惜的使命”③只有当组织的使命明确之后，才能确定组织的任务，制定组织的发展目标。“一个组织如果不能了解自己的使命，它的命运是颇令人担忧的。”④因为如果没有了使命表述，公共组织的目标管理就如同“无源之水”。“只有明确地界定了企业的宗旨和企业的使命，才有可能确定清晰而现实的企业目标。企业的宗旨和使命是确定优先次序、制定战略、编制计划、进行工作安排的基础，是进行管理工作设计，特别是进行管理结构设计的出发点。”⑤同企业组织一样，公共组织目标管理的首要工作就是要按照组织使命陈述的相关要求，明确组织的使命，使组织成员都清楚地理

---

① 董泽芳，何祥林．高校目标管理的理论与实践．北京：中国社会科学出版社，2013：180-196.

② 董泽芳，何祥林．高校目标管理的理论与实践．北京：中国社会科学出版社，2013：203-215.

③ 盖拉特 J P. 非营利组织管理．邓国胜，等译．北京：中国人民大学出版社，2013：10.

④ 盖拉特 J P. 非营利组织管理．邓国胜，等译．北京：中国人民大学出版社，2013：12.

⑤ 德鲁克 P F. 管理：使命、责任、实务(使命篇)．王永贵译．北京：机械工业出版社，2009：77.

解组织的使命。唯有如此，才能在此基础上分配相关的任务，构建组织的愿景，明确组织的发展目标。

4.4.2 合理确定组织的发展目标

对于一个公共组织来说，在明确了组织的使命以及任务之后，接下来的工作就是按照组织使命的要求合理制定组织的发展目标。在组织管理的过程中，“非营利组织管理者的任务是将组织的使命陈述转化为明确具体的行动目标”①。一个合理的组织目标，首先要具有一致性，也就是组织全部成员都要以组织的总体目标为导向，不同部门和个人的目标都要同组织总体目标保持一致。“企业中的每一个成员都有着不同的贡献，但所有的贡献都必须是为了一个共同的目标。换句话说，他们的努力必须全都朝着同一个方向，他们的贡献必须互相强化以便形成一个整体——没有缺口、没有摩擦、没有不必要的重复劳动。”②其次，合理制定组织的目标要统筹考虑组织的全部目标，尽可能照顾到各个不同的方面。一个组织的目标是多样的，必须站在全局的角度来考虑问题。最后，要努力保证组织目标的“可接受性”和“挑战性”③。其中，可接受性是指组织制定的目标能够为组织成员所认可，能够对组织成员发挥有效的激励作用；挑战性是指组织成员需要尽最大努力才能实现组织的目标。

4.4.3 实现组织使命与任务之间的有效衔接

在一定意义上，我们认为，公共组织的使命侧重于长期的目标，而任务则侧重于短期的目标。使命要通过具体、短期的任务来落实，任务不能摆脱使命的限定。政府执行的短期任务主要关注政策制度的推行状况和完成程度，而其长期使命则追求传播政策理念和引导价值观念。1998 年，德鲁克针对目标管理实施过程中存在的问题提出了“高举目的、降低目标”的观点。这是因为，“目标到人，指标到人，大家各行其是，但结果却是执行者忽略了大目标，更忘了目标背后的目的”④。在这个意义上，如果只注重具体的目标就会导致“只见树木、不见森林”“一叶障目”等现象的出现，使公共组织的行为背离公共服务的使命。要实现政府使命和任务的相互衔接，需要注意以下几方面问题。首先，政策制度的设计要体现鲜明的政策理念和价值判断。政策制度不能只就事论事，而要着力引导人们的价值观，如环保政策的执行，既要对破坏环境的行为进行制止和教育，也要设计未来愿景和提倡环保体验，可以通过制作环保短片、设立自然观光区等举措来提升政策的感召力。其次，要全方位提升执行者的素养。执行者是政策与公众的桥梁，政策意图要经过一线执行者的理解加工，最终通过执行行为传导出去，因此，执行者的素质在传导过程中起到关键作用，决定了政策的执行程度和高度。应通过引进具有良好服务意识的工作人员、加强对执行者的培训、通过多方参与的方式将私营组织和非营利组织的专业人才纳入执行系统等方法，来培养一支优秀的执行队伍。最后，要实现

---

① 德鲁克 P F. 非营利组织的管理．吴振阳译．北京：机械工业出版社，2007：5.

② 德鲁克 P F. 管理：使命、责任、实务(实务篇)．王永贵译．北京：机械工业出版社，2009：56.

③ 周三多，陈传明，鲁明泓．管理学——原理与方法．上海：复旦大学出版社，2009：255.

④ 刘峰．新领导观．北京：北京大学出版社，2005：155.

使命和任务的结合，还应重视仪式的作用。美国法学家伯尔曼(Harold J. Berman)在其著作《法律与宗教》(*The Interaction of Law and Religion*)中阐述了仪式对于维护法律权威、形成自觉行为的重要性①，在政府执行中，可以通过定期举行宣誓、升旗、讲演等仪式来赋予政策更多的精神内涵，并唤起行动者的使命感，从而提升行动效能。

4.4.4　理顺公共组织的目标与手段之间的关系

公共组织目标管理的过程中，还需要有效理顺目标与手段之间的关系。我们对于政府执行力的类型和层次的剖析建立在对目标和手段这一对关系的把握上。目标与手段是管理学中的一对基本关系，目标回答“做什么”的问题，而手段，或称方法，是回答“怎么做”的问题。如何使用正确的方法去做正确的事，是政府管理的核心原则，也是决定政府执行力水平的核心要求。目标与手段相结合，实质上是要综合考量执行的过程和结果，这样既可避免由于过分注重过程的投入而陷入无视结果的盲目状态，又可防止为达到目标而不择手段的极端现象发生。目标决定了政府执行的视野和方向，任务与使命的设定差异必然会带来不同的执行效果。在关注的视野上，政府在执行短期任务时，会将注意力放在与执行活动相关的政府人员、财力和资源的计划和安排上；而着眼于使命的执行时，政府会保持开阔的视野，将更多的精力放在对外部环境的分析上，重视对执行效果的评估和预判，注重政策和执行行为的长期效应。在落实机制上，任务的执行一般会对任务指标进行量化分解，如在保障房建设的过程中，中央政府会确立总的目标，再逐级下发，最终落实到基层；而对于使命的落实，组织往往会在价值观塑造和制度建设等方面着手。例如，通过施行诸如“三公”经费公开等制度建设，为逐步建成服务型政府创造有利条件。在效果评价上，对任务落实的评估较为明确且直接，因任务易于量化，且效果显现的周期较短，考核具备较强的操作性；而对于使命落实情况的考察则较为困难，长期目标的设定较为抽象，目标难以通过量化加以清晰表达，且使命达成的效果显现需要一段较长的时间。因此，对于使命落实的结果评估既需要一套科学、前瞻的评价方法，也需要有足够的耐心。

➤思考题

1. 什么是公共组织的使命？
2. 公共组织的使命表述有哪些特征？
3. 什么是公共组织的任务？
4. 什么是公共组织的愿景？
5. 公共组织的使命与任务之间具有什么样的关系？
6. 公共组织的目标有哪些特征？
7. 什么是公共组织的目标管理？
8. 中国公共组织目标管理的实践有哪些？
9. 公共组织的目标管理主要有哪些方法？

---

① 伯尔曼 H J. 法律与宗教．梁治平译．北京：商务印书馆，2012：23.

10. 选择一个你所熟悉的公共组织，介绍其使命陈述以及任务设定，并且分析其中存在的优点及不足之处。

11. 分别选择一个你所熟悉的公共组织和私营组织，分析两者在使命表述以及任务设定等方面存在的区别，以此为基础，了解公共组织与私营组织的差异。

第 5 章

分工与合作——公共组织的结构设计

改革开放以来，我国在 1982 年、1988 年、1993 年、1998 年、2003 年、2008 年和 2013 年一共进行了七次政府机构改革。其中，2008 年启动的政府机构改革的一项重要内容是，“探索实行职能有机统一的大部门体制”。大部制改革的一个重要目的就是要解决不同政府职能部门之间的职能重叠和交叉问题。在实践中，不同政府职能部门之间的职能重叠导致了“多龙治水”现象的出现，也就是几个或多个政府职能部门都对某一事务具有管辖权。从实际效果来看，这种“多龙治水”现象往往会引发“龙多不治水”的问题，从而影响政府治理的实际效果。必须通过政府职能部门之间的职责划分来解决这些问题，而大部制改革就是其中的一个关键举措。在政府组织结构设计的过程中，除了需要将职能划分给不同的职能部门之外，还需要在不同的政府层级之间进行划分。因此，政府机构的设置可以从横向和纵向两个维度来考察。在这个意义上，不同层级政府之间的职责也同样需要明确的界定和划分。这就是组织结构设计需要解决的两个关键问题：管理幅度和管理层次。只有有效处理好这两个方面的问题，才“能够更加明确各级政府之间和政府各职能部门之间的职责权限，使各级政府和政府各职能部门各司其职，各负其责，从而有效地防止和克服政府内部因权责不清而产生的争权夺利或推诿扯皮现象”[1]。从公共组织管理的视角来看，对不同政府职能部门或层级之间的职责进行划分是公共组织结构设计的任务，也是公共组织管理的重要内容之一。

我们知道，组织是由不同的人员按照特定的目标形成的集合，不同成员承担的具体职责是有差异的。因此，在组织管理的过程中，首先，组织需要将所承担的职能分解，分配给不同的部门和组织成员。但这并不是组织结构设计的全部，因为“一旦存在劳动分工，为了实现群体的目标，人们必须达成协议以组织和协调不同的工作任务”[2]。接下来，组织还需要通过恰当的机制设计来将组织的不同成员有效协调起来，以使组织形成一个统一的、有机的整体。“每一项有组织的人类活动，从制作陶器到登月行动，都

① 薄贵利．论优化政府组织结构．中国行政管理，2007，(5)：17.

② 雷恩 D J，贝德安 A G. 管理思想史．第六版．孙健敏，黄小勇，李原译．北京：中国人民大学出版社，2014：12.

有两个基本却互相对立的要求：一方面要把这个人类活动拆分成不同的任务，另一方面又要将各项任务协调整合起来，以便实现最终目标。”[①]这表明，任何组织都需要通过有效的分工与合作来对组织结构进行设计。具体来看，组织结构的设计主要包括两个方面的内容：一是分工，二是分工基础上的合作。那么，究竟什么样的公共组织结构才能符合以上两种要求？应当如何设计公共组织的结构？公共组织结构的设计又有什么独特之处？中国公共组织结构改革的实践有哪些？公共组织结构的未来发展趋势是什么？本章将立足公共组织的特点，紧密围绕上述问题对公共组织结构设计的相关问题进行详细的介绍。

5.1 公共组织结构的相关理论

5.1.1 公共组织结构的含义

“结构”这一概念，最初源自于生物学，是指在一个系统中，其构成要素之间的排列组合方式。不同的结构形式往往决定系统不同的性质和功能。人们最常以金刚石和石墨为例对结构的功能进行说明。二者均由碳原子构成，但由于碳原子的排列组合方式不同，即结构不同，这两种物质的性能完全不同。组织结构的原理也是如此。排列组合方式不同，即使构成要素完全相同，也可能产生不同的组织类型。

从组织的视角来看，所谓组织结构，是指组织内部不同构成要素间的排列组合方式以及各要素间的相互关系。它主要表现为组织各部分之间的排列顺序、空间位置、聚集状态、联系方式以及各要素之间的相互关系，它决定工作任务如何分配，如何进行分工协作，是实现组织职能的基本框架。著名管理学家明茨伯格将组织结构定义为，“将工作拆分成若干不同的任务，再协调整合起来以实现工作目标的各种方法的综合”[①]。

回顾相关组织结构的相关研究，我们可以发现，在一开始，组织结构的定义主要侧重的是组织的分工，后来则越来越强调组织的协调。对于不同的组织而言，各构成要素应当以怎样的方式进行排列组合和相互联系？在传统的组织结构理论研究者看来，组织结构以组织层次和管理幅度为基本范畴，二者共同构成组织结构的基础。前者构成组织的纵向结构，后者构成组织的横向结构，纵横结合，构成组织的完整结构。所谓组织层次，是指组织纵向上的等级数目和等级间的关联，以组织人员劳动的垂直分工和组织权力的等级属性为基础。在现代组织内部，各层次间往往呈现自上而下层级节制的关系，较低一级的权力是由较高一级主管人员授予的，且受其监督与指挥，对其负责。任何组织都是由若干成员组成，具有一定规模的，而一个管理者所能有效管理的人数是有限的，因此不得不通过增加组织层级来实现管理。因此，一般来说，组织的规模越大，其组织层次也就越多。但是，一个组织应当分为多少层级，并不是主观任意决定的。它既受到组织内部劳动分工的影响，也取决于组织权力构成的需要。所谓管理幅度，是指一名管理人员能够有效监督、管理和指挥的下级人员的数量。任何一个管理人员能够有效

① 明茨伯格 H. 卓有成效的组织．魏青江译．北京：中国人民大学出版社，2012：5.

直接管理的下属是有限的，在一定限度内，管理是高效的，超过这一限度时，管理的效力就会下降。因此，科学管理理论认为，为了实现有效管理，每位管理人员的直接下属应以 5～6 人为宜。事实上，科学的组织管理幅度并没有固定不变的标准，管理幅度的大小主要取决于以下因素：一是管理者与被管理者的性格、知识、专业、技能、才干、精力、经验、习惯、性别、年龄、动机、作风等；二是组织的正式规定，如规章、制度、规划、计划、程序、纪律、责任、待遇、惯例、行政技术设备、文化氛围、人际关系、权力的集中与分散程度等；三是社会的总体发展水平、社会对组织的要求、社会道德风尚、意识形态等①。作为影响组织结构的决定性因素，组织层次与管理幅度密切相关。在组织规模一定的前提下，组织层次与管理幅度成反比关系。管理幅度越大，组织层次越少；反之，管理幅度越小，组织层次越多。

通过以上分析可以看出，传统组织结构理论主要关注组织的分工，尤其是建立在等级关系上的不同层次间的纵向分工。然而组织最为重要的结构特征往往包含两个方面；一是那些界定劳动分工的特征，即结构差异，包括工作和角色的专门化、部门的划分和多重分工的形式；二是那些关于工作协调和控制的特征，即形式化、等级结构、集中化和促进横向信息流动的各种结构②。尤其伴随着工作技术体系的日益复杂和组织环境的迅速变化，组织内不同层次、不同部门甚至不同组织间的合作与协调越来越重要。约翰・查尔德(John Child)分析了组织结构所包含的三个方面的关键要点：组织结构决定了组织中的正式关系，包括职位层级的数目和主管人员的管理幅度；组织结构决定了将个体组成部门、部门再组合成整个组织的方式；组织结构包含了确保部门之间沟通、协作与力量整合的制度设计③。从这一角度来看，组织结构的基本构成包括三个方面，即纵向层次结构、横向部门结构及协调整合机制。层次结构是指组织指挥系统的等级或纵向管理层次。为了管理的方便，组织一般从上到下设有若干层次，结构呈金字塔形，这种组织上下层次关系有序的构成形式，就是组织的纵向结构。随着科学技术的不断进步以及社会环境的日益复杂，组织管理日益专业化和技术化，这就要求组织结构在纵向分层的基础上，进一步进行科学合理的横向分工，以适应不同组织职能的需要。这种横向分工构成了组织的横向部门结构，即组织根据工作的性质、管理的职能、办事的程序，以及地区、成员或者物资的特点等而分设的部门机构，也称作组织的部门化。部门化是指同级组织之间平衡分工的构成形式，实际上是对组织管理职能目标的分解，同时也是一种分权。协调整合机制是组织结构中各层次、各部门之间的沟通协调关系制度化的表现形式，通常表现为两种方式：一是通过自上而下的垂直方式来实现整合，二是通过相关人员和单元之间的直接的水平式沟通及关系来实现整合。在相对较小的组织中，一个所有人都对其进行汇报的管理者可能完全能够保证组织内存在一定的共识以及各种活动之间的整合。但在大型的复杂组织中，这种垂直方式很可能会被打破。组织内部自上而下的信息传递可能不够及时有效，而依靠各不同组成部分之间的直接沟通和关系来确保

---

① 朱国云．公共组织理论．南京：南京大学出版社，2003：127-128.

② 斯格特 W R. 组织理论．黄洋，等译．北京：华夏出版社，2002：212.

③ 查尔德 J. 组织：当代理论与实践．刘勃译．北京：华夏出版社，2009：7-9.

工作上的合作和问题的解决，却是一种更为有效的做法。

可以看出，与传统组织结构理论家的分析相比，现代组织结构理论在强调纵向分层和横向分工的同时，越来越强调不同职能部门之间的横向沟通与合作。明茨伯格将组织的横向整合机制分为五大类，即相互调节、直接监督、工作流程标准化、工作输出标准化、员工技能标准化[①]：①相互协调是指通过非正式的简单沟通实现对工作的协调，这是一种非常简单的协调机制，因此适用于最简单的组织。②直接监督靠一个人对他人的工作加以负责，向他人发布指令并监督其行为，从而实现协调。当组织的发展超越了最初的简单阶段时，它会倾向于运用这一协调机制。③当工作内容明确或程序化时，工作流程可以实现标准化，如简单的流水线生产。④当工作的结果(如产品的尺寸或性能)确定时，可以进行输出的标准化。例如，我们不必告诉出租车司机如何开车或从哪条路走，只要告诉他去哪里就可以了。⑤如果从事一项工作所需的培训要求非常清楚，就可以对员工技能(和知识)进行标准化。从某种程度上来说，这五种协调机制是可以相互替换的，即组织会用一种协调机制来替换另一种协调机制。如果一个人单独工作，他是不需要任何协调机制的。但如果有了其他人，不同任务分工之间是需要协调的，此时，在一个小组中并肩工作的几个人倾向于以非正式的方式相互适应。但随着组织的壮大，进行非正式协调变得越来越困难，就需要有个领导者来控制组织工作，由他来规定别人的工作。此时，直接监督成为了主流的协调机制。之后随着工作的进一步深入，标准化受到偏爱。倘若工作比较简单和常规，组织可以尝试着用工作流程的规范化来实现内部的协调；但如果工作较为复杂，工作流程的规范化就无用武之地了，组织被迫转入对工作输出的标准化——规定工作的结果，靠员工自己控制实现结果的过程。对于极端复杂的工作，工作输出也很难标准化，组织就只能进行员工技能的标准化。但如果组织中各项任务根本无法标准化，就只有重新回到循环的起点，使用最简单但适用性最强的协调机制——相互调节。当然，以上分析并不是说任何组织只能依靠一种协调机制，恰恰相反，大多数组织都会混用所有的五种协调机制。至少，不管是否运用标准化，一定程度的直接监督和相互调节总是必不可少的。

在回顾了组织结构含义的演进历程之后，结合公共组织的特征，我们将公共组织的组织结构定义为，对公共组织的成员以及部门之间进行明确分工，在此基础上，建立不同成员和部门之间的合作机制。它反映的是公共组织的不同成员和部门之间的职责划分以及相互的合作关系。

5.1.2 公共组织结构设计的内容

组织结构是指对于工作任务如何进行分工、分组和协调合作的一种设计。一般来说，组织管理者在进行组织结构设计时，必须要考虑6个关键因素，即工作专业化、部门化、指挥链、管理幅度、集权化与分权化、正规化[②]。对于公共组织来说，其组织结构设计同样如此。在这里，我们分别对这6个公共组织结构设计的要素进行详

① 明茨伯格 H. 卓有成效的组织．魏青江译．北京：中国人民大学出版社，2012：7-12.

② 罗宾斯 S P. 组织行为学精要．郑晓明译．北京：机械工业出版社，2000：275 -285.

细的介绍。

(1)工作专业化(work specialization)。工作专业化的实质是，不是由一个人来完成全部工作，而是先把工作分解成若干步骤，每一步骤由一个人单独完成。通过实行工作专业化，可以大幅提高组织的运行效率；通过重复性的工作，可以提高员工的技能；通过对从事不同工作任务的组织成员支付不同报酬，可以减少组织的资源浪费。基于以上几点原因，在20世纪50年代以前，管理人员把工作专业化看做提高生产效率的不竭之源。到了60年代以后，在越来越多的工作领域，由于工作专业化，人的非经济因素的影响超过了其经济性影响，在这种情况下，通过扩大而不是缩小工作活动的范围，反而可以提高工作效率。因此，在进行组织设计时，必须充分认识到工作专业化的限度，工作专业化本身可以提高工作效率，而过度的专业化又可能引发一系列问题。

(2)部门化(departmentalization)。一旦通过工作专业化完成工作任务细分后，就需要按照类别对它们进行组合，以便共同的工作可以进行协调。工作分类组合的基础是部门化。对工作活动进行分类的方法很多，既可以根据活动的职能、产品的类型、生产的流程分类，又可以根据地域或顾客的类型来分类。在20世纪90年代以后，有两个较为普遍的发展趋势值得注意：一是以顾客需要为基础进行部门化越来越受到青睐。为了更好地掌握顾客的需要，并有效地对顾客需要的变化做出反应，许多组织更多地强调以顾客为基础划分部门的方法。二是固化的职能性部门被跨越部门界限的工作团队替代。

(3)指挥链(chain of command)。指挥链是一种不间断的权力路径，从组织最高层扩展到最基层，明确谁向谁报告工作。传统的组织理论认为，命令统一有助于保持权威链条的连续性，也就是说，一个人应该对一个主管，且只对一个主管直接负责。如果指挥链的统一性遭到破坏，一个下属可能就不得不疲于应付多头领导、不同命令之间的冲突或优先次序的选择。在20世纪70年代以前，指挥链的概念是组织设计的基石。但在电脑技术的发展和给下属充分授权的潮流的冲击下，指挥链的重要性已经大大降低了。此外，随着自我管理团队、多功能团队和包含多个上司的新型组织设计思想的盛行，命令统一性的概念也越来越无足轻重了。

(4)管理幅度(span of control)。管理幅度所回答的是一个主管可以有效地指导多少个下属的问题。在很大程度上，它决定着组织要设置多少层次，配备多少管理人员。管理幅度过大，会使主管无法对其下属进行有效管理。管理幅度过小，会导致对下属管束过分，影响下属积极性的发挥，从而影响其工作效率。由于人的精力、时间、知识是有限的，因此控制管理幅度的主张很容易被接受。把管理幅度控制在一个较小的范围内，通常被认为是提高管理效率的途径之一。但对于管理幅度到底应该控制到多大为宜，却是一个颇有争议的问题。管理幅度的大小直接影响到组织管理层次的多少，两者成反比关系。在员工确定的组织内，管理幅度小，管理层次则多。而组织内部管理层次的增加势必会影响到上下层间沟通的畅顺，因此，合理的管理幅度应是在不影响有效管制的原则下尽可能地扩大。这也是近年来组织结构形式发展的一个总的趋势。

(5)集权化(centralization)与分权化(decentralization)。集权化与分权化是指组织中的决策权集中于某一点的程度。一般来说，如果组织的高层管理者不考虑或很少考虑基层人员的意见就决定组织的主要事务，则这个组织的集权化程度就高。相反，基层人员参与程度越高，或他们能够自主地做出的决策越多，组织的分权化程度就越高。集权式与分权式组织在本质上是不同的。在分权式组织中，采取行动、解决问题的速度较快，更多的人为决策提供建议，所以，员工与那些能够影响他们工作、生活的决策者隔阂较少，或几乎不存在隔阂。因此，近年来，分权式决策的发展趋势日益突出，这与组织更加灵活和主动地做出反应的管理要求是一致的。

(6)正规化(formalization)。正规化是指组织中的工作实行标准化的程度。如果一种工作的正规化程度较高，就意味着完成这项工作的人对工作内容、工作时间、工作手段没有多大自主权。在高度正规化的组织中，有明确的职务说明书，有复杂的组织规章制度，对于工作过程有详尽的规定。而正规化程度较低的工作，相对而言，工作执行者和日程安排就不是那么固定，员工对自己工作的处理权限就比较宽。由于个人权限与组织对员工行为的规定成反比，因此工作标准化程度越高，员工决定自己工作方式的权力就越小。工作标准化不仅减少了员工选择工作行为的可能性，而且使员工无须考虑其他行为选择。在不同的组织之间或组织内部不同工作之间正规化程度差别会很大。

5.1.3 公共组织结构设计的原则

西方学者在不同的历史时期概括出了很多组织管理原则，综合这些先期研究成果，我们认为，公共组织作为管理社会公共事务的机构，其设计原则既要遵循一般组织设计的原则，又有自己特殊的要求。其组织设计原则主要应包括如下一些方面。

(1)便于服务。无论是组织机构设置和改革，还是组织结构设计和调整，都必须根据职能目标的需要来进行。组织机构是实现职能目标的载体，而组织结构是保证组织职能目标实现的方法和手段。因此，职能目标是设计组织结构时首先要考虑的因素，是组织设计和变革的根本依据。公共组织是以公共利益为价值取向的组织，一切活动的出发点都是为了更好地为社会公众服务。所以，在组织设计时，就要首先考虑这一组织宗旨。公共组织的结构设计如何才能方便服务对象，方便社会公众，有利于社会经济的发展。那种遇事互相推诿、出了问题逃避责任、为服务对象设置障碍的现象，必须在组织结构设计时就要加以避免和防范。

(2)符合法制。前面我们谈到，公共组织与私人组织相区别的一个重要之处在于，公共组织的活动受法律法规的更严格限制。现代社会是法治社会，公共组织的职能、机构、人员更要依法配置，其活动也要受到法律法规的严格约束。以公共行政组织为例，法制原则主要体现在四个方面：一是必须根据宪法、政府组织法以及有关的编制立法进行机构设置、撤销、合并或其他调整；二是必须有相关的法律具体规定各机构的职能权限；三是必须按照法定程序进行，要严格执行行政审批手续；四是必须依法审定编制，并配合财政预算等手段，保证行政编制的严肃性，避免机构重叠、部门林立、机构臃肿。

(3)完整统一。公共组织是一个分工合作的体系，其职能目标的达成要通过这个分工合作的结构来实现。完整统一的原则包括几项具体要求：一是机构设置要完整统一。也就是说，在组织体系内设置机构，要上下衔接、左右配套，不短缺、不重复，使整个组织体系成为一个有机的、完整的、统一的体系。二是组织目标要统一。也就是实行目标归类，同类组织目标的活动要归同一组织机构管理，设置结构也要按照目标归类的方法来设置，一个机构能办的事，不要交付两个机构去办。三是指挥要统一。要明确上下级的隶属关系，确定命令与服从的权力链条，保证只接受一个直接上级的指挥，层级节制，不"政出多门"和"多头指挥"。四是权责要统一。就是职权和责任要统一、相称。在机构设置时，要求明确规定各个机构和职务的职责范围和职权，划清责任归属和边界，解决责权不清、责权冲突、争功诿过、相互倾轧等无序现象。对工作人员，有多大的职责，就赋予多大的职权，既不能有责无权或责大权小，又不能有权无责或权大责小。最后，还要建立责任制度，严格监督考核和奖惩，奖功罚过，优升劣降，厉行赏罚，落实责权。

(4)精简高效。这一原则实际上包含两个相互关联的方面——精简和效能。精简要求公共组织、组织成员、领导班子、管理层次、管理程序等都要力求精简，严格控制编制规模，使机构和人员保持在最小的限度。组织机构精简的意义在于可以节省财政开支，保证机构运转灵活，同时有利于克服官僚主义的办事作风。效能，一般包括工作的数量、质量、速度、效果。数量多、质量高、速度快、效果好，则效能高；反之，则效能低，甚至是无效能或负效能。一般来说，机构设置与职能相符，职责划分明确，功能齐备，加上指挥统一，结构合理，正确划分管理层次和管理幅度，就会提高行政效能。因此，在公共组织的设置和管理过程中，必须始终坚持精简与效能相统一的原则，提高组织的整体管理水平。

(5)符合人性。公共管理的核心和动力是人和人的积极性与创造性，以人为本是高效地实现管理职能和任务的根本途径。所以，公共组织的设计必须考虑到人以及人的积极性和创造性的调动与发挥，尊重人的价值与尊严，满足人的基本需求，有利于人的潜能的挖掘和成长。具体来看，人性化的组织设计原则应体现为以下几点要求：一是工作分配要符合员工的需求、能力和兴趣。二是要注意照顾员工的自尊，组织内部的层次不宜过多，否则易使员工感到自己很渺小而对前途失去信心。三是要有助于员工的发展，要为员工晋升提供机会和创造条件。四是以意见沟通代替指挥监督。指挥监督会引起员工地位不平等的心理感受，他们更愿意接受意见沟通这种地位平等的方式。

(6)适应环境。每个公共组织都处在一定的环境之中，而且这个环境又处在不断的发展变化之中。公共组织应根据其内外环境的变化不断地做出调整，以适应环境的需要。为满足组织适应环境的要求，在组织设计时应注意两点：一是要使组织保持一定弹性。不仅组织内的单位区分要有弹性，可以根据需要进行调整，权责划分和人员编制也要保持一定弹性，以便随业务变动进行调整。二是人员编组宜保持机动。各单位可随业务的增减或变动适时调整人员的配置。对特定任务可采取人员临时编组方式处理。需要注意的是，适应环境的要求与组织的法制原则和稳定要求之间可能在特定情况下发生冲突，为此，组织设计时应以适时适度为原则。

5.1.4　公共组织结构设计的基本程序

与私人组织的设计程序一样，公共组织的设计程序也可以分为两类，即演绎的设计程序和归纳的设计程序。当然，这两种设计程序的差别只是理论的抽象，在实际组织设计过程中，并没有单纯的演绎设计或归纳设计，事实上，两种设计程序是相辅相成的，可以相互取长补短，综合运用。

1. 演绎的设计程序

演绎的设计程序是典型的由上而下的设计程序。具体来说，演绎的设计程序主要由四个环节组成。

(1)了解组织的目标。目标是公共组织赖以建立和存在的出发点与前提，一个没有目标的组织，本身就失去了建立和存在的必要。组织目标也在一定程度上决定着组织的形式。目标不同，组织的基本形式也就不同。组织的设计者在了解组织目标的基础上，确定组织形式。目标不同的组织，应该在基本形式的差异上体现出来。例如，基本任务比较稳定的组织与基本任务不稳定的组织，其组织形式必然有所不同，高层次组织的基本形式必然不同于低层次的组织，综合性组织与专业性组织的基本形式也会不同，等等。

(2)根据已确定的目标，决定实现目标所需的计划与配置单位。工作计划也称为工作方案，是介于目标和具体作业之间的一种书面计划。从程序上说，是目标决定了工作计划，工作计划决定了具体作业。工作计划的内容应包括达成目标所采取的各种作业行动，如进度的管制、工作量的规定、地点安排等。在拟订了工作计划之后，就是如何来实施计划的问题了。工作计划的实施一般需要一个群体以分工合作的方式来完成。根据分工的不同，可以设置不同的单位，每一个单位由专人负责，统辖数名工作人员。工作单位的设置应根据管理需要，或以工作性质，或以工作程序，或以管理对象地区等。同时，在设置工作单位时，还必须考虑管理幅度和管理层次的协调问题，力求保证组织效率提高和沟通顺畅。

(3)决定实施计划的作业与配置职位。工作计划及配置单位只是完成了中层的设计，计划的实施必须通过具体的作业，而具体的作业只能是由处于不同职位上的个体来完成。一个工作计划会包括许多具体的作业活动，这些作业活动在量与质两个方面都会有差异，但它们彼此之间又不是毫不相干的，而是共同服从于整体的工作计划。所以，实施工作计划的各种活动应组合成一个一个的职位，以便每一个职位都可以选拔到适合的人来担任。设置职位，才有可能使各个作业活动服从于整体工作计划，并为完成工作计划而各尽其责。需要说明的是，在设置职位时，也会面临管理幅度问题。如果一个单位设职位过多，以致影响到单位主管的有效管理，应考虑增设层次。但是从效率及信息沟通的角度出发，层次又不宜过多，能不必增加层次而达到有效管理时，就尽量不增加管理层次。

(4)综合考虑权责划分等因素，保证组织设计利于组织运行。根据前三个步骤设计出的还仅仅是静态的组织。在公共组织设计中，还必须考虑权责划分等其他因素。在公共组织职位配置完成之后，必须规定不同职位处理工作的权责，以避免纷争、拖拉，提高组织效率。不同职位的权责不同，也影响着组织的集权与分权、上级对下级管制的严格程度等组织形式。因此，公共组织的设计还必须综合考虑前文所论述的组织设计原则。

演绎的组织设计程序具有一定的优点，它可以使组织系统明确，计划与配置单位良好，对计划的实施也较为顺利。但在演绎的设计程序下，各单位之间的作业活动不能保证不重复，同性质的作业活动可能分散至各单位，同时职位与实有作业活动的配置也可能出现脱节现象。也就是说，演绎的设计程序可以保证组织系统总体上的正确，但对越是基层的作业其有效控制力越弱。

2. 归纳的设计程序

归纳的组织设计程序刚好与演绎程序相反，它主要由三个步骤组成。

(1)决定所需作业活动与组合职位。通过参考其他同类组织的作业活动资料，根据组织目前正在处理的作业活动资料，可以拟定组织所需的作业活动。这些资料同时也提供了关于作业活动的性质、程度、所需人员资格、工作量大小等方面的信息，为组合职位提供了参考。所谓组合职位，是先将组织内的各种作业活动组合为职位，然后再根据管理幅度将若干个职位归纳为单位。一般来说，在组合职位过程中，应遵循三个原则：一是性质相同的业务活动，尽量组合为一个职位；二是程度相同的作业活动，尽量组合为一个职位；三是使每一个职位都有适当的工作量。

(2)将职位组合为单位。在将职位组合为单位时，主要有这样几种做法可供选择：一是将性质相同的职位组合成一个单位。这种方法的好处是容易选拔单位主管。因为单位内的职位性质相同，则单位主管只需招选该种专业人才担任即可。这样也有利于单位主管对本单位的管理。二是将目的相同的职位尽量合至同一单位。这种做法的好处是既有利于单位主管对下属的领导，又有助于员工的团结与合作。三是把工作程序前后相关联的职位组合至一个单位。这种方法有利于加强协调，提高工作效率。四是把服务对象、管辖地区相同的职位尽量组合至一个单位。这种做法有利于为对象提供更高质量的服务，便于意见沟通，便于单位主管统一、有效地管理，使组织发挥出较好的作用。

(3)决定组织内部层次。在完成了将职位组合成单位的工作后，便需要考虑组织内部层次问题了。这主要涉及的是是否在组建单位之上设置上级单位层次，或者直接设置首长。为此，必须综合考虑专业、地区和管理幅度等因素的限制，在纵向控制和横向沟通之间寻找到一个恰当的“度”。

归纳的设计程序，因为是从基层做起，容易使职位与实有作业活动良好配合。按照性质、服务对象、管辖地区的异同，组建不同的单位，也有利于作业活动的开展。但这种由下而上的设计程序，容易使单位设置与工作计划配合不够明确，计划的实施可能不很顺利。

总之，演绎和归纳两种设计程序各有其利弊，在实际的组织设计中应综合并用。一般来讲，在对一个组织的上层单位进行设计时，可以演绎方法为主，以达到工作计划与单位配置的吻合，有利于工作计划的实施与完成。对于基层单位的设计，宜以归纳方法为主，以利于职位与作业活动的有效结合，利于单位的组建。对于独立性或特殊性的工作计划的推行，为保证其最终效果，宜以演绎程序设计为主；而对日常作业活动的推行，宜以归纳的程序为主。

5.1.5 公共组织结构的形式

随着人们对公共组织形式的认识不断深入，逐渐总结出几种模式化的组织结构形式。这里，我们选择重要的几种组织形式予以介绍。

1. 直线式结构形式

直线式结构形式的特点是单一垂直领导，其结构简单，领导隶属关系明确，结构中每一个层级的个人或组织只有一个直接领导，不与相邻的个人或组织及其领导发生任何命令与服从关系(图 5.1)。在这种结构形式下，指挥命令统一、领导有力、决策快、领导效率高。但由于组织要求下级的一切问题只向一名上级人员请示汇报，上级人员工作繁重，容易陷入日常行政事务中。另外，信息只循上下直线传递，对左右协调、沟通不利。因此，直线式结构的组织形式适用范围很受限制，一般只适用于那些规模较小、管理问题和业务简单、工作程序少而固定、各种规章制度明确、各级管理者训练有素、同级单位有较少合作要求的组织系统。

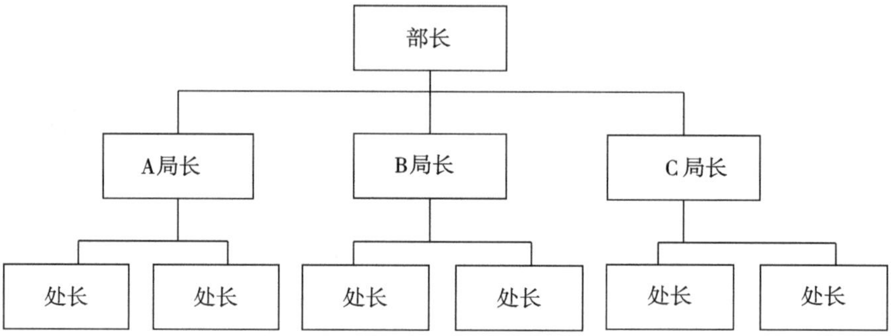

图 5.1 直线式结构形式

2. 职能式结构形式

职能式结构形式是相关部门在水平方向上依职能不同进行分工，再分别在各自专业范围内对下级部门实施领导的组织结构(图 5.2)。在职能式结构中，每个上级部门并没有单一服从自己的下级部门，同样，每个下级部门也不只服从一个上级部门。在这种组织结构形式中，首长的作用被降低，它所重视的是专业分工，各级管理者分工明确，适于相对较复杂的管理工作，组织效率较高。但下级部门由于多头领导，容易出现政出多门、推诿扯皮的情况。虽有最高首长存在，但管理过程被割裂，协调与合作十分困难。所以，这种组织结构形式只适用于专业区分极为明确的组织。

3. 直线-职能式结构形式

直线-职能(参谋)式结构形式是在综合直线式结构和职能式结构的基础上形成的一种组织结构形式。在这类组织形式中，既有纵向(实线表示)的垂直领导隶属关系，又有横向(虚线表示)的水平领导隶属关系和权责关系。其中直线隶属是基础，职能(参谋)机构起辅助作用(图 5.3)。直线管理者各有其单一的直接领导者，有独立的指挥权，但在决策、监督和有关职能方面又受到职能(参谋)机构的限制。职能(参谋)机构或部门设在较高的领导层次上，直线机构或人员之间没有直接的领导关系，他们虽无指挥权，但在其职能范围内有一定的决策权和监督权。这种组织结构形式综合了直线式和职能(参谋)式两种结构的特点，既有直线式统一指挥的优点，又有职能(参谋)式专业化分工的优

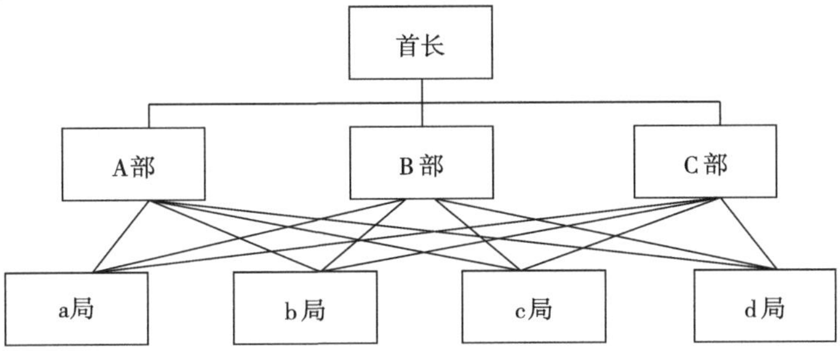

图 5.2　职能式结构形式

点，更有利于行政效率的提高。其潜在的缺陷是垂直领导与水平领导之间可能相互排斥，各职能(参谋)部门之间的横向联系较差，容易产生脱节或冲突，使管理工作陷入混乱。但与前两种组织结构形式相比，直线-职能式组织结构形式具有更多的优点，为各种公共组织尤其是行政组织所普遍采用。

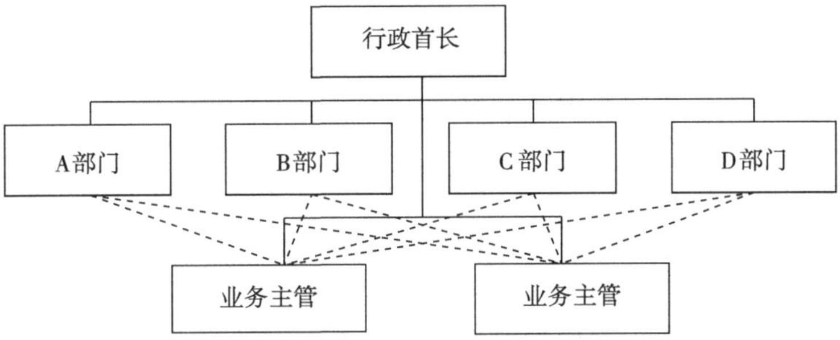

图 5.3　直线-职能式结构形式

4. 矩阵式结构形式

矩阵式结构形式是由直线-职能式结构形式发展出来的另一种组织形式，广泛存在于大型生产技术、科研机构中。这种结构形式是把按职能划分的职能机构与按产品或项目划分的小组结合起来，组织成员受到双重领导(图 5.4)。矩阵式结构形式与直线-职能式结构形式的区别在于，它是一种垂直领导与水平领导并重的结构形式。矩阵式结构的优点是其加强了职能部门之间的沟通与联系，有助于各种专业人员取长补短，可以更充分地发挥组织成员的综合优势，提高组织效率。其缺点是由于同时接受来自两个方向的指挥，当两个上级意见不一致或工作任务有冲突时，会使工作人员无所适从。

从现实的角度来看，以上多种组织结构形式并不存在。真实的组织要复杂得多，远远不像理论模型描述得那么清晰和简单。这些归纳出来的组织结构形式所构成的仅仅是一种理论，而任何理论都无法精确地描述出组织结构，都必然要对现实进行简化。但我们也不能因此抛弃组织结构形式这一理念。现实中的组织，有些很靠近某种组织结构形式，有些则是两种或多种组结构织形式的混合形态，有些则可能正处于转型之中。总之，这些理论模型为我们理解和构建现实中的各种不同类型的组织提供了指导和借鉴。

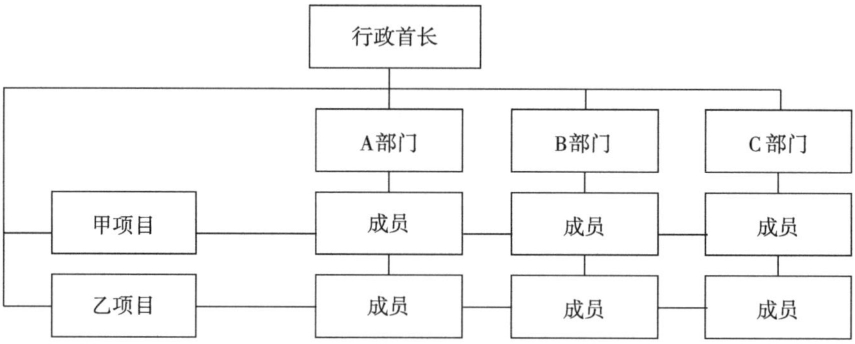

图 5.4 矩阵式结构形式

5.2 西方国家公共组织结构的变革

5.2.1 西方国家公共组织结构变革的背景

在整个工业社会的历史阶段中，官僚制组织都发挥了至关重要的作用，这是因为官僚制组织的层级控制、专业分工、注重规则、非人格化等结构特征完全符合这一时期高度稳定、追求效率的社会环境。20 世纪的工业社会，以大机器的使用和专业化的工业生产为经济主导，社会分工日益精细，生产效率全面提高，各类组织的发展环境大致相似：环境相对稳定；任务明确且持久，决策程序化；技术相对统一而稳定；按常规活动，以效率为主要目标；组织规模相对较大。在这种“稳定中追求效率”的组织环境下，作为一种典型的机械式组织形式，官僚制组织具有不可忽视的优势：注重对任务进行高度的劳动分工和职能分工；以客观的不受个人情感影响的方式挑选符合职务规范要求的合格的任职人员；对分工以后的专业化工作进行严密的层次控制，同时制定出许多程序、规则和标准；个性差异和人性判断被减少到最低限度，提倡以标准化来实现稳定性和可预见性；规则、条例成为组织高效运行的润滑剂，组织结构特征趋向刚性。

然而，进入 20 世纪下半叶，伴随着组织环境的日益复杂化和多样化、信息技术的迅速发展，官僚制组织的统治地位受到了极大的挑战，其传统的优势也逐渐开始式微。具体来看，公共组织结构变革的背景主要有以下几个方面。

(1)全球化的迅速发展使得公共组织面临着一个日益复杂化和多样化的社会环境。传统的公共组织，尤其是行政组织，往往处于一个相对稳定、简单和彼此分割的组织环境中，领导者注重组织内部的分工，强调组织内部工作的简单化、标准化和规范化，运用组织中的规章制度和科层结构有效控制组织中的事务，促进组织发展。但随着全球化的发展，相对简单、稳定的组织环境发生了深刻的变化：组织内部非常规、突发性事件增多；组织外部环境的差异性和动态性大大增加；不同组织常常面临共同的问题，需要合作解决。传统的、机械式的组织结构已经无法应对以上变化，人们开始关注官僚制组织之外的、在纷乱的无法预测的环境中更为有效的其他组织结构形式。

(2)信息传递媒介的网络化使得公共组织面临着一个网络合作环境①。一方面，新型的信息技术手段大大提高了信息传播的广度、速度和深度，各种舆论、观点和思想不再被主流思想淹没，各类信息发布、意见表达的渠道和立场日益多元化；另一方面，信息技术的迅速发展提高了人类沟通和处理信息的能力，为人们参与公共事务、表达利益和要求提供了意想不到的便利。这些均为公共组织结构的改变提供了契机。传统线性的组织分工、垂直的组织层级、边界清晰的部门功能能够被压扁，打散成一个彼此相连的价值网，透过一个个紧密相连的价值网，可以经由不同的网络连接方式，创造不同的价值，赋予组织新的角色和面貌。这样的超层级结构使传统的组织多层级结构以及功能分工复杂化的现象完全被打破。

(3)社会公众和公共组织内部成员的不断变化使公共组织面临着一个日益多元化和个性化的群体。从组织外部的角度看，现代公众对公共服务的需求正逐渐由原来规范化的、标准化的服务转变为个性化的、人性化的服务。这种对个性化服务的追求，必然使公共组织的工作内容日益复杂。从组织内部角度看，现代公共组织成员不再只是一味地接受上级的权威领导，而是要求更多的自身个性的发展机会和多元化需求的满足，并且对组织内部决策方面的事务要求有更多的参与。面对组织成员的变化，组织的领导者或管理层的管理行为也在不断地进行调整，自上而下的、指令和控制式的领导方式正逐渐让位于共享式的、协作式的领导方式。组织领导和管理方式的改变，必然伴随着组织结构的深刻变革。

面对以上一系列复杂而深刻的变化，传统的官僚制组织已经不能回应环境的新要求。正如戈德史密斯(Stephen Goldsmith)和埃格斯(Willian D. Eggers)所评价的那样，“传统的等级制政府模式根本就不能满足这一复杂而快速变革的时代需求，靠命令和控制程序、刻板的工作限制以及内向的组织文化和经营模式维系起来的严格的官僚制度，尤其不适宜处理那些常常要超越组织边界的复杂问题”②。约翰·查尔德也同样指出，“我们生活在一个组织形式正面临挑战同时也富有活力的时代。过去用来组织企业及其他集体力量的传统组织形式正在逐渐被看成是不符合21世纪情况的形式，与传统组织的根本性原则相背离的新的组织形式正在涌现”③。伯恩斯(Tom Burns)和斯托克(George Stalker)将这种新的组织形式称为有机式组织。他们认为，与机械式组织相比，有机的组织形式更有利于组织在纷乱的、无法预测的环境中取得成功。这一组织形式具有低复杂性、低正规化、分权化、不具有标准化的工作和规则等特征，是一种松散、灵活的、具有高度适应性的结构形式，能根据需要迅速地做出调整。有机式通常适用于符合以下条件的组织中：环境相对不稳定和不确定，组织必须充分对外开放；任务多样化且不断变化，使用探索式决策过程；技术复杂而多变；有许多非常规活动，需要较强的创造和革新能力；组织规模相对较小。

---

① 陈振明，孟华．公共组织理论．上海：上海人民出版社，2006：76.

② 戈德史密斯 S，埃格斯 W D．网络化治理：公共部门的新形态．孙迎春译．北京：北京大学出版社，2008：6.

③ 查尔德 J．组织：当代理论与实践．刘勃译．北京：华夏出版社，2009：4.

5.2.2 西方国家公共组织结构变革的实践

20 世纪末期以来，为了克服官僚制组织固有的缺陷，加强不同政府部门之间的协调和沟通，西方国家陆续进行了一系列的行政组织结构改革。概括来看，相关的改革主要体现在无缝隙政府建设和整体性政府建设两个方面。

1. 无缝隙政府建设

通过对官僚制组织特征的了解，我们知道，其中之一就是分工和专业化。但是，从实践上来看，这种制度设计容易导致不同政府部门之间的沟通和协调困难。20 世纪末期以来，随着政府职能的不断拓展以及社会成员需求的持续变化，官僚制组织的这种缺陷开始变得越来越明显。按照无缝隙政府的要求，对政府组织结构进行改革成为西方国家行政组织结构变革的重要体现之一。

著名学者林登认为无缝隙政府的趋向主要体现在三个方面：政府机构内部“柏林墙”的倒塌，政府机构和它们的顾客及供应商之间同盟关系的发展，在为顾客提供服务时对速度的强调①。从传统组织向无缝隙组织的转化，是一项系统的工程，包括工作、绩效等多个方面的内容。从工作上来看，传统组织的特点是狭隘，条块分割，很难控制工作的过程和决策的制定；无缝隙组织的特点是广泛，具有多种技能的团队，通才能够较好地掌握工作程序和做出决策。从测评方面来看，传统组织的特点是，建立在投入与活动、员工与预算规模的基础上；无缝隙组织的特征是，建立在结果、顾客满意的基础上。从技术方面来看，传统组织的特征是，用于控制、集中各种活动；无缝隙组织的特点是，用于下放各种活动。从内部组织来看，传统组织的特点是，条块划分的部门和职能，受到组织内部需要的驱使；无缝隙组织的特征是，完整统一过程的团队，根据顾客需要提供服务。从时间敏感度上来看，传统组织的特点是，低下，按自己的步骤运作时效率最高，对外部需求和机会反应迟钝；无缝隙组织的特征是，很高，对终极顾客和结果的关注，使迅速的反馈成为首要因素，提供便捷、及时的服务。从角色的明确性和清晰度上来看，传统组织的特点是，很高，内部分工，组织、顾客与供应商之间区别对待；无缝隙组织的特征是，低，由跨职能的团队进行组织，供应商和顾客共同承担以前由公司执行的任务。从产品或服务的性质来看，传统组织的特点是，标准化，以组织生产最简便化为导向，缺乏变化性，高投入，几乎没有顾客参与；无缝隙组织的特征是，顾客导向性，致力于顾客的需求，灵活多变，高投入②。

2. 整体性政府建设

20 世纪 80 年代以来，许多西方国家的公共部门掀起了一场轰轰烈烈的改革运动。这场改革主要针对传统官僚制的僵化、刻板、低效率等种种弊端，倡导采取分权、市场化、引入竞争、顾客导向和结果导向等理念和改革措施，力图塑造企业家政府，这场改

① 林登 R M. 无缝隙政府：公共部门再造指南．中文修订版．汪大海，吴群芳，等译．北京：中国人民大学出版社，2013：4.

② 林登 R M. 无缝隙政府：公共部门再造指南．中文修订版．汪大海，吴群芳，等译．北京：中国人民大学出版社，2013：33.

革运动被称为“新公共管理运动”。正如著名学者欧文·E. 休斯(Owen E. Hughes)所描述的那样，“发达国家的公共部门的管理已发生转变，曾经在本世纪的大部分时间中居于支配地位的传统公共行政管理的那种刻板(僵化)、层级官僚体制形式逐步转变为一种灵活的、以市场为基础的(新)公共管理形式”。英国著名公共管理学家胡德(Christopher Hood)教授特别将新公共管理的特质归纳为：①在公共部门中实施专业化管理，让公共管理者自己管理并且承担责任；②确立明确的目标，设定绩效测量标准并且进行严格的绩效测量；③特别强调产出控制，对实际成果的重视甚于对过程或程序的关注；④打破公共部门中的本位主义，对部门进行拆分与重组，破除单位与单位之间的藩篱；⑤在公共部门中引入竞争机制，降低管理成本，提高服务质量；⑥强调对私营部门管理方法和风格的吸收和运用；⑦强调对资源的有效利用和开发。总结起来，在公共选择理论和委托—代理理论的指导下，新公共管理运动的主要内容为：通过分权改革发挥代理人的积极性。在外部关系上，适当放松对市场的管制，在内部关系上实行权力分散和下移。通过市场机制，部分公共产品和公共服务以外包形式交由市场提供。政府自身的运行机制也遵循市场原则，依照选择性激励提高政府的运行绩效。市场成为调节主体间利益偏好、整合公共资源的重要机制。通过竞争，运用效率驱动和绩效激励提高政府的回应性，绩效管理成为新公共管理运动的重要举措。倡导为顾客服务，实施全面质量管理等改革，力图提高政府的管理能力和服务水平。总之，新公共管理运动“旨在促使政府变得更像商业组织，更加强调管理者角色的重要性”[①]。

新公共管理运动取得了一定成果，也引发了一系列新的问题。分权化和竞争性举措导致治理主体间各自为政和利益分割，保护主义和重复建设现象凸显，资源浪费问题严重，导致公共管理的碎片化。“绩效驱动”和“顾客导向”等措施引发“增长第一主义”，一部分人被排斥在公共服务之外，公平与效率问题再次受到关注。新公共管理运动尽管打破了组织间相对分隔的状态，实现了一定程度的互动，但这种互动的竞争色彩明显多于合作，组织间关联缺乏有序性和有效性。从严格意义上来说，新公共管理运动是一场发生在“国家官僚体制内的改革”，并未突破就政府论政府和职责同构的缺陷。

当权力分散、组织界限变得越来越不固定的时候，不同职能部门之间的协调与合作成为公共治理的重点。面对新公共管理运动带来的公共管理“碎片化”和“公平”问题，整体性治理强调在按照传统的自上而下层级结构建立纵向的权力线的同时，政府治理还必须依靠各种合作伙伴建立起横向的行动线。整体性治理理论着眼于政府内部结构和运行机制，强调政府内部机构和部门间的合作、协调和整合，这一观点在 20 世纪 90 年代中后期的西方国家掀起了新一轮的政府改革。这一改革最早由英国工党政府发起，“联合若干政府，有时甚至是多级政府一起提供整体化服务”[②]。改革后来发展为整体性政府和整体性治理，通过一站式服务、大部门改革等措施，力图使政府运行机制由各自为政走向整体运作[③]。美国境内也同样萌发了联合行动的政府。例如，俄勒冈的“无错门”活

---

① 胡德 C. 国家的艺术——文化、修辞与公共管理. 彭勃，等译. 上海：上海人民出版社，2004：3.

② 戈德史密斯 S，埃格斯 W D. 网络化治理：公共部门的新形态. 孙迎春译. 北京：北京大学出版社，2008：6.

③ 竺乾威. 从新公共管理到整体性治理. 中国行政管理，2008，10：52-58.

动就遵循着这样一个原则，即公民在寻求州一级公共事业服务的时候应该能够获得第一个政府接待方的帮助，不论他所找的第一个接待方是哪一个政府机构。

在政府外部关系的改革中，最突出的表现是美国的网络化治理。它是一种全新的通过公私部门合作，非营利组织、营利公司等广泛参与提供公共服务的治理模式。在这种模式下，政府角色发生了很大变化，从传统的管理人民、控制社会向协调资源转变，行政管理序列变得更为扁平，参与的部门也更为广泛。例如，美国威斯康星州的福利运行模式就涉及了“多级政府，多个州政府机构，一大把非营利和营利管理员以及许多以社区管理为基础的次级承包商”[①]。在英国也是如此，政府越来越多地利用非政府机构提供各种服务。英国的许多地方政府都已经建立起公私伙伴关系委员会，以维持公私伙伴关系中服务供应商和政府机构之间的直接联系。1980 年，大不列颠的政府机构还负责提供着该国大部分的社会服务，只有 14%的服务是由私人公司提供的。然而，不到 20 年的时间里，这一数据已经跃为 40%。

5.3 中国公共组织结构改革的实践

按照优化组织结构、减少行政层级的原则，与政府职能转变的进程相适应，为了有效加强不同部门、层级之间的协调，改革开放以来，中国公共组织结构改革的实践主要集中在大部制改革、省直管县改革、行政服务中心建设和议事协调机构改革等几个方面。

5.3.1 大部制改革

大部制是中国行政组织改革的一个重要内容，有助于理顺不同部门之间的权责关系。对于大部制，不同的学者都给出了自己的定义。有学者认为，大部制的概念可以做两种界定：一是政府部门设置的一种客观状态，其特点是部门数量少，各个部门的职责范围比较大；二是指一个机构整合和重组的过程，其标志是同级别部门的合并[②]。也有学者认为，大部制是政府将性质相似、职能类同、业务相近的政府部门进行有机的整合，从而达到统一、精简、效能、责任的目的[③]。

从实践上来看，2008 年以来，围绕转变政府职能和理顺部门职责关系，中国在政府机构改革中开始实施大部制改革。在这次改革中，为促进工业化和信息化的融合，组建了工业和信息化部；为建立统一规范的人力资源市场，促进人力资源合理流动和有效配置，统筹就业和社会保障政策，建立健全从就业到养老的服务和保障体系，组建了人力资源和社会保障部；为优化交通运输布局，发挥整体优势和组合效率，加快形成便捷、通畅、高效、安全的综合运输体系，组建了交通运输部。经过改革，2008 年，除国务院办公厅外，国务院组成部门 27 个。2013 年的政府机构改革继续稳步推进大部制

---

① 戈德史密斯 S，埃格斯 W D. 网络化治理：公共部门的新形态．孙迎春译．北京：北京大学出版社，2008：18.

② 周志忍．大部制溯源：英国改革历程的观察与思考．行政论坛，2008，2：84.

③ 张成福，杨兴坤．建立有机统一的政府：大部制问题研究．求索，2008，4：57.

改革，为更好地坚持计划生育的基本国策，加强医疗卫生工作，深化医疗卫生体制改革，优化配置医疗卫生和计划生育服务资源，提高出生人口素质和人民健康水平，将卫生部的职责、国家人口和计划生育委员会的计划生育管理和服务职责整合，组建国家卫生和计划生育委员会；为加强食品药品监督管理，提高食品药品安全质量水平，将国务院食品安全委员会办公室的职责、国家食品药品监督管理局的职责、国家质量监督检验检疫总局的生产环节食品安全监督管理职责、国家工商行政管理总局的流通环节食品安全监督管理职责整合，组建国家食品药品监督管理总局。改革后，除国务院办公厅外，国务院组成部门比改革前减少 2 个，共有 25 个。

5.3.2　省直管县改革

组织结构设计需要解决纵向和横向两个不同维度的协调问题。前一部分所介绍的大部制改革主要是为了从横向上加强不同政府部门之间的协调和联系而进行的改革。减少政府的层级则是从纵向上来对组织结构进行的调整。“省管县”改革也是中国公共组织结构改革的重要内容之一，主要是从纵向上改善不同层级政府之间的联系。从 1982 年实行市管县体制开始，我国的政府层次从四级制为主转变为五级制为主。这五级政府包括中央政府—省级政府—地级政府—县级政府—乡级政府。“实行市管县体制以后，地区一级政权由过去的虚设变为实置，从而在省与县之间多出一个环节。”[①]但随着市场经济特别是区域经济的发展、行政治理环境和手段的变化，层级过多导致的问题日益显现。首先是行政管理的效率问题。实行市管县体制，就意味着在省与县之间多出一个环节，不但增加了机构、编制，加大了管理成本，而且导致行政效率降低。一方面，市管县体制在省与县之间多出一个中间层级，信息传递增加了一套程序，影响了信息传递速度，信息的失真率就会成倍增加，严重降低了行政效率。另一方面，过多的管理层级的节制，也会影响人员的积极性和创造性的发挥，容易造成人浮于事的情况，也在主观上降低了行政效率。其次是市县争利的问题。在市管县体制中，县要接受市的领导。但市和县始终都分别是各自区域利益的主体代表，承担着不同的责任，享受着各自的经济利益。一些市为了在任期内搞出政绩，往往集中县级财力建设地级市，从而富了一个地级市，穷了诸多县和乡镇，形成“市压县”“市刮县”的局面。

2002 年开始，我国在浙江、河北、江苏、河南、安徽、广东、湖北、江西、吉林等省份陆续推行省管县改革，重点是将一部分归属于地级市的经济管理权和社会管理权直接赋予经济强县，并在财政体制上实行“县财省管”。在“省直管县”体制下，市与县之间不再具有行政上的隶属关系，原体制中的“市管县”变为市县分治，市县平行[②]。从组织结构设计的角度来看，这一改革措施具有以下两个优势：一是实现了管理层次与管理幅度的动态匹配。随着现代信息技术的发展，地方政府在管理过程中所需的各种数据与信息的收集、传递都变得十分方便、快捷。因此在当前条件下，合理地缩减行政层级、扩大管理幅度在是完全可以做到的，这样不仅可以提高管理层次的职责，还可以减少地

① 张占斌．省直管县体制改革的实践创新．北京：国家行政学院出版社，2009：36.

② 王雪丽．中国“省直管县”体制改革研究．天津：天津人民出版社，2013：165.

方政府对上级的依赖，提高下级人员的工作积极性和创新性。二是提高了地方政府的决策效率。调整现有的“省—市—县—乡”多级管理模式，减少“市”一级参与者，减少省与县之间的信息不对称，可以提高信息效率，减少信息传递过程失真，以此保证政令畅通。因此，这种层级少、幅度大的扁平化的组织结构是符合当前我国行政体制改革的趋势的。

5.3.3 行政服务中心建设

行政服务中心，又称为行政审批服务中心，主要是指“在服务型政府理念的指导下，通过集中式的政府职能组织方式，依靠先进的服务手段，为公民或组织提供一体化服务的新兴行政服务机构”①。改革开放以来，随着我国行政体制改革以及服务型政府建设的不断深入，通过政府组织结构的调整以及政府流程的再造为社会提供高效、便捷的公共服务就成了我国行政组织结构改革的一个重要内容和使命。

相比较而言，行政服务中心在公共服务提供过程中“最后一公里”的环节对原有行政组织的结构进行了一定程度的“整合”，能够为社会公众提供“一站式”的服务。行政服务中心成立之后，需要行政审批的社会公众就不用再像原来那样，到每一个与审批事项相关的政府部门去办理行政审批手续，在行政服务中心就可以实现“一站式”审批。从实践上来看，行政服务中心在改善公共服务、提高审批效率等方面具有较强的优势，因此，行政服务中心有了大规模的发展。相关统计数据显示，截至 2007 年 10 月底，全国共成立行政服务中心 4500 多家②。从组织结构设计的角度来看，行政服务中心在多个方面实现了组织结构的创新，有效解决了不同政府部门之间的合作问题。具体来看，这些创新主要表现在三个方面。首先，我国行政服务中心的组织结构实现了从机械式到有机式的转变。其次，我国行政服务中心的组织结构实现了从分工到合作的转变。最后，我国行政服务中心的组织结构实现了从高耸型到扁平型的转变③。

5.3.4 议事协调机构改革

议事协调机构，又称为“领导小组”，主要是指“广泛存在于中国各级党政机关中”④的，旨在加强不同部门之间合作和联系的一种组织结构设计。我们比较熟悉的国务院西部地区开发领导小组、国务院南水北调工程建设委员会、国务院扶贫开发领导小组等都属于议事协调机构。在实践中，由于公共事务的复杂性，难免会涉及不同的政府部门，这就引发了跨部门协调的问题。为了加强不同政府部门之间的联系而设立相应的组织来负责具体的协调工作，这就是议事协调机构产生的原因。为了更好地达到预期的目标，一般来说，议事协调机构的负责人是由更高一级的领导来担任的。按照存在时间长短的

---

① 段龙飞．我国行政服务中心建设．武汉：武汉大学出版社，2007：12.

② 段龙飞．论大部门体制建设中的本土化策略——来自我国行政服务中心的经验．经济体制改革，2008，6：131.

③ 段龙飞．我国行政服务中心建设．武汉：武汉大学出版社，2007：116-119.

④ 周望．中国“小组机制”研究．天津：天津人民出版社，2010：1.

不同，议事协调机构可以分为“常设型”、“阶段型”和“短期型”[①]等不同的类型。其中，短期型的机构又被称为临时机构。从实际效果来看，这些议事协调机构在促进不同部门之间的协调上发挥了重要的作用，正是因为“凭借特殊的结构和运作方式，领导小组能够迅速集聚各种资源、协调各政府部门行动来推动相关工作的有效开展”[②]。但是，不容否认的是，议事协调机构的设置也存在一些明显的问题。例如，“这些临时机构的设立缺少法律依据，随意性较大，从而使政府组织结构不合理、运行不规范的问题更显突出”[③]。进一步来看，那些随意设置的临时机构又显然会增加一些不必要的政府运行成本。

推进议事协调机构改革也是我国政府机构改革的重要内容之一。具体来看，议事协调机构的改革方向主要包括：严格控制议事协调机构的设置；需要协调的事项尽可能交由现有机构负责。2007年通过的《地方各级人民政府机构设置和编制管理条例》规定，“地方各级人民政府设立议事协调机构，应当严格控制，可以交由现有机构承担职能的或者由现有机构进行协调可以解决问题的，不另设立议事协调机构。为办理一定时期内某项特定工作设立的议事协调机构，应当明确规定其撤销的条件和期限”。2008年，中国共产党第十七届中央委员会第二次全体会议通过的《关于深化行政管理体制改革的意见》指出，“精简和规范各类议事协调机构及其办事机构，不再保留的，任务交由职能部门承担。今后要严格控制议事协调机构设置，涉及跨部门的事项，由主办部门牵头协调。确需设立的，要严格按规定程序审批，一般不设实体性办事机构”。

5.4　公共组织结构的发展趋势

官僚制组织是适应工业化时代的一种组织形式，在后工业化趋势越来越明显的背景下，已经不能及时回应经济社会发展的要求。在经历以上组织环境变化之后，20世纪80年代出现了所谓的有机式组织形式，也有学者称其为“后官僚式”组织。这种新的组织形式主张远离层级，回归到规模较小的、较少多元化的、更为有机的单元中，注重不同部门、不同层级甚至不同组织之间的沟通与合作，注重个人的判断力和创造力，并会做出有利于授权、灵活性、学习、创新及团队工作的安排。从组织结构来看，这一总体趋势又具体表现为以下五个方面。

5.4.1　组织形态的扁平化

所谓组织形态扁平化，是指通过减少中间管理层次、裁减冗员建立起一种紧凑的扁平型组织结构。信息技术的迅猛发展使组织内外的信息传递更为方便、直接，原有组织内大量中间层面得以删除，管理层次的减少有助于增强组织的反应能力。在扁平化组织

① 周望．中国“小组机制”研究．天津：天津人民出版社，2010：116-119.

② 赖静萍，刘晖．制度化与有效性的平衡——领导小组与政府部门协调机制研究．中国行政管理，2011，(8)：25.

③ 薄贵利．论优化政府组织结构．中国行政管理，2007，(5)：17-21.

结构中，所有部门及人员更直接地面对服务对象，减少了决策与执行之间的延迟，加快了对组织外部环境动态变化的反应，进一步提高了组织的回应性和效率。除此之外，扁平化组织结构的优点还在于：行政管理层级减少，真正实现精简机构和人员；管理幅度扩大，组织内部的严密控制得以舒缓，有利于提高组织成员的积极性和主动性；减少了中间层次，使得组织内部信息沟通更为畅通；组织管理成本降低，工作效率显著提高。

5.4.2 组织结构的弹性化

组织为了求得自身的生存和发展，必然要依据外界环境的变化和自身的条件，进行新的结构调整。组织结构的弹性化主要表现为在组织结构上不设立固定的和正式的组织结构，而代之以一些临时性的、以任务为导向的团队式组织或项目小组等。采取弹性化结构的公共组织在实际运行中有两个主要特点：一是能够在上下级之间建立起有效的信息沟通渠道，及时进行沟通联络，保证组织的战略发展目标和各项具体活动之间的有机联结。二是将组织结构分为两部分，一部分是为了完成组织的经常性任务而建立的组织结构，此部分组织结构比较稳定；另一部分是为了完成创新性任务、临时性工作而建立的组织结构，具有较大的变动性。这种具有一定弹性的组织结构，能够较为灵活快速地根据组织环境和目标的变化而变化，具有很强的适应能力。

5.4.3 组织结构的网络化

网络化的概念产生于20世纪90年代中期，强调以网络化的方式打破条块分割，建立起整合资源的管理体制和统筹使用资源的反应机制。将这一理念应用于公共组织结构，表现为狭义和广义两个方面。狭义的组织结构网络化，即组织内部结构网络化，强调利用互联网进行内部部门之间的网络化管理，使信息和知识在组织内快速传播，实现最大限度的资源共享。广义的组织结构网络化，即组织间结构网络化，主张把不同组织的联结关系纳入一定的组织结构框架之下，打破组织边界，实现资源共享。网络化最大的优势在于，它能够最大规模地实现资源共享。但这种运作灵活的资源共享，需要反应灵活的机制来支撑：一方面，要积极协调各方，实现资源整合机制；另一方面，要明确制度规则，完善资源共享机制。

5.4.4 组织边界的模糊化

随着信息技术在公共组织中的广泛应用，组织不再需要用许多界限将人员、任务及各类资源分开，而是将精力集中于如何影响这些边界，以尽快地将信息、人才、奖励及行动落实到最需要的地方。因此，边界模糊化是使公共组织具有可渗透性和灵活性的边界，以柔性组织结构替代刚性组织结构，以可持续变化的结构替代相对固定的组织结构，从而将可能和必须涵盖的外部组织和资源也视为组织结构的一部分，最终提高组织的灵活性和适应性。

服务外包是公共组织边界模糊化的典型表现之一。简单而言，就是公共组织将原本需要其直接提供的部分公共服务，如街道清洁、社区养老、公用事业、公共卫生、教育服务等，通过招投标、合同承包、特许经营等方式交由私营部门或非营利部门来提供。

其实质是基于购买者与提供者的分离，政府将提供者委托给代理执行机构，同时期望能获得高效率和高质量的公共服务。政府在这些领域表现得越来越像个合同转包商，即政府通过投标者的竞争和履约行为，将原先垄断的公共服务供给通过合同向私营公司、营利组织或第三部门等机构转让。例如，撒切尔执政时期，1980 年英国的地方政府、计划与土地法规定：将每年价值近 40 000 亿英镑的新的建筑、建筑物的修缮与维修、高速公路的建造与维护纳入中央政府强制性竞标计划；1988 年的政府法规定：将每年价值 23 000 亿英镑的垃圾收集、清扫街道、建筑物的清洗、学校和提供福利、其他娱乐项目、交通工具的维护、庭院维护及运动和娱乐设施的维护等项目纳入中央政府强制性竞标计划。从组织结构的角度来看，公共服务外包在一定程度上打破了公私部门之间严格的组织界限，这样做的好处也是显而易见的，既节约了政府在人员方面的开支，又可以提高服务的效率和质量。

5.4.5　组织结构的虚拟化

网络信息技术与多媒体技术在公共组织领域的广泛应用，对传统的金字塔形组织结构形成了巨大的挑战，使公共组织的组织结构越来越呈现出虚拟化的特征。这种虚拟化的特征主要表现为，网络信息技术的普及使得传统的公共组织职能可以延伸至公众的私人生活空间。在这种背景下，传统公共组织的边界和层级逐渐模糊，组织中间管理层级较少或消失，组织管理幅度扩大，这些变化使公共组织从有形组织向无形组织方向发展，从而导致公共组织的组织结构在一定程度上呈现出虚拟化的特征。

➢思考题

1. 组织结构的基本内涵是什么？
2. 组织结构设计包含几方面的内容？
3. 公共组织结构设计的基本原则有哪些？
4. 公共组织结构设计的基本程序有几种？
5. 公共组织结构有哪些主要的形式？
6. 西方国家公共组织结构变革的背景是什么？主要内容有哪些？
7. 中国公共组织结构改革的实践体现在哪些方面？
8. 现代公共组织结构发展的未来趋势是什么？
9. 选择一个你熟悉的公共组织，对其结构设计的相关问题进行阐述，并且分析其中的优点和不足。

第 6 章

纵向与横向——公共组织的权力关系

一听到权力，我们的第一反应就是威严，却有可能说不出它的含义。尽管权力是一个抽象的概念，很难准确对其进行界定，但是，在日常生活和工作的过程中我们时时刻刻都能感受到它的存在，并且受到它的影响。权力不仅是政治生活的重要内容，也是组织生活中无处不在的一部分。对于任何组织来说，要实现组织目标就必须拥有权力。例如，作为一名大学生，在学校学习期间，你可能会有这样的经历：一不小心丢了自己的学生证，需要按照相关制度的要求到学生管理部门去申请补办；因为违反了学校的管理制度而受到学生管理部门的处分；毕业设计通过答辩后，需要学位评定委员会通过授予学位的决定，才能领取毕业证书和学位证书。当你从学校毕业，走出“象牙塔”走上工作岗位以后，为了尽快适应新工作，所在单位的领导可能会安排一位经验丰富的员工来帮助你尽快进入角色；当你适应了新的工作后，也可能会因为工作业绩突出而受到领导的表扬和奖励；在某一个工作日的早上，你睁开睡眼惺忪的眼睛一看，发现马上就要迟到了，于是急急忙忙地开车去上班，在这个过程中还可能会因为着急而违反交通规则被交警处以罚款。这些形式上看似毫无联系的现象，实质上都是组织权力关系的具体表现形式。

尽管任何组织都需要权力，但是，组织和组织之间的权力以及组织内部的权力之间是存在明显区别的。从组织与组织之间权力的区别来看，政府职能部门和高等学校的权力存在明显的差异。此外，即使在一个组织的内部，也存在不同类型的权力。以大学为例，对于大学来说，权力是一个现代大学必须具备的要件，也是大学正常运行的基础。但是，大学内部的权力也存在明显的区别，学术界倾向于将大学的权力从横向上划分为两种类型：学术权力和行政权力。我们前面所提到的学位评定委员会的权力就属于学术权力的范畴，而学生管理部门的权力则属于行政权力的范畴。从这一点推开来看，对包括公共组织在内的所有组织来说，为了保证顺利运行，都需要在组织的层面对于权力进行配置，不仅需要进行横向的分配，还需要进行纵向的分配。在实践中，权力关系失调就会引起组织内部不同权力之间的冲突，进而影响组织工作的顺利进行。在这个意义上来看，每一天，公共组织中的管理者都要面对如何获取和使用权力以实现组织目标的问题。只有正确地理解权力，才能更有效地行使权力、协调不同权力之间的关系，进而有效达成组织的目标。

事实上，权力的冲突只是组织冲突的一种表现形式。除此之外，组织冲突还包括不同群体或个人以及组织之间的目标、价值观等的冲突。对于组织来说，冲突的影响既可能是积极的，也可能是消极的，而组织管理的一个重要环节就是采取冲突管理的方法积极协调和处理不同形式的冲突。那么，什么是公共组织的权力？公共组织中的权力是如何配置的？公共组织中的冲突有哪些类型，形成冲突的主要原因是什么？公共组织的权力冲突有哪些表现形式？应当如何认识冲突对于组织的影响？作为一个组织的领导者，应当如何处理组织内发生的冲突？本章将立足公共组织的特征，围绕上述几个问题对公共组织中的权力等问题进行详细的介绍。

6.1　权力的定义与类型

6.1.1　权力的定义

1. 权力

权力是人类社会中存在的一个普遍现象，因此，对于何为权力问题的探讨由来已久。政治学、社会学、管理学等不同学科的学者都提出了自己对于权力这一概念的理解。综合来看，比较有代表性的权力定义主要有以下几种。

罗素(Bertrand Russell)将权力定义为，“若干预期结果的产生”[①]。

丹尼斯·朗(D. Wrong)对罗素所提出的权力概念进行了调整，将权力定义为，“某些人对他人产生预期效果的能力”[②]。

韦伯(Weber)认为，“权力意味着在一种社会关系里哪怕是遇到反对也能贯彻自己任何意志的任何机会，不管这种机会是建立在什么基础之上”[③]。

加尔布雷思(Galbraith)认为，权力是“某人或某团体把自己的意志和目的强加在其他人身上，包括那些不情愿的人或者敌对者身上”[④]。

布劳(P. M. Blau)认为，权力是指“人与人之间、群体与群体之间的各种影响，包括那些在交易关系中行使的影响，在这些交易中，一个人为了做到这一点通过给别人以报酬而诱使其他人同意他的愿望”[⑤]。

罗宾斯(Robbins)等认为，权力是“A 对 B 的行为产生影响从而使 B 按照 A 的意愿行事的能力”[⑥]。

约瑟夫·奈(Joseph Nye Jr)将权力定义为，“改变他人的行为以产生自己想要的结

---

① 罗素 B. 权力论：新社会分析．吴友三译．北京：商务印书馆，2012：26.

② 朗 D. 权力论．陆震纶，郑明哲译．北京：中国社会科学出版社，2001：3.

③ 韦伯 M. 经济与社会(上)．林荣远译．北京：商务印书馆，1997：81.

④ 加尔布雷思 J K. 权力的分析．陶远华，苏世军译．石家庄：河北人民出版社，1988：2.

⑤ 布劳 P M. 社会生活中的交换与权力．李国武译．北京：商务印书馆，2012：188-189.

⑥ 罗宾斯 S P，贾奇 T A. 组织行为学．第 14 版．孙健敏，李原，黄小勇译．北京：中国人民大学出版社，2012：356.

果的能力”①。

伯恩斯(Burns)将权力理解为一个过程，“在这一过程中，具有某种动机和目标的权力所有者(P)，通过利用他们权力基础中包括技巧因素在内的各种资源，有能力确保改变一个对应者(R)——人或动物的行为及其环境”②。

尽管上述有关权力定义的侧重点存在差异，但是，从这些有关权力的定义中，我们依然可以看出权力具有如下特征。第一，权力涉及两个或两个以上的主体，是发生在两个或两个以上的主体之间的一种相互影响。第二，权力行使的目的是使得权力的作用对象按照行为主体的意愿行事。“广义而言，权力可以被定义为达到理想结果的能力，或者说是指能够做某种事情的能力，它包括从个人到社会组织、国家和政府、国际组织广泛领域中所有的行为能力”③。

2. 权力与相关概念的比较

无论是在工作或生活的过程中，还是在查阅相关文献的过程中，我们会注意到与权力经常在一起使用的概念还有权威、职权和影响力等。那么，这些概念和权力是一回事吗？如果不是一回事，它们之间又存在怎样的不同之处？厘清权力与这些概念之间的区别和联系对于深入了解权力的概念等问题具有极为重要的意义。

1)权力与权威

权力概念的着眼点是作用者，重点是指令的发出能否得到贯彻执行，它是衡量组织成效的重要手段。权威则是衡量组织内上下级之间关系是否融洽的尺度，管理者得到被管理者拥戴和支持的程度，因此，权威把着眼点放在互动体系的作用对象方面，是指在一个互动体系中，由于作用对象的自愿接受和普遍拥戴，作用者获得了无须借助强制力量而成功施加影响的能力。

从表面上看，权力与权威都表现为一种命令与服从关系，其本质也是相同的，都是某种主观意志得以贯彻执行。但从作用对象的服从方面考察两者却有很大区别。权力的服从依赖于强制力量，是建立在恐惧与害怕的基础上的，权力的作用对象担心不服从会导致对自己不利的后果。而权威则依靠作用对象的认同、承认和信赖。这种命令与服从关系是建立在尊敬、拥戴、自愿的基础上，权力作用对象是出于自身信仰或情感而认为应该服从。权威作为一种合法化的权力，由于取得了作用对象的认可，因而双方的关系比较融洽，发生冲突的可能性降低，权威的影响也比权力更加持久和稳定，执行成本更低。

基于权力与权威之间的区别，没有任何组织会仅仅满足于建立一个权力结构，相反，组织往往还会试图建立一个权威结构。也就是说，一个组织若想建立稳定、持久和高效的权力系统，必须充分考虑管理者和被管理者两个方面的因素：领导者要正确行使权力；组织成员要理解权力的行使过程，并认可权力系统，只有如此，组织权力才能有效运行，并在最大程度上降低组织的运行成本。

---

① 奈 J. 权力大未来. 王吉美译. 北京：中信出版社，2012：13.

② 伯恩斯 J M. 领导学. 常健，孙海云，等译. 北京：中国人民大学出版社，2013：7.

③ 燕继荣. 现代政治分析原理. 北京：高等教育出版社，2004：158.

2)权力与职权

职权也就是职位权力，是指与组织正式职位相联系、根据职责而确定的制度化权力。职权、权力和权威在很多方面都具有一致性。实际上，权力与权威都是职权的表现形式，同时又超出了职权的范围，通常带有浓厚的角色特征，如成员的个性、品质、体格、容貌、仪表、气质、知识等都可以使权力关系发生变化。职权则不具有任何角色方面的特点，其影响范围相对狭窄，其主要特点是：第一，职权与正式职位密切相关。权力与权威的形成与职员个人有密切关系，这种关系是唯一的和不可替代的；而职权与职位密切相关，它不受个人因素的影响，只要占据某个职位便同时获得了相应的职权。第二，职权是根据职责而确定和授予的。职权的实施范围只限于完成特定职责，而不能超出职责范围。第三，职权是明确成文的制度化权力。职权具有明确性和清晰性，它的权力范围由成文的法规、条例、协议、活动细则明确规定，内容包括对该职位的任务、权力范围以及具体活动程序的说明，消除了职位职责的模糊性。第四，职权是一种法理权威。职权作为一种合法化权力也具备权威的一些特点，但它不是建立在作用对象对某个具体作用者的拥戴基础上，而是奠基于对成文的法规、章程的认可和接受。第五，职权具有高度的可预测性。组织目标的实现依靠权力的正确行使。权力的基本功能是减少人们在组织内的随意性、不稳定性和不可预测性。与职位密切相关的职权由于具有非人格化的特点，很少受到角色或偶然因素的干扰，能够比较稳定地发挥组织权力的功能。因此，职权运转状况直接决定组织目标的实现。

3)权力与影响力

影响力是指在任何状态下都可能有意无意地改变接受者行为的一种力量。影响的发生是不分场合的，作用者也不一定是刻意去影响对方，而且影响能力的产生与存在都可以脱离组织环境，被影响者的行为是无法预测的，有时甚至被改变的行为方式并不是作用者的本意。

权力也可以看做一种影响能力，但它是组织内的合法化权力。也就是说，一旦超出组织的界限，权力的作用就无从发挥了。在权力行使的过程中，行动者是按照组织的意图有目的地改变作用对象的行为，从而使行为结果按照预期的方式出现。在这个意义上说，权力要比影响力更具主动性和意志性，其作用对象也要比影响力的作用对象明确。权力必须表现为特定的影响，但并不是任何影响都是权力行使的结果。所以，影响力在外延上比权力更加广泛和不可预测。例如，我们在学校学习的过程中，恰好读到了一本成功人士写的传记，并且受到主人公的鼓舞而发奋努力，取得了很大的进步。这就可以称得上是一种影响，但是，很显然，我们不会称这种现象是权力运作的结果。

4)权力与权利

在对权力的概念进行理解的过程中，也有必要对权力与权利的区别进行分析。在英语中，权力对应的是单词“power”，而权利对应的单词则是“right”。其中权力属于政治学、管理学上的一个概念，它是与责任相对应的；权利是属于法学的一个概念，它和义务是相对应的。两者之间既相互依存又存在明显的区别①。从相互依存上来看，权利可

① 郭道晖．试论权利与权力的对立统一．法学研究，1990，4：1-9.

以表现为权力；与此同时，权力也可以表现为一种权利。从两者之间的区别来看，两者在行为主体与行为属性、强制性、法律地位、对应关系、自由度、集散度等方面存在明显的差异。此外，权力与权利之间也可能会发生冲突，这种冲突主要表现为权力否定权利、权利否定权力、权力限制权利和权利制约权力等几个方面。

5）权力与领导

一提到权力，我们还有可能会将其与领导联系起来。这一点我们很容易理解，因为无论是在学习还是工作的过程中，我们都经常和所在组织的领导打交道，并且受到他们的影响。那么，权力和领导之间有怎样的区别和联系？从两者之间的联系来看，在一个组织中，领导是具体的职位，因此领导者一定会具有职位权力。也就是说，权力是领导的重要标志和要素之一。从两者之间的区别来看，主要包括：第一，“权力不要求目标的兼容性，只需要依赖性。相反，领导则要求领导者和被领导者双方的目标存在某种程度的一致性”。第二，“领导侧重于对下属的影响。它尽可能忽略横向影响和自下而上的影响。权力则不然”。第三，“在绝大多数情况下，对领导的研究强调领导风格”，“对权力的研究聚焦于人们为获得服从而使用的权术”①。

6)权力与权术

在现实中，权力这一概念还有可能会让我们想起一些电视剧或者文学作品里出现过的“权术”，甚至，有时候我们还会从内心产生出一种厌恶的情绪。但是，随着社会的进步以及人们对于权力理解的持续深入，权术这一词语越来越多地为人们所接受。在今天，权术这一概念的贬义色彩逐渐淡化，开始进入了组织行为学、领导学等学科的研究视野，从而具有了两种截然不同的理解：一种含义是“自利的行为”；另一种含义是“一种自然的决策过程”②。因此，在我们对权力的定义进行理解的过程中，还有必要将其与权术的内涵区别进行一下分析。在比较的过程中，我们是从权术的第二种含义上来理解它的。两者的区别在于：权力是一种能够对他人或团体产生影响的力量；而权术则不同，“是指行使权力的方法以及为有效地行使权力而创造气氛的手段”③。相应地，两者之间的联系就表现为，权术是基于权力出现的，如果没有权力，权术就如同“海市蜃楼”，缺乏存在的前提和基础。从两者的这种对比中，我们可以看出，在权力的实际行使过程中，有权力不一定具有权术，也就是说，有权力未必就意味着能够熟练地运用权力。

6.1.2 权力的类型

作为一种社会现象，“权力存在于广泛的社会生活之中。不同生活领域的权力现象分别被称为政治权力、经济权力、社会权力、宗教权力等。根据权力主体的不同，还可

① 罗宾斯 S P，贾奇 T A. 组织行为学．第14版．孙健敏，李原，黄小勇译．北京：中国人民大学出版社，2012：357.

② 达夫特 R L. 组织理论与设计．第10版．王凤彬，张秀萍，刘松博，等译．北京：清华大学出版社，2011：541.

③ 霍存福．权力场．北京：法律出版社，2008：103.

以区分为个人权力、组织权力和政府权力等”①。在组织层面，组织权力的基础是组织设计和组织职位，但在实际的权力运行过程中，组织的权力并非千篇一律。因此，对于组织权力的分类也就有不同的标准。在这里，我们重点介绍约翰·弗琦(John French)和贝特拉姆·雷文(Bertram Raven)对权力所做的分类。这有助于我们着眼于不同的权力基础对组织权力加以分析，从而更容易领会组织设计和组织权力有效运转的基本要求。

(1)法定性权力(legitimate power)是指一个人由于其所处的位置而能够影响他人的能力。处于较高位置的人对位于他之下的人具有权力。从理论上说，平等的组织应该具有平等的权力。每一个具有法定性权力的人根据个人的能力使用它。法定性权力类似于权威的概念。下属在行使法定性权力中扮演重要角色。如果下属把权力的行使视为合法的，他们就会服从。同时，一个组织的文化、习惯以及价值观体系也会影响权力的使用，决定法定性权力的限度。

(2)奖励性权力(reward power)是指作用者对依照组织规则和命令完成工作的职员拥有分配有价值资源的能力。这种权力常常被用来强化法定性权力的使用，目的是鼓励某种行为方式，而不是限制。如果服从者看重一个人可能提供的奖励或潜在的奖励(承认、分配好的工作、提薪、提供完成工作所需的额外资源)，他们就会响应要求、命令与指示。人们通常把奖励性权力作为巩固和维系权力关系的一种重要手段。如果奖励性权力与组织目标相结合，并制定出详细的操作规则，具备公开性和公平性，就能激发员工工作的积极性，提高组织运行效率。

(3)强制性权力(coercive power)恰恰是奖励性权力的反面，也就是惩罚的权力。人们对权力的服从主要是因为害怕。一个管理者可能因为下属的工作业绩不佳而阻止他职位提升或工作转换，这种情况下使用的权力就是强制性权力。一般来说，强制性权力的实施手段主要包括批评、训斥、降职、降薪、降级、解雇等。强制性权力是一种负强化手段，目的是保证组织效率，禁止某种行为的发生，或者以此来纠正偏差了的组织行为。强制性权力的行使是组织权力的极端形式，经常会遇到反抗、抵制，使相互关系趋于紧张，尤其是当负强化运用不当时，可能会引起激烈的冲突。

(4)专家性权力(expert power)是指作用者通过自己的专业知识所产生的一种影响能力。法定性权力、奖励性权力和强制性权力在很大程度上是由组织赋予的，而专家性权力则是基于一个人的个人特征。个体可能在技术、行政管理或个人事务上具有专长，这些人即使组织位置比较低，也会具有一定权力。例如，一名秘书在组织中具有相对较低的组织位置，但可能具有较高的专家性权力，因为他或她知道组织运作的细节。与其他类型的权力相比，专家性权力较容易得到组织成员的普遍接受。但专家性权力也可能构成对组织权威的威胁，破坏命令统一的原则。

(5)参照性权力(referent power)是以个人魅力(charisma)为基础的权力。魅力通常用来描述一些政治家、娱乐界人士以及体育明星所具有的个性特征。很多人认同另一个人或受另一个人影响就是由于后者具有的个性或行为风格。具有个人魅力的个体所具有

① 燕继荣．现代政治分析原理．北京：高等教育出版社，2004：159.

的个人魅力大小是他或她具有参照性权力的指标。一些组织的管理者也被他们的下属认为是具有魅力的。

上述五种人际间的权力可以概略地分为两类：组织的和个人的。法定性权力、奖励性权力和强制性权力主要来源于组织、位置、正式群体或特定的相互作用类型。与之不同的是，专家性权力和参照性权力是个人的，是因为一个人具有专长，或者他得到了别人的信任，或者具有个人的魅力。在组织中，这五种类型的权力并不是相互独立的。相反，管理者在很多不同的情况下可以组合使用这些权力。

接下来，让我们再了解一下加尔布雷斯对于权力类型进行的划分。加尔布雷思将权力分为应得权力、报偿权力和制约权力三种类型。其中，应得权力使用强制或选择个人和团体爱好的能力让别人服从，由于放弃了自己的爱好，这些个人或团体往往是不满意的或者是痛苦的。报偿权力则是通过正面的赞赏，通过给予个体某些利益来使之服从。制约权力则是通过改变信仰来实施的。那些看起来自然、适当或者正确的劝导、教育和一定的社会约束可以使某个人服从另一个人或另一些人的意志①。

最后，还有一种权力的类型划分值得我们注意。著名学者约瑟夫·奈从权力行使的方式来对权力进行了分类，认为要影响他人行为来实现自己的目的，可以采用两种方式。第一种是通过指示性或命令性的方式，命令可以基于引诱（"胡萝卜"）或威胁（"大棒"）。除此之外，第二种是非指令性的权力行使方式，主要是通过吸引等来实现的。其中，前者被归结为"硬权力"（hard power），而后者（也就是吸引的力量）则被称为"软权力"（soft power）②。尽管约瑟夫·奈对于硬权力和软权力的划分是针对国际政治领域的问题而提出的，但是，不容否认的是，在公共组织运行的过程中也可以存在硬权力和软权力两种不同类型的权力。例如，政府的权力行使同样可以有硬权力、软权力之分。其中，在政府执行过程中，硬权力指的是行政机关及其工作人员通过行政手段和制度工具来达到控制人们行为的目的，包括行政处罚、法律制裁、制度约束等方式。而软权力指的是通过关注执行对象的心理需求，寻求人们的内心认同，力求达到自觉执行的效果，主要包括信息披露、情感沟通、道德劝诫、舆论宣传等方式。

6.2 公共组织中的权力关系

6.2.1 组织中的权力

前面我们已经谈到过一般意义上的权力概念、特征及其主要类型，我们认为，权力是使人们的个体行为和意志形成一种共同行为和意志的力量。还需要进一步说明的是，从本质上说，权力是一种社会关系而不是某个人的特征。说某个人具有权力是毫无意义的，除非我们同时指明他或她对谁具有权力。我们可以把个人间的权力定义为影响的潜力，以一个人制约另一个人的能力和愿望为基础，而这种制约是通过操纵对后者来说非

① 加尔布雷思 J K. 权力的分析．陶远华，苏世军译．石家庄：河北人民出版社，1988：3-5.

② 奈 J. 硬权力与软权力．门洪华译．北京：北京大学出版社，2005：116-117.

常重要的奖励或惩罚来实现的。同时，我们必须认识到，构成奖励或惩罚的内容，最终由相关下属的目标或价值观来决定。这可以通过两个极端的例子加以说明。一个杀手对那些漠视自己生命的人是没有权力的；一个有钱人对另一个根本不在乎金钱或任何东西都可以用钱购买的人也没有权力。正如爱默森(Emerson)所阐述的观点：A对B的权力与B对经过A传递的目标的重视程度成正比；与B在A-B关系之外达到这些目标的可能性成反比。

组织中的权力通常是结构性特征的结果。组织是庞大且复杂的系统，系统中包含着成百上千的成员。这些系统通常有着正式的层级制，在层级制中总有一些任务较之其他任务更为重要，而不管这些任务是由谁来执行的。另外，也总有一些职位拥有较多的资源，或者对组织有着更重要的作用。这种组织关系通常决定着组织中重要的权力过程。也就是说，组织中的权力通常属于职位，而不是从属于个人。每一个职位占有人都可以得到相应的权力，而不管他或她是否具有相应的个人素质。我们可以更进一步地从四个方面来理解组织权力。

(1)任何权力都依赖于特定的组织情境，离开情境组织的权力也就自然消失。权力情境的构成要素包括时间、空间、任务、目标等。例如，一个国家机关的局长在离开办公室(组织的特定情境)在商场购物时，他的组织权力便随之消失。他若再使用权力，则属于超范围“非法”行使。

(2)权力根植于相互作用体系。组织内权力的最本质特征是组织成员之间的相互作用，它是职权和角色关系的表现形式。组织角色可区分为两个方面：作用者与作用对象。两者的关系既可以是上向对下向的沟通关系，也可以是横向与斜向的沟通关系。所谓相互作用就是指两个角色或两个群体各自的行动完全不依赖于对方而发生变化，则意味着他们之间不是一种组织关系或权力关系，没有构成一个相互作用的体系，也就没有权力存在的基础。

(3)权力是施加影响的潜在可能性，而非影响本身。成功地对其他成员行使影响力是权力存在的基本特征。权力的意义是指在使用时就表现出影响，在不使用权力时则是一种潜在的产生影响的可能，并不能说明他没有权力。所以，权力在组织内部某个职位上具有稳定性和长期性的特点，只要占据该职位，无论行使与否都具备了相应的权力。

(4)权力表现为对作用对象的成功影响，即权力关系必须包含某种主体意志性。在组织结构中，权力都具备施加成功影响的可能，也就是说必须出现所希望出现的后果，作用对象的改变必须符合作用者的预期。否则就说明结构设计出现了问题，必须加以调整或重新设计，方能保证组织目标的顺利实现。

尽管权力是每一个组织必不可少的构成要件，但是，这并不意味着不同组织的权力之间没有差异。事实上，“在不同的组织，权力的获取以及运行是不同的”[①]。例如，罗素从权力行使的角度对不同组织之间权力的差异进行了分析：“军队与警察执行人身强制的权力；经济组织一般用赏罚来作为鼓励或制止的手段；学校、教会和政党的目的在

① 张康之．任务型组织研究．北京：中国人民大学出版社，2009：165.

于影响人们的意见。”[①]既然组织之间的权力行使方式存在明显的差异，那么，对于一个组织来说，在实际运行的过程中，只具有一种权力，还是具有多种权力？罗素认为，“不过这些区别也不是截然分开的，因为每一个组织除行使最能表现其特征的权力之外，还行使其他形态的权力”[①]。很显然，一个组织应当具有多种类型的权力而不是一种权力，只有这样才能顺利实现预期的目标。例如，学校主要是通过影响来行使权力，但是也会行使处罚等强制性的权力；警察主要是行使强制性的权力，但也会通过教育等方式来达成目标。

6.2.2 公共组织中的权力关系

组织权力的分配方式有多种，因而，组织中的权力关系就可以有多种表现形式。摩根(Morgan)将组织中的权力关系分为六种：第一，在独裁型组织中，权力完全掌握在某个人或少数几个人手中。第二，在官僚型组织中，有完备成文的规章制度，对权力关系进行了明确的界定。第三，在技术型组织中，知识和专业技能控制着整个系统。第四，在集体决策的过程中，持不同见解的团体也能干预政策。第五，在实行代议制的组织中，官员由选举产生，任期具有一定的期限或只要有支持者就可继续连任，前南斯拉夫采用的就是这套体系。第六，在直接民主制组织中，每个人都可参与并有权实施管理[②]。

权力的重要特征之一就是具有相互影响和相互依赖的关系[③]。权力关系指的是，“谁能够施加影响或者控制，抑或是有能力去做”[④]。在一个高度组织化的社会里，“权力关系不仅仅涉及个人之间的权力。对组织而言，关键的是要弄清楚单位之间的权力关系。这里提到的单位可以是纵向层面上的……也可以是部门或事业部之间这种横向层面上的”[⑤]。在官僚制组织中，权力关系同样是体现在纵向和横向两个不同的方面。例如，“在行政系统内部的各部分组织和各部分人员之间，并不是按照行政规章机械地组织在一起的，而是处于相互制约、相互影响、相互作用之中的，包括领导者与被领导者、上级组织和下级组织、同级组织之间等等都是如此”[⑥]。纵向不同层级以及横向不同部门权力来源的差异是理解组织纵向权力关系和横向权力关系的重要前提。

1. 公共组织中的纵向权力关系

在官僚制组织的内部，沿着纵向的层级，所有组织成员都有接近一定权力来源的途径。尽管每个人都有可能接触几乎任何一种权力的来源，但层级中的每一个阶层倾向于

---

① 罗素 B. 权力论：新社会分析．吴友三译．北京：商务印书馆，2012：28.

② 霍尔 R H. 组织：结构、过程及结果．第8版．张友星，刘五一，沈勇译．上海：上海财经大学出版社，2003：122.

③ Emerson R M. Power-dependence relations. American Sociological Review，1962，27(1)：31-41.

④ 达夫特 R L. 组织理论与设计．第10版．王凤彬，张秀萍，刘松博，等译．北京：清华大学出版社，2011：400.

⑤ 霍尔 R H. 组织：结构、过程及结果．第8版．张友星，刘五一，沈勇译．上海：上海财经大学出版社，2003：123.

⑥ 李景鹏．权力政治学．北京：北京大学出版社，2008：33.

与不同的权力主题相关联，倾向于依赖不同的权力来源。也就是说，在一个组织中，不同层级的权力来源是有差异的，而权力来源的不同决定了不同层级发挥影响方式的差异。从纵向上来看，组织一般可以分为高层领导者、中层管理者和低层参与者。接下来，我们对官僚制组织中不同层级的权力来源进行介绍，以此为基础，对公共组织中纵向的权力关系进行认识和了解。

1)高层领导者的权力来源

正式的权威金字塔为高层领导者提供了权力和权威。高层领导者要对相对多的人及资源负责，其权威与其所负的责任是对等的。组织的命令链交汇于高层领导处，所以高层官员享有很大的权威。高层领导者被赋予统治的权威由组织的正式结构和由这一结构界定的决策权威所反映。

传统的组织结构把相当多的权力分配给了高层领导者。一般来说，高层领导者的权力来源主要有四个方面，即正式的职位、资源、对决策前提和信息的控制、居于网络的中心性。

第一，正式的职位。领导属于组织中的一个职位类型，这个职位具有组织其他职位所不具有的权力，整个组织的成员都接受高层管理者设定目标、做出决策、指导组织活动的权力。这种来自于正式职位的权力也被称为法定权力。

第二，资源。各类组织都要对大量的资源进行分配。组织都要实施建设、支付薪水、购买设备及补给品。每个年度，新资源都以预算的方式加以分配。这些资源通常由高层领导层层向下分配，这就使他们在资源分配上享有了权力。另外，高层领导者控制着资源，因此他们能决定资源的分配方式。资源可用于奖励，也可用于惩罚，这些都是权力的源泉。资源分配也创造了一种依赖关系。较低层的参与者依赖于高层领导者得到执行其任务必需的财务、物质资源，而高层领导者则可以通过薪金、人事变动、提升和给予物质便利等形式交换资源，以达到别人对他们希望的那种结果的顺从。

第三，对决策前提和信息的控制。对决策前提的控制意味着高层领导者通过明确一个决策框架的指导原则和要点参考，对低层参与者做出的决策加以限制。在一定意义上，组织的高层领导者做较大的决定，而低层参与者则做较小的决策。高层领导者将决定一个组织力图达到何种目标，低层参与者继而决定如何才能达到这一目标。

对于信息的控制也可成为权力的一种来源。当今组织中的管理者越来越意识到信息是一种基本的商业资源，通过控制所选择信息的内容、解释方式及分享的方式，他们可以对如何做决策施加影响。高层领导者总能比其他管理者获得更多的信息。当需要改变他人所做最终决策时，这些信息就会释放出来。

第四，居于网络的中心性。高层领导者可以将自己置于组织的中心位置，在其周围形成一个对其忠诚的下属的网络，从而通过该网络了解发生在整个组织中的事件。高层领导者还会把他们信任的管理者置于重要的位置上以增强自己的权力。他们由于信息畅通，对网络中的每个人触手可及，有大量的人依赖他们，所以他们拥有很大的权力。

2)中层管理者的权力来源

在传统的层级制组织结构中，高层领导者几乎总是比中层管理者拥有更大的权力(表 6.1)。但是，受到多方面条件的限制，组织高层领导者不可能行使组织全部的权力，因此，把权力分配给中层管理者或职员也十分重要，这是因为拥有权力能使组织成员变得具有更高的生产率。管理者们需要有效的权力和行动的自由以更好地执行其职责。当职位缺乏权力时，中层管理者就会显得缺乏效率。一项相关的研究表明，组织的设计因素会妨碍相当一些中层管理者和雇员不能享有足够的权力以圆满完成他们的任务。

表 6.1　组织中横向结构设计对中层管理者权力的影响方式

设计因素	当这些因素存在时产生权力的程度	当这种因素存在时产生无权的程度
任务活动		
规则、程序、工作中的既有规范	极少	很多
任务多样性与灵活性	高	低
对创新和不寻常的业绩的奖赏	很多	极少
非例行决策所需要的赞同	极少	很多
任务与目前问题区域的关联	位于中央	位于周边
网络式交互作用		
客观位置	中央	边缘
工作活动的公众性和与高层管理者的接触	高	低
参与计划、会议、商讨	高	低
参与解决问题的任务团队	高	低

资料来源：Kanter R M. Power failure in management circuits. Harvard Business Review，1979，57(4)：65-75

3)低层参与者的权力来源

与处于组织高层的职位相比，低层职位的权力较少。但通常处于低层的人所获得的权力与其职位并不成比例，他们有能力向上层施加影响。低层组织成员的权力来源中有一些与个人有关，因为它们反映了组织成员的个性与技能；另外的权力来源则以职位为基础。

下属权力的概念常常与专长、位置和信息联系在一起。秘书、司机、文字处理人员处在一个与重要人物发生相互作用的位置上，或者能够掌握和控制重要信息，他们因此具有能够明显向上施加的权力或影响。这也是一位大学的副校长有可能宁愿解雇一位研究所的领导，也不愿解雇一位秘书的原因。

操纵性劝说(manipulative persuasion)和操纵(manipulation)也是低层参与者对上施加影响的两种重要方式。操纵性劝说是一个人隐藏真实目的直接对上层领导进行的劝说努力。操纵是指组织成员通过安排信息以获取预期效果，其目的和行为都被隐藏起来了。

2. 公共组织中的横向权力关系

在组织中，不仅不同组织层级上的权力是不同的，即便是处在同一管理层次上的部门或个人，其权力也是有所差别的。这种差别是相关主体发挥影响的差异，进一步来看，这也就决定了公共组织内部横向权力关系的状况。

组织中横向权力的差异并不是由正式的组织层级界定的，也正因为如此，横向权力的差别很难进行衡量。战略权变(strategic contingency)理论所讨论的就是组织内部不同部门权力的差别。战略权变是指组织内外对于实现组织目标起重要作用的事件和行为活动。为组织目标而牵涉到战略权变事件的部门趋向于拥有较大的权力。当部门活动能为组织带来战略性价值以解决组织危机和问题时，这种部门活动便很重要。

有关战略权变的理论研究表明，一个组织中富有权力的部门通常是具有几项权力来源的部门。这些权力来源可能重合，但每一个来源都提供了一个评估横向权力来源的有益方法。

(1)依赖度。部门间的相互依赖是解释相对权力的关键因素。当 A 部门依赖于 B 部门时，B 对 A 就拥有一定的权力。在一个组织内部，存在许多的依存关系。物质、信息和资源会在部门间沿着某种方向流动。在这种情况下，接受资源的部门与发送资源的部门相比，就处于较低的权力地位。相互依赖的程度和数量也是一个关键的变量。例如，组织中所有部门都需要从财务部门那里寻求经费来源，因此，在组织的横向权力关系中，财务部门自然就处于一个极有权力的位置。

(2)中心性。一个部门在一个组织的工作流中处于中心位置通常就能够获得权力。没有一个部门的中心性为零，因为所有的部门都在一定程度上与其他部门相互联系。中心性的测量是一个部门的工作对组织最终结果贡献的程度。一个部门处在这样一个位置上，能够影响其他部门，就具有一定程度的中心性，因此也就获得了权力。

(3)不可替代性。替代性(substitutability)是指其他子单位能够执行某一子单位的活动的程度。不可替代性当然就意味着某一部门的作用无法被其他既有的可用资源替代。不可替代性能够增强部门或个人的权力。在一个组织中，若一个成员不能被轻易替代，他或她的权力就会变大；若一个部门所掌握的技术和对工作的胜任是其他部门很难模仿或代替的，也就会使这个部门掌握较其他部门更大的权力。

(4)处理不确定性。对任何组织或部门来说，不可预测的事件都有可能带来问题。面对不确定性，管理者仅能获得很少的能用以指导行为方式的恰当信息。于是处理不确定性的部门就能够增加他们的权力。仅仅是不确定行动存在不一定会带来权力，但减少该不确定性而维护其他部门利益的行为则会使权力增加。

总之，组织内的横向权力随着战略权变事件的改变而改变。一个部门或个人在组织中增加其权力的第一步就是确保其活动对组织的关键性作用。然后，部门或个人就可寻求其活动的渗透性、处理不确定性的能力以及不可替代性。这样逐渐的部门或个人在组织中相对于横向上的其他部门或个人就获得了更多的权力。一项对企业横向权力关系变化的实证研究表明，20 世纪早期占主导地位的部门是生产部门的负责人，20 世纪中期占主导地位的部门是销售部门的负责人，20 世纪末期占主导地位的部门是金融部门的负责人①。

从理论上来看，尽管权力行使所追求的最终目标就是服从，但是从实际效果来看，在一个组织中，纵向和横向的权力关系的结果却主要表现为服从与参与、从组织中撤出

---

① Fligstein N. The intraorganizational power struggle: rise of finance personnel to top leadership in large corporations, 1919—1979. American Sociological Review, 1987, 52(1): 44-58.

或者是设法规避掌权者、冲突等几种类型①。也就是说，公共组织权力关系的一个重要结果就是冲突，而冲突又要求组织通过有效的方法来对组织冲突进行管理。从更大的层面来看，组织冲突并不仅仅是由权力关系的失调引起的，还包括利益分配的不合理、价值观的差异等其他多个方面的因素。因此，公共组织冲突管理需要在对组织冲突的原因、类型和性质等问题深入了解的基础上进行积极的协调和干预。沿着这个方向继续追问下去，我们就进入了公共组织冲突与冲突管理的领域。

6.3 公共组织冲突管理的理论基础

6.3.1 公共组织冲突的理论分析

1. 公共组织冲突

冲突是我们较为熟悉的一种社会现象，我们可能也都经历过或看到过一些冲突。有学者认为，冲突是“当一方感觉对方对自己关心的事情产生或将要产生不利影响时随之会产生的一个过程”②。还有学者将组织内的群体性冲突界定为，“当群体成员认同某一群体，并且发现其他群体可能阻碍其群体达到目标或期望时所发生的组织群体间行为”③。总体来看，冲突的相关定义都呈现出如下特征④。

第一，冲突是由于不同主体或主体的不同取向对特定客体处置方式的分歧，而产生的行为、心理的对立或矛盾的相互作用状态。前者主要表现为行为主体之间的行为对立状态，后者主要表现为主体内部的心理矛盾状态。

第二，组织的冲突是行为层面的人际冲突与意识层面的心理冲突的复合。客观存在的人际冲突必须经由人们去感知，内心去体验，当人们真正意识到对不同主体行为比较中的内在冲突、内心矛盾后，才能感知到冲突。因此，冲突是否存在不仅是一个客观性问题，而且是一个主观的知觉问题。

第三，冲突的主体可以是组织、群体或个人；冲突的客体可以是利益、权力、资源、目标、方法、意见、价值观、感情、程序、信息、关系等。

第四，冲突是一个过程，它是从人与人、人与群体、人与组织、群体与群体、组织与组织之间的相互关系和相互作用中发展而来的，它反映了冲突主体之间交往的状况、背景和历史。冲突是能够在人与人之间的互动中感知的。

第五，冲突的各方既存在相互对立的关系，又存在相互依赖的关系，任何冲突事件是这两种关系的对立统一状态。人们对于冲突管理，以冲突各方的相互依赖关系为基

① 霍尔 R H. 组织：结构、过程及结果．第8版．张友星，刘五一，沈勇译．上海：上海财经大学出版社，2003：140.

② 罗宾斯 S P，贾奇 T A. 组织行为学．第14版．孙健敏，李原，黄小勇译．北京：中国人民大学出版社，2012：386.

③ 达夫特 R L. 组织理论与设计．第10版．王凤彬，张秀萍，刘松博，等译．北京：清华大学出版社，2011：524.

④ 马新建．冲突管理：基本理念与思维方法的研究．大连理工大学学报(社会科学版)，2002，3：19-25.

础，相互独立关系状况的转化或诊治为重点，寻求矛盾冲突的正面效应并制约其负面效应，调整彼此的对立统一关系。

综上所述，公共组织冲突是公共组织所发生的冲突，是组织冲突在公共组织领域的具体体现，指的是公共组织内部的群体或个人以及公共组织与其他社会组织之间，在相互合作的过程中，由于职能定位不清、价值观念差异、利益分配不合理等问题而引起的冲突。

2. 公共组织冲突的主要类型

为了更好地认识组织冲突，一些学者尝试着对组织冲突的类型进行了划分。著名学者马奇(March)和西蒙(Simon)将组织的冲突归结为三类：个体冲突，个体决策中产生的冲突；组织冲突，组织内部的个体或群体冲突；组织间冲突，组织或群体之间的冲突[①]。简恩(Karen A. Jehn)将组织冲突分为两种类型：任务冲突和人际冲突。其中，任务冲突主要是与工作内容和目标等相关；人际冲突主要是与人际关系相关[②]。也有学者将组织中的冲突分为四类：个人内在的冲突；人际间的冲突；团体内部的冲突；团体间的冲突[③]。

公共组织在使命和宗旨等方面与私人组织存在很多显著的不同，因此，其冲突的类型划分还是应当与私人组织的冲突有所差异。为了更准确地反映公共组织冲突的特征，有学者主张，公共组织的冲突还应增加按冲突的从属关系、按体制状态、按工作流程等几种分类方法进行分类。从从属关系上来看，公共组织冲突包括主动冲突和被动冲突。其中，主动冲突是指公共组织中的个体为了达到某种目的，也会主动发起攻势，从而产生冲突；被动冲突是指，冲突当事人在不情愿，甚至在无意中卷入的冲突。按照体制状态进行分类，公共组织冲突可以分为变革引起的冲突和无为引起的冲突。按照工作流程进行分类，公共组织冲突可以分为决策过程的冲突、执行过程的冲突以及控制过程的冲突[④]。

为了更为全面地认识公共组织冲突，我们认为可以将冲突的主体和冲突的内容两个不同的维度结合起来进行研究。从冲突的主体维度来看，公共组织的冲突可以分为组织内部的冲突和组织之间的冲突。从冲突的内容来看，公共组织的冲突可以分为有形冲突和无形冲突。相应地，公共组织的冲突就可以划分为四种类型：不同组织之间发生的利益、职能、权力等有形冲突；不同组织之间发生的态度、价值观等无形冲突；组织内部不同部门、层级、群体或个人之间发生的有形冲突；组织内部不同部门、层级、群体或个人之间发生的无形冲突(表 6.2)。

表 6.2　公共组织冲突的主要类型

内容 层次	有形冲突 （利益、职能、权力等）	无形冲突 （态度、价值观等）
组织之间	组织之间的有形冲突	组织之间的无形冲突
组织内部	组织内部的有形冲突	组织内部的无形冲突

---

① 马奇 J G，西蒙 H A. 组织．邵冲译．北京：机械工业出版社，2008：3.

② Jehn K A. A multimethod of the benefits and detriments of intragroup conflict. Administrative Science Quarterly，1995，40(2)：256-282.

③ 蔡树培．人群关系与组织管理．北京：九州出版社，2001：205.

④ 于柏青．公共组织冲突管理研究．北京：中国社会科学出版社，2012：71-75.

3. 公共组织冲突的形成过程[①]

组织冲突是一个动态的过程，一般都会经历从潜在到逐渐显现的过程。罗宾斯等将组织冲突的过程分为五个阶段：潜在的对立或失调；认知和人格化；行为意向；行为；结果。

具体来看，第一阶段是导致冲突的前提条件。这些条件并不直接导致冲突，但它们中的某一项是产生冲突的必要条件。这些条件可以概括为三大类，即沟通、结构和个人变量。

在第二阶段，组织潜在的对立和失调就会成为事实。但是感觉到的冲突并不意味着冲突的人格化，只有当个体投入情感时，则会出现情感上的冲突，此时双方会体验到焦虑、紧张、挫折或敌意。这一阶段还有两点值得注意：第一，冲突事件往往在这一阶段被明确界定。第二，情绪能够显著影响认知，消极情绪可能会导致我们过于简单化地处理问题，失去信任，从消极的方面来解读对方的行为；积极情绪往往会促使我们更愿意发现一个问题的组成要素之间的潜在关系，以更广阔的视野来看待整个情境，开发出更具创新性的解决方案。

第三阶段是行为意向阶段，这一阶段是介于人们的认知及情感与他们的公开行动之间。在这一阶段，我们可以推断对方的行为意向。

第四阶段是行为阶段，在这一阶段，冲突变得显而易见，包括冲突双方的声明、行动和应对，它们通常是冲突双方为实现自己的行为意向而做出的公开努力。

第五阶段是结果阶段，在这一阶段，组织冲突双方的行为——反应互动会导致结果的出现。当然，对于组织来说，冲突的这种结果有可能是良性的，也有可能是恶性的。

6.3.2 公共组织冲突的原因

对于任何类型的组织来说，都可能会出现冲突。相应地，对于组织冲突的原因也有多种不同的解释。有学者对企业组织的冲突成因进行了分析，具体包括：个性差异的客观存在；个人或群体价值观的不同；个人文化与组织文化匹配的不协调；组织沟通的不畅引起冲突；企业经营活动中的竞争引起冲突；企业组织结构上的功能缺陷；利益分配上的不信任和不合理的利益分配引起冲突；个人、组织及社会目标统一下的对立；其他[②]。

达夫特将组织内部群体间冲突的根源归结为目标的不相容、组织的分化、任务的相依以及资源的稀缺等几个方面：第一，每个部门的目标反映了组织成员想要达成的具体目标。一个部门的目标实现经常会影响到另一个部门的目标实现，这就导致了冲突。第二，组织职能的专业化要求人们具有特定的教育、技能、态度和时间视角。组织中的各部门或事业部通常在价值观、态度和行为准则方面存在不同差异，这种文化上的差异会导致冲突。第三，任务的相依。任务相依性是指一个单位需要依赖另一个单位提供材

① 罗宾斯 S P，贾奇 T A. 组织行为学. 第14版. 孙健敏，李原，黄小勇译. 北京：中国人民大学出版社，2012：388-394.

② 邱益中. 企业组织冲突管理. 上海：上海财经大学出版社，1998：42-59.

料、资源或者信息。任务相依包括并列式相依、顺序式相依和交互式相依。在并列式相依的情况下，各单位间很少相互作用，因此冲突很少。顺序式相依和交互式相依则要求有关的人员花时间进行协调和交换信息。他们必须频繁接触，在沟通的过程中彼此间目标或态度的差别便显露出来了。如果相互间没有就如何协调相互的服务达成协议，那么冲突就会发生。第四，资源的稀缺。冲突的另一个主要根源是，群体间会为了其成员认为稀缺的资源而展开竞争。组织只有有限的资金、物质设施和人力资源，这些需要在各部门间分配。为了实现自己的目标，各部门都想加大自己的资源投入，这导致各部门处于一种冲突的状态[①]。

徐仁辉等分析了公共组织不同层面发生的冲突的成因。其中，个体内部的冲突主要是因为角色冲突和角色模糊。个体间冲突的原因主要包括人格特质、缺乏信任、批评不当、归因失误。部门间的冲突原因主要包括目标不兼容、差异性、任务相互依赖、资源稀缺、权力分布、不确定性、报酬制度[②]。

此外，有学者采用实证研究的方法对中国公共组织冲突产生的原因进行了分析。该研究从组织层面、群体层面、个体层面以及环境层面四个维度对公共组织冲突的原因进行了研究，其中，组织层面的冲突成因的平均值按照从大到小的顺序依次是制度设计不合理、权力分配失衡、非正式组织政治化、领导者的品格有问题、二把手权力太大、其他；组织层面的冲突成因的平均值按照从大到小的顺序依次是管辖权限边界不清、群体核心人物错误引导、群体与群体竞争、群体成员的个性差异、其他；个体层面的冲突成因的平均值按照从大到小的顺序依次是利益分配不合理、职务晋升竞争、人际沟通不畅、自己跟自己过不去、其他；环境层面的成因的平均值按照从大到小的顺序依次是形成冲突的氛围、产生冲突的条件、传统文化的影响、其他[③]。

6.3.3　公共组织权力冲突的表现

在现实中，公共组织的冲突表现在多个方面，本书相关章节已经对价值观之间的冲突、职能之间的冲突、改革的动力和阻力之间的冲突等问题进行了介绍。此外，也有学者对“职责重构”等问题进行了研究[④]。

1. 公共组织中的权力配置

改革开放以来，随着公共组织改革的持续深入，公共组织权力关系的制度化程度越来越高。我国公共组织的权力配置主要是以相关法律、法规为基础，通过具体的组织章程体现出来的，且大多集中在内部治理结构及运行机制等方面。

1)民办非企业单位的权力关系

《民办非企业单位(法人)章程示范文本》由八部分组成，对民办非企业单位治理的诸

---

① 达夫特 R L. 组织理论与设计. 第 10 版. 王凤彬，张秀萍，刘松博，等译. 北京：清华大学出版社，2011：525-528.

② 徐仁辉，杨永年，张昕. 公共组织行为. 北京：北京大学出版社，2006：251-254.

③ 于柏青. 公共组织冲突管理研究. 北京：中国社会科学出版社，2012：118.

④ 朱光磊，张志红. “职责同构”批判. 北京大学学报(哲学社会科学版)，2005，1：101-112.

多问题进行了规定。第一章规定了民办非企业单位的名称、性质、宗旨、登记管理机关和业务主管单位。第二章规定了举办者应该享有的权利：了解本单位经营状况和财务状况，推荐理(董)事(简称理事)和监事，有权查阅理（董)事会(局)(简称理事会)会议记录和本单位财务会计报告。第三章规定理事会是本单位的决策机构，理事由举办者(包括出资者)、职工代表(由全体职工推举产生)及有关单位(业务主管单位)推选产生；理事会行使下列事项的决定权：修改章程，业务活动计划，年度财务预算、决算方案，增加开办资金的方案，本单位的分立、合并或终止，聘任或者解聘本单位院长(或校长、所长、主任等)和其提名聘任或者解聘的本单位副院长(或副校长、副所长、副主任等)及财务负责人，罢免、增补理事，内部机构的设置，制定内部管理制度，从业人员的工资报酬；理事长的职权、理事会的议事规则、理事会与执行层的权力划分、监事会的产生方式及职权范围。第四章规定了法定代表人的资格条件。第五章规定了资产管理、使用原则及劳动用工制度。

2)社会团体的权力关系

《社会团体章程示范文本》共由八部分组成，内容涉及社会团体治理的多个方面。第一章对社会团体的名称、性质、宗旨、业务主管单位和登记管理机关等进行了规定；第二章对社团的业务范围进行了规定；第三章对会员种类(单位会员、个人会员)、会员入会条件、程序、权利和义务等做了规定；第四章对团体的最高权力机构(会员代表大会)的职权、议事规则，理事会的职权、议事规则，理事长、副理事长和秘书长的任期和职权做了规定；第五章规定了团体的资产管理、使用原则；第六章规定了章程的修改程序；第七章规定了终止程序及终止后的财产处理。

3)基金会的权力关系

《基金会章程示范文本》由七部分组成，内容涵盖了基金会治理的多个方面。第一章规定了基金会的名称、类型(公募或非公募)、宗旨、原始基金数额、登记管理机关和业务主管单位；第二章规定了基金会的业务范围；第三章规定了基金会理事的人数、资格条件、产生、罢免、权利和义务，理事会的职权和议事规则，监事的产生、罢免、权利和义务，理事长、副理事长和秘书长的资格条件、产生方式以及各自的职权范围；第四章规定了基金会财产的使用和管理；第五章规定了基金会的终止和剩余财产处理；第六章则规定了基金会的章程修改。

4)事业单位的权力关系

截至目前，在本章所主要探讨的四类公共组织中，只有事业单位领域还没有出台全国范围内统一的章程文本。相关文本只是散见于一些高等学校的章程、个别省份(如广东)的一些事业单位改革的相关规定。其主旨是“建立和完善以决策层及其领导下的管理层为主要构架的事业单位法人治理结构”。这些章程对事业单位理事会的设置、理事会的职权、理事会的议事规则、资产的使用和管理等若干问题进行了规定。

2. 公共组织中权力冲突的表现

那么，公共组织中的权力冲突主要表现在哪些方面？接下来，我们将以大学行政权力与学术权力之间的关系为例，介绍这两种权力在现实中所发生的冲突。

从横向上来看，大学的权力可以分为学术权力和行政权力。其中，学术权力是指

"大学内部学术组织和学术人员对大学学术事务、学术活动和学术关系所拥有和控制能力"[①]。行政权力则是指"大学行政组织和行政人员组成的行政力量对行政事务、行政活动和行政关系所拥有和控制的权力，并通过行政权力的运作，实现对学校资源的合理配置，以维护大学系统的正常运转，发挥大学作为教育和科研机构的作用"[②]。这两种权力的运行规律和行使方式都存在着明显的区别。从理论上来看，两者应当相互配合，共同来达成大学所承担的使命。但是，在现实中，由于多方面的原因，两者有时候会发生一些冲突。

有学者对中国大学行政权力与学术权力关系的状况进行了一项实证研究。该项研究主要是对不同归属关系、不同等级以及不同类型的大学的权力关系状况进行分析。研究的结果表明：第一，不同归属关系下的行政权力与学术权力，无论是国属大学还是省属大学，行政权力水平都要高于学术权力水平，且省属大学的行政权力状况更不容乐观。第二，无论是 985 大学还是 211 大学，学术权力水平都要低于行政权力水平。第三，从院校类型上来看，整体来说，各院校的行政权力水平与学术权力水平相比较高。综合院校的学术权力水平要高于其他院校，且体育和医药类院校的行政权力水平要高于其他院校[③]。

6.3.4 组织冲突观念的变迁[④]

解决冲突的方式和手段取决于对冲突采取何种态度。从以往文献研究来看，关于冲突观念的认识主要有以下三种观点。

1. 传统观点

这是冲突的早期观点，也是比较流行的一种观点，认为组织中的冲突都是不良的、消极的，它干扰着组织的一致性行动，动摇着现存的组织结构而具有破坏作用。冲突被认为是反常的病态组织现象，应该竭力避免冲突的出现。

冲突的传统观点主要流行于 20 世纪 30～40 年代。这一时期，人们普遍认为冲突是一种功能失调的结果，冲突的主要原因有沟通不良、成员之间缺乏坦诚和信任、管理者不能满足组织成员的某些需要等。这种观点在组织实践中是以冲突的出现来评价管理者或员工的工作成绩，认为只要有冲突就会破坏组织的稳定发展，把出现冲突的原因归结为成员之间的个性矛盾，一般采取的方法是通过人事变动等方式化解冲突。例如，一场旨在提高公司运转效率的改革措施会影响到许多成员的利益，引起诸多人际关系中的矛盾，尽管组织活动效率提高了，但总经理仍可能会因为没有处理好其他方面的关系而遭到解雇。

2. 人际关系观点

冲突的人际关系观点，在 20 世纪 40～70 年代的冲突管理中占据统治地位。该观点认为，对于所有组织和群体来说，冲突都是与生俱来的，是组织发展不可避免的后果。所以，不能笼统地把冲突看成破坏性功能，不能忽视冲突对组织结构的维持和整合所具

---

① 许为民，张国昌，沈波，等. 学术与行政：中外大学治理结构案例研究. 杭州：浙江人民出版社，2013：15.

② 许为民，张国昌，沈波，等. 学术与行政：中外大学治理结构案例研究. 杭州：浙江人民出版社，2013：16.

③ 李维安，王世权. 大学治理. 北京：机械工业出版社，2013：161-163.

④ 于显洋. 组织社会学. 北京：中国人民大学出版社，2009：243-244.

有的积极功能。人际关系学派建议接纳冲突，使它的存在合理化。既然冲突不能被完全消除，那就要改变对冲突的态度。在组织实践中，既然冲突被视为相互作用关系复杂化的必然产物，那么就不能仅在个人层面上寻找产生冲突的原因和解决方法，而应从产生冲突的背景和相互作用关系的结构方面加以解决。

3. 相互作用观点

与前两种观点不同，这一理论认为不仅要接纳和允许冲突的存在，而且还要鼓励冲突的出现。因为在现代社会中，那种处于关系融洽、和平、安宁与合作中的组织往往对变革的需求表现出静止、冷漠和迟钝，缺乏变革的动力与激情，由此就可能使这种组织在激烈动荡的环境中丧失竞争能力和生存的机会。在组织实践中，鼓励管理者维持一种冲突的最低水平，允许冲突的存在，这既能使组织维持生命力，又会对群体和个人产生一定的压力，迫使他们要不断努力和创新工作。所以，对这种观点来说，把冲突看做好的还是坏的本身就不恰当，冲突的好坏取决于冲突的类型。

6.4 公共组织冲突管理的方法

事实上，包括权力冲突在内的各项冲突是公共组织运行过程中经常出现的现象。通过本章前一部分对冲突相关观念的介绍，我们已经清楚，冲突对于组织来说，既有可能带来积极的影响，又有可能导致消极的后果。“要想在专业和管理工作中有卓越的表现，就要懂得如何利用企业内部的权力运作系统为我们服务，而不要让它成为阻碍我们进步的绊脚石。”[①]这种观点对于公共组织的管理同样适用。因此，在公共组织管理的过程中，需要采取积极的方法对公共组织中可能出现的不同层次上的冲突进行有效的协调，以保证公共组织的正常运行，这就是公共组织冲突管理的定义。“在工作场所存在高度多样性和高度互赖性时，公司需要在整个组织内实行强有力的领导来应对这种负责的社会环境，如果缺少了这种领导，其后果将会非常严重。”[②]这充分表明，组织的领导层在冲突管理中发挥着协调冲突、达成共识的重要作用。既然冲突管理在公共组织管理的过程中是必不可少的，那么，对于一个公共组织的领导者来说，应当如何对组织冲突进行管理？接下来，我们将从组织领导学的视角，对公共组织冲突管理所需要的几种方法进行详细的介绍。

6.4.1 及时发现组织中存在的冲突

一项针对公共组织成员对组织冲突的看法的实证研究发现，组织成员普遍认可冲突的存在。在对“有人认为，组织内部冲突是客观存在的、难以消除的”这一问题的回答中，有 73.9%的调查对象选择了同意或比较同意[③]。组织冲突的普遍存在必然要求对冲突进行有效的协调和管理，调查显示，在对“在公共组织中，对冲突需不需要进行管理”

① 科特 J. 权力与影响力．李亚，等译．北京：机械工业出版社，2013：10.
② 科特 J. 权力与影响力．李亚，等译．北京：机械工业出版社，2013：26.
③ 于柏青．公共组织冲突管理研究．北京：中国社会科学出版社，2012：54.

这一问题的回答中，有 92.3%的调查对象认为需要对组织冲突进行管理[①]。作为一个公共组织的领导者，在组织冲突管理的过程中，首先需要做的工作就是能够及时、准确地发现组织中存在的冲突以及冲突所处的阶段，只有这样才能够为选择有效的冲突管理方法奠定坚实的基础。具体来看，就是要明确组织中的冲突主体，即组织的冲突是发生在组织与组织之间还是组织内部的不同部门、群体或个人之间；对组织冲突的内容进行系统和全面的掌握，是利益分配、职能界定等有形的冲突，还是价值观念等无形的冲突；组织中所发生的冲突处于什么阶段，是处于萌芽阶段还是处于扩大阶段。接下来，还需要对组织冲突的性质进行认识。我们知道，冲突对于组织来说，影响是双重的，既可能具有积极的意义，也可能会带来消极的影响。这就决定了作为组织的领导者，在对组织中所出现的冲突的主体和内容等做出准确的界定之后，接下来的任务就是仔细分析组织冲突的性质。

6.4.2　根据冲突的性质选择恰当的管理方法

我们知道，组织冲突性质的不同从根本上决定了相应冲突管理方法的差异。总体上来看，处理组织的冲突要按照将良性冲突和恶性冲突分开的原则进行。在对组织冲突的主体以及内容等问题进行明确的界定之后，就应当按照对冲突性质的判断结果“对症下药”，选择比较恰当的管理方法来化解冲突，即“界定实质争议之内容以取得实际具体之解决对策”[②]。一般来说，对于良性冲突，组织领导者应当采取沟通、合作等方法来积极释放它的积极作用，为组织的生存和发展提供有益的帮助。对于组织中的恶性冲突，组织领导者应当及时介入，尽可能避免组织冲突事态的进一步扩大，采取切实可行的措施来解决类似的冲突。具体来看，在组织冲突的潜在阶段，主要是采用换位法和推论法来发现冲突，通过消除产生冲突的构件、创造得失平衡以及建立共同价值观等方法进行；在萌芽阶段，主要是采用测温法和投石法来发现冲突，通过转换冲突相关人的认知、把冲突变成积极因素、推迟冲突发生原因、改变冲突发生地点、变换冲突角色等方法进行；在显现阶段，主要通过观察法和调研法发现冲突，采用疏导式、冲击式、冷却式、转移式、妥协式、拨点式、分解式、正面进攻式、迂回包抄式等方法进行管理，采用第三方干预、谈判、武力解决等方法进行管理[③]。

6.4.3　强化组织领导者的协同和合作能力

20 世纪末期以来，随着社会复杂性程度的不断增强，不同组织之间的合作机会越来越多，很多工作只有通过其他组织的合作才能有效完成。在这种背景下，公共组织的领导者应当不断强化自身的协同和合作能力，既要协同整个组织，又要很好地同不同的社会组织合作。公共组织部门的领导者，在合作时代应该具备技术水平、道德水平和领导能力这种“技能三角”。在组织内部来看，要妥善处理各种关系。“今天的组织中，很少完全公开地强制某人做事情。权力和组织政治在当今的环境下变得更加微妙，在权力

① 于柏青．公共组织冲突管理研究．北京：中国社会科学出版社，2012：55.
② 汪明生，朱斌妤．冲突管理．北京：九州出版社，2001：15.
③ 于柏青．公共组织冲突管理研究．北京：中国社会科学出版社，2012：152.

行使关系中更多地主张平等主义，并涉及权力的分享”①。技术水平能保证公共组织领导者有效完成公共治理；好的道德素养促使领导做正确的事；领导能力则是处理不同主体间的矛盾冲突，达成共识，促成合作。在这个过程中谈判技巧的增强和能力结构的调整都很重要。领导者要充分把握沟通谈判技巧，增强讨价还价、争取资源、建立利害关系及调解冲突的能力，还要树立全球视野、有远见、重组织文化、熟规则，有效促进谈判合作需要的各种技巧。

6.4.4 善于运用领导者个人的权威

虽然多样性和互赖性是现代组织的重要特征之一，但是，“高度的多样性和互赖性不一定必然导致破坏性的斗争；恰恰相反，如果能够进行富有成效和高度负责的领导，这种环境可以产生高明的决策、创造性的解决方案和创新性的产品或服务”②。这就对公共组织的领导者提出了更高的要求，要善于利用这种多样性为组织的发展服务。在一个组织中，领导者的权力和权威都能对组织员工产生影响。从实际的效果来看，相比较而言，权威由于较少的强制性色彩而更加能够得到组织成员的广泛认可和接受。“在不同利益群体共存的权术领域中，单位管理者或者社团代表最重要的任务之一就是成为一名有说服能力和影响力的辩护人。”③因此，组织领导者在冲突管理的过程中要善于利用个人的权威来达成共识。“如果某权威人士能够通过运用其‘个人魅力型’权威来扩大其‘合理合法型’权威，那么，他对下属就具有了比组织所赋予的更大的权力。”④一般来说，组织领导者的权威来源主要有两个：一个是自身的专业技能；另一个是个人在组织内的公信力。从专业技能上来看，专业素质较高的组织领导者往往会具有更高的权威，从而能够更容易得到组织成员的认可。从组织领导者的公信力上来看，那些能够按照公平公正原则处理组织内部事务的领导者的个人权威往往较强。为了更好地实现组织领导者对组织冲突的管理，组织领导者不仅要善于使用个人权威，还要努力提高自身专业技能和公信力来增强个人的权威。

6.4.5 对组织成员进行多样性技能培训

随着社会的发展进步、全球化进程的加快以及价值观的日益多元化，对于组织来说，多样性已经成为一个不可逆转的趋势。这种多样性体现在组织成员的观念、专业技能、学历背景等多个方面。相比较而言，在现阶段，组织的多样性特点在一些国际化特征明显的大型企业组织身上体现得更为明显。在这种背景下，“组织面临的挑战就是找

---

① 登哈特 R B，登哈特 J V，阿里斯蒂格塔 M P. 公共组织行为学．赵丽江译．北京：中国人民大学出版社，2007：237-238.

② 科特 J. 权力与影响力．李亚，等译．北京：机械工业出版社，2013：29.

③ 鲍曼 L G，迪尔 T E. 组织重构——艺术、选择及领导．第三版．桑强，高杰英，等译．北京：高等教育出版社，2005：220.

④ 霍尔 R H. 组织：结构、过程及结果．第8版．张友星，刘五一，沈勇译．上海：上海财经大学出版社，2003：126.

到各种方法来使员工能够有效地应对与他们不一样的其他人”[①]。也就是说，只有使组织成员认可并接受这种多样性的存在，学会主动地与不同类型的员工进行合作和沟通时，组织才能有效地运行。事实上，从冲突管理的角度来看，这也是从根本上预防组织冲突发生的重要内容之一。作为组织的领导者，不能一味地以“堵”的方式被动地应对组织内部的冲突，而是主动地采用“疏导”的方式来更好地处理可能会出现的冲突。一项实证研究的结果表明，如果组织内能够尽早培育合作型的团队规范，就能引导任务冲突的正面效应，并形成“合作—集思广益—合作”的良性循环[②]。因此，为了使组织成员适应这种多样性，必须定期开展多种形式的教育和培训。通过这种培训，不仅要“使员工意识到他们可能持有的假设和偏见”，还应当“使人们能够学会一些关于如何在多元化的工作环境中进行有效沟通和工作的特定技能”[③]。

➤思考题

1. 权力的定义是什么？
2. 权力与权威、影响力等概念有怎样的区别？
3. 权力有哪些类型？
4. 我们应当从哪些方面来理解组织中的权力？
5. 公共组织中的权力关系主要表现在哪些方面？
6. 公共组织冲突的形成过程包括哪些阶段？
7. 公共组织冲突的原因有哪些？
8. 组织冲突的观念经历了怎样的变迁？
9. 公共组织冲突管理的方法有哪些？
10. 介绍一下你经历过或者较为熟悉的组织冲突，从冲突管理的角度对这一冲突的产生原因以及应对方法进行分析。

---

① 罗宾斯S P，库尔特M. 管理学. 第11版. 李原，孙健敏，黄小勇译. 北京：中国人民大学出版社，2012：111-112.

② 陈晓红，赵可. 团队冲突、冲突管理与绩效关系的实证研究. 南开管理评论，2010，5：31-35.

③ 罗宾斯S P，库尔特M. 管理学. 第11版. 李原，孙健敏，黄小勇译. 北京：中国人民大学出版社，2012：112.

第7章

任务与人际——公共组织的文化构成

现代社会是一个高度组织化的社会，这种组织化的特征反映在我们日常生活的各个方面。在现实中，我们不仅分别学习或者工作在不同的社会组织中，与此同时，我们还经常会和各种各样的社会组织有着或多或少的联系和交往。在这一过程中，我们可能经常会有类似的感受：在同一个组织内部，不同组织成员的性格存在明显差异，有的组织成员是内向型性格，不善言辞、羞于表达，而有的组织成员则可能是外向型性格，交往能力较强、喜欢表现自己；除此之外，不同组织成员的生活习惯以及思维方式等也存在明显的区别。所谓“性格决定命运”，指的就是个人的思维方式和行为习惯无疑都会受到自身性格的影响。

接下来，让我们拓宽一下视野，把视线从个人层面的性格比较转移到组织层面上来，将不同组织的“性格”进行对比。此时，我们也肯定不会对类似的现象感到陌生：我们所在的班级或工作单位的“性格”与其他的班级或工作单位的“性格”同样存在明显的不同，有的班级或单位的氛围相对比较轻松；而有的班级或单位的氛围则可能会略显严肃一些。当我们开始尝试着要对不同组织的“性格”之间的差异以及产生原因等问题进行深入分析的时候，就进入了组织文化研究的层面。在实质意义上，上述组织“性格”之间的差异所反映的正是不同的组织文化之间的区别。这是因为，组织文化是“组织成员共享的一套能够将本组织与其他组织区分开来的意义体系”[①]，是一个组织的重要“标示”。“每个企业(实际上应该说是每个组织)都有自己的文化。”[②]在这里，尽管我们使用“性格”这一概念来引出组织文化之间的差异，但是我们也必须清楚地认识到，组织文化与性格是截然不同的两种概念。这种区别表现为，组织文化指的是一种集体现象，而性格则指的是一种个人现象。在实质意义上，也恰恰是因为这种区别的存在，才使得在一个组织内部不同性格的组织成员能够共享一种组织文化。

---

① 罗宾斯 S P，贾奇 T A. 组织行为学 . 第 14 版 . 孙健敏，李原，黄小勇译 . 北京：中国人民大学出版社，2012：444.

② 迪尔 T E，肯尼迪 A A. 企业文化：企业生活中的礼仪与仪式 . 李原，孙健敏译 . 北京：中国人民大学出版社，2008：4.

组织文化是文化在组织层面的具体体现。与组织职能、组织结构等不同的是，组织文化是组织中的“心理软件”[①]，它一般包括组织成员共有的价值观、原则以及处事方式等方面内容，能够对组织绩效产生重要的影响。在一个组织内部，存在着不同的文化类型，而不是只有一种单一类型。为了更好地认识组织的文化，相关研究对其类别进行了较为深入的分析，并且在这一过程中形成了一些具有代表性的分类标准。在这一章，我们将组织文化分为两类：任务导向的组织文化和人际导向的组织文化。具体来看，任务导向的组织文化是指组织成员首先强调工作和任务的重要性；而人际导向的组织文化是组织成员首先强调个人的情感需要以及成员之间的融洽关系的重要性。在组织的正常运行中，两种文化都不可或缺，但是只有其中的一种是占主导地位的文化。并且，组织内部不同文化之间的组合状态因具体的组织而异。对一个组织来说，“任何组织文化或处理事情的任何方式，对于某些事情来说，都有其好的一面”[②]，因此，在组织管理的过程中，需要解决的问题是组织如何根据自身的性质、任务的设定以及员工的组成等相关因素，积极建设适合自己的组织文化，进而实现人(人际)和事(任务)的有机结合，这就是“文化适宜性理论的核心”[②]。组织管理的实践表明，“有效率的组织通常已经通过试验和不断地适应，实现了各种文化之间的平衡融合”[③]。这就意味着，组织文化管理的主题就是促进组织不同文化的协调，提高组织运行效率。

“自 20 世纪 80 年代初期，组织文化，或者说企业文化，已经成为管理学文献中的一个时髦的话题。”[④]充分发挥组织文化的重要作用，需要对组织文化进行卓有成效的管理。那么，对于公共组织来说，什么是公共组织文化？公共组织文化与组织成员的工作满意度有什么样的区别和联系？公共组织文化包括哪些内容？公共组织文化有哪些类型？公共组织文化有哪些特征？中国行政文化的特征体现在哪些方面？公共组织文化管理的主题是什么？公共组织文化管理的主要方法又有哪些？接下来，本章将立足公共组织的特征，紧密围绕上述问题对公共组织文化管理的相关问题展开详细的介绍。

7.1　组织文化的定义和类型

7.1.1　文化的定义、层次和内容

1. 文化的定义

从词源上来看，“文化”(culture)一词来源于拉丁文，在一开始，它主要有耕作、培养以及教育等几种不同的含义。根据学者的考证，在中国，“文化”一词最早出现于西汉时期刘向的《说苑》中，原文是，“圣人之治天下也，先文德尔后武力。凡武之兴，为不

---

① 霍夫斯泰德 G，霍夫斯泰德 G J. 文化与组织：心理软件的力量．第二版．李原，孙健敏译．北京：中国人民大学出版社，2010：3.

② 汉迪 C. 管理的众神．闻健，焦建译．北京：中信出版社，2011：4.

③ 汉迪 C. 管理的众神．闻健，焦建译．北京：中信出版社，2011：71.

④ 霍夫斯泰德 G，霍夫斯泰德 G J. 文化与组织：心理软件的力量．第二版．李原，孙健敏译．北京：中国人民大学出版社，2010：36.

服也，文化不改，然后加诛”。由此可见，在当时，文化被理解为文治教化的意思[①]。从这个意义上看，文化的历史与人类社会的历史同样悠久，或者说，文化现象就是人类社会的一个重要组成部分和突出标志。由于文化是人类社会的一种特有现象，因此，学术界对于什么是文化这一问题的探讨也由来已久。但是，随着人类社会的发展进步、人类对客观世界认识的持续深入以及人类改造自然能力的不断增强，文化的定义也在这一过程中不断得到丰富和拓展，相应地，文化所包含的实际内容也越来越多。

有学者考证，从科学的角度对文化进行定义开始于 19 世纪后期现代文化学的诞生[①]。自从文化开始作为一个重要的研究对象出现以来，文化学、人类学、社会学、管理学和心理学等不同学科都从自己的角度出发对文化进行了定义。在回顾了相关的文化定义之后，我们的心底会略微感到有些遗憾。之所以会感到遗憾，主要是因为，据统计，到目前为止，尽管学术界关于文化的定义已经达到了几百种之多，但依然没有就这一问题达成一种一致性的意见。换一个角度来看，这种不同学者在文化的定义上“自说自话”的现象，也从另外一个侧面揭示出了文化这一概念的复杂性及其所包含内容的动态性。

具体来看，在国内外的多种关于文化的定义中，比较有代表性的主要有以下几种。

泰勒认为“文化，或文明，就其广泛的民族学意义来说，是包括全部的知识、信仰、艺术、道德、法律、习俗以及作为社会成员的人所掌握和接受的任何其他的才能和习惯的复合体”[②]。从这一定中可以看出，泰勒认为文化与文明是相同的概念，两者之间并没有区别。

马林诺夫斯基(Malinowski)将文化定义为“那一群传统的器物，货品，技术，思想，习惯及价值”[③]。但是，与泰勒不同的是，马林诺夫斯基认为文化和文明并不是相同的两个概念。相比较而言，文明的内涵较小，“专指较进展的文化中的一特殊方面”[③]。

赫斯科维茨(Herskovits)认为“文化是一切人工创造的环境，也就是说，除了自然原生态之外，所有由人添加上去的东西都可称之为文化”[④]。

克鲁柯亨(Kluckhohn，也译为卡拉克洪、克鲁克洪)在分析了文化的一百多种定义之后认为“文化是历史上所创造的生存式样的系统，既包含显型式样又包含隐型式样；它具有为整个群体共享的倾向，或是在一定时期中为群体的特定部分所共享”[⑤]。克鲁柯亨认为，文化应当包括物质以及精神两个方面的内容，这是因为“人的有机体为着生存必须在最低限度上随着自然环境而做出一定的调节。人类的生态和自然环境为文化的形成提供物质基础，文化正是这一过程的历史凝聚”。

回顾已有的文化的相关定义，我们可以发现，有两个较为突出的问题值得注意：第一，文化是与文明不同的一个概念，相比较来说，文化所包含的内容要比文明的内容更

① 张国梁．企业文化管理．北京：清华大学出版社，2014：2.

② 泰勒 E. 原始文化：神话、哲学、宗教、语言、艺术和习俗发展之研究．连树生译．桂林：广西师范大学出版社，2005：1.

③ 马林诺夫斯基 B. 文化论．费孝通译．北京：中国民间文艺出版社，1987：2.

④ 陈晓萍．跨文化管理．第 2 版．北京：清华大学出版社，2009：5.

⑤ 庄锡昌，顾晓鸣，顾云深．多维视野中的文化理论．杭州：浙江人民出版社，1987：119.

为广泛；第二，文化的定义可以分为广义和狭义两类。从广义上来看，文化是指人类在社会历史发展的过程中所创造的物质财富及精神财富的总和。从狭义上来看，文化的定义将重心集中在了人们的精神财富上，将物质财富从中剥离开来，仅仅指的是人们的精神产品和行为方式。

2. 文化的不同层次

尽管文化是人类社会中的一个普遍存在的现象，但是，当我们以前一部分所介绍的文化的定义为“地图”或“标本”，在现实中需要找到它的实际存在形态时，我们就会发现，文化在现实中呈现出一种明显的多元化特征，或者说，它是一种多样性的存在。在这些多元化的文化现象中，一个具体表现就是，世界上不同国家或地区之间的文化是存在差异的。例如，著名学者亨廷顿(Huntington)在《文明的冲突与世界秩序的重建》(*The Clash of Civilizations and The Remaking of World Order*)一书中就对世界上的文明类型进行了划分。亨廷顿将当前世界的主要文明分为如下几类：中华文明；日本文明；印度文明；伊斯兰文明；东正教文明；西方文明；拉丁美洲文明；非洲文明(可能存在的)①。除此之外，即使是在某一个国家或者地区的范围之内，也存在着多种不同的文化类型，这些文化由于区域的差异而表现出明显的区域性特征。例如，中国的齐鲁文化、巴蜀文化、吴越文化、楚湘文化、岭南文化、闽南文化、东北文化、秦陇文化、燕赵文化等就是文化的这种区域性特征的具体体现。对于这一点，我们中的大多数人都应该会有很深的体会。从产生原因上来看，不同地区的地理位置、自然环境、历史进程等因素的共同作用导致了这些文化的区域性特征。最后，当我们进一步缩小文化考察的范围，把目光聚焦到组织层面上时，我们依然会看到，不同组织之间的文化都存在一定的差异性。例如，我们所熟悉的一些国内外的著名企业都具有自己独特的、“个性化”的企业文化；我国几乎所有的高等学校都有自己的校训和文化。

通过以上分析，我们能够看到，在现实中，文化的多元化表现为，它既可能是宏观层面上的，也可能是微观层面上的。当我们通过这种“分层”的方式来梳理不同的文化现象时，就能够在一定程度上避免在理解文化现象的过程中所产生的一些困惑，更为清晰和有条理地理解和认识它们。因此，为了更好地认识上述多元的文化现象，相关研究把文化分为了不同的层次。概括来看，比较有代表性的文化层次划分主要有如下几种类型。

1)沙因的文化层次划分

著名组织文化学者沙因(Schein)将文化分为如下四个不同的层次进行考察：

第一，宏观文化，主要包括，国家、民族和宗教群体、全球性的职业；

第二，组织文化，主要包括私营、公众、非营利、政府组织；

第三，亚文化，主要指的是组织内的职业群体；

第四，微观文化，指的是组织内外的微观系统②。

---

① 亨廷顿 S. 文明的冲突与世界秩序的重建．周琪，等译．北京：新华出版社，2010：24-27.

② 沙因 E H. 组织文化与领导力．第四版．章凯，罗文豪，朱超威译．北京：中国人民大学出版社，2014：2.

2)霍夫斯泰德等的文化层次划分

著名学者霍夫斯泰德将文化分为如下六个不同的层次进行考察：

第一，国家层次，根据一个人所在的国家来界定(对于移居他国的人来说，可能是几个国家)；

第二，地域的、种族的、宗教的、语系的层次，因为大多数国家由在文化上属于不同地区、种族、宗教、语系的群体构成；

第三，性别层次，由这个人生来是男孩还是女孩而定；

第四，代际层次，根据祖父母、父母和子女进行区分；

第五，社会阶层，与受教育机会以及个体从事的职业和专业相关；

第六，对于受雇者来说，根据工作组织对员工社会化的方式，还包括组织、部门、公司层次①。

3)卡梅隆的文化层次划分

著名组织文化学者卡梅隆(Cameron)在研究组织文化的过程中，将人类社会的文化划分为以下三个不同的层次：

第一，最广义上的文化，主要指的是全球性的文化，这一层次包括宗教或者东方的传统文化等；

第二，次一级普遍层面的亚文化，主要包括性别文化、职业文化、区域性文化及产业文化等；

第三，再次一级的文化，也就是组织层面上的文化，主要包括组织的价值取向、占主导地位的领导风格、语言和符号、日常程序和成功的定义等内容②。

综合来看，尽管上述不同层次的文化都属于文化现象，但是它们之间也存在明显的区别。这种区别主要表现为：形成时间的差异，有的形成时间早，有的形成时间晚；变革难度的差异，有的容易进行变革，有的很难进行变革；主体范围的差异。

以国家层面的文化与组织层面的区别为例，霍夫斯泰德等对国家文化与组织文化的差异进行了区分。“仅仅因为在国家文化和组织文化中都使用了‘文化’一词，就说两类文化是相同的现象，这种做法显然不正确：国家不同于组织，并且两种类型的文化也有本质的差异。”③两者之间的差异主要体现在价值观以及实践活动等方面。“国家文化(National Cultures)属于心理软件中的一部分内容，其中包含了很多基本的价值观。它在我们生命的头十年里获得，由人们在家庭、生活环境和学校等环境中学习而来。组织(或企业)文化[Organizational (or Corporate) Cultures]是当我们年轻时或不再年轻时进入一个工作组织后获得的，那时我们的价值观已经稳定，组织文化主要包括的是组织的

---

① 霍夫斯泰德 G，霍夫斯泰德 G J. 文化与组织：心理软件的力量．第二版．李原，孙健敏译．北京：中国人民大学出版社，2010：11.

② 卡梅隆 K S，奎因 R E. 组织文化诊断与变革．谢晓龙译．北京：中国人民大学出版社，2006：13.

③ 霍夫斯泰德 G，霍夫斯泰德 G J. 文化与组织：心理软件的力量．第二版．李原，孙健敏译．北京：中国人民大学出版社，2010：304.

实践活动——它们是更为表层的内容。”[①]当然，组织文化也会受到国家文化的影响。

3. 文化的主要内容

在日常生活中，我们能够体会和感受到的主要有：居住在不同地区的人们的生活习惯属于文化现象；不同地区的人们的思考方式和思维方法属于文化现象；不同社会群体的价值观念属于文化现象；不同地区的建筑风格也属于文化现象。在这些多元的文化现象中，有些现象是我们能够用肉眼看到的；有些现象则是需要我们去感受的。面对这些不同的现象，我们肯定会对什么是文化的问题产生困惑。因此，在了解了组织文化的定义之后，让我们再来看一下文化所包含的内容。文化的定义只是一种抽象的概念，具体来看，文化的内容是丰富多彩的，体现在多个不同的方面。为了更好地理解这些不同的文化现象，有学者对文化的内容等问题进行了详细的探讨。那么，文化究竟包括哪些内容？这些内容应当按照怎样的标准进行划分？不同学者都对这一问题提出了自己的理解，概括来看，主要有马林诺夫斯基、霍夫斯泰德等学者提出的几种代表性的观点。

1)马林诺夫斯基的文化内容划分

马林诺夫斯基认为文化主要包括以下四个方面的内容：

第一，物资设备。例如，器物、房屋、船只、工具及武器，都是文化中最易明白、最易琢磨的一方面。

第二，精神方面。其包括种种知识，包括道德上、精神上及经济上的价值体系，包括社会组织的方式。

第三，语言。语言是文化整体中的一部分，但是它并不是一个工具的体系，而是一套发音的风俗及精神文化的一部分。

第四，社会组织。在一切有组织的动作中，我们可以见到人类集团的结合是因为他们共同关联于有一定范围的环境，因为他们住在共同的居处，以及因为他们进行着共同的事务。他们行为上的协力性质是出于社会规则或习惯的结果，这些规则或有明文规定，或是自动运行的。一切规则、法律、习惯及规矩都明显是属于学习得来的人体习惯的一类[②]。

2)霍夫斯泰德等的文化内容划分

霍夫斯泰德等非常形象地借用“洋葱图”来对文化的不同内容进行了区分。综合来看，文化的内容主要有符号、英雄、仪式和价值观。但是这些内容在洋葱图中的分布是不同的。

其中，符号代表了最外边的表层，指的是承载着某种特定含义且仅仅能被这种文化的共享者理解的词汇、手势、图画或者物体。

英雄和仪式处于中间的位置。英雄是指一些人物，无论他们是在世的还是故去的，无论他们是真实的还是虚构的，他们都具有某一文化高度赞扬的品格，因此被视为行为的楷模。仪式是一些具体活动，虽然从技术层面看，这些行动对达到预期结果而言是多

---

① 霍夫斯泰德 G，霍夫斯泰德 G J. 文化与组织：心理软件的力量．第二版．李原，孙健敏译．北京：中国人民大学出版社，2010：304.

② 马林诺夫斯基 B. 文化论．费孝通译．北京：中国民间文艺出版社，1987：4-9.

余的，但在一些文化当中，这些仪式被视为具有重要的社会意义。

符号、英雄和仪式都被归结为实践活动，因为它们可以被外部观察者看到。它们的文化含义则是无形的(但又确凿无疑地存在)，并只能由文化内的成员通过实践活动给予诠释。

与上述三种内容不同的是，文化的核心由价值观构成，是与实践活动相对应的。价值观是一种普遍性的倾向，表现为更喜欢事物的某种特定状态而非其他状态。价值观是一种带有指向性的情感，既包括正向的一面，又包括负向的一面。它处理的内容包括：邪恶—善良；肮脏—清洁；危险—安全；禁止—允许；体面—不雅；道德—不道德；丑陋—美好；不自然的—自然的；反常—正常；矛盾—逻辑；无理—合理。价值观是我们从生活的早期阶段获得的①。

7.1.2 组织文化的定义、内容和类型

1. 组织文化的定义

在考察了文化的不同层次之后，我们就可以对组织层面的文化进行定义了。由于组织文化的研究开始于企业文化的研究，因此，有学者甚至将组织文化与企业文化等同起来。通过对文化的不同层次的了解，我们已经清楚，组织文化是文化在组织领域的具体体现。与此同时，因为组织包括私营组织和公共组织等不同类型，沿着这个思路继续追问下去，我们就可以把公共组织文化理解为是文化在公共组织中的体现。

1)组织文化

综合来看，在组织文化的相关定义中，比较有代表性的主要有如下几种：

霍夫斯泰德等将组织文化定位为“集体的心理编程”②。

迪尔(Deal)等将组织文化定位为“做事的方式”③。

沙因将组织文化定义为“一个群体在解决其外部适应性问题以及内部整合问题时习得的一种共享的基本假设模式”④。

在本书中，我们更加倾向于认为，组织文化是指“组织在长期的生存和发展过程中所形成的，为组织多数成员所共同遵循的最高目标、基本信念、价值标准和行为规范。它是理念形态文化、行为制度形态文化和物质形态文化的复合体”⑤。

2)组织文化与员工满意度的区别

我们可能会注意到，与组织文化经常一起使用的概念还有员工满意度。甚至，有些时候，无论是在理论研究中还是在实际工作中，人们会把两者等同起来。事实上，它们

---

① 霍夫斯泰德 G，霍夫斯泰德 G J. 文化与组织：心理软件的力量．第二版．李原，孙健敏译．北京：中国人民大学出版社，2010：6-8.

② 霍夫斯泰德 G，霍夫斯泰德 G J. 文化与组织：心理软件的力量．第二版．李原，孙健敏译．北京：中国人民大学出版社，2010：4.

③ 迪尔 T E，肯尼迪 A A. 企业文化：企业生活中的礼仪与仪式．李原，孙健敏译．北京：中国人民大学出版社，2008：4.

④ 沙因 E H. 组织文化与领导力．第四版．章凯，罗文豪，朱超威译．北京：中国人民大学出版社，2014：16.

⑤ 张德．企业文化建设．北京：清华大学出版社，2009：1.

是既相互区别又相互联系的两个概念。从定义上来看，与组织文化不同，员工满意度是指组织成员对组织的结构设计、任务安排以及人力资源制度等是否合理的主观感受。

从以上分析中，我们可以看出“组织文化是描述性的。它主要是关于组织成员如何体会和描述文化，而不是关于他们是否喜欢它”①。进一步来看，组织文化反映的是组织成员内心的一些价值标准，它并没有“好”和“坏”的区分。例如，有的成员将工作放在第一位，而有的成员则将融洽的人际关系放在第一位。这些仅仅是组织成员内心的偏好而已，并没有“好”和“坏”的区别。员工满意度的含义就明显与组织文化不同了，它指的就是组织成员对组织是否满意的评价。但是，这并不意味着两者之间没有任何联系。因为，组织成员的满意度是基于自己的价值观进行判断而产生的。也就是说。当组织的相关设计与成员的价值观不一致时，成员的满意度就会明显下降；反之，组织成员的满意度就会明显提高。

3)组织文化的主要功能

一般来说，作为组织运行中不可或缺的“软件”部分，它和服务质量、组织职能、组织结构等“硬件”一起成为卓越组织的重要因素。具体来看，组织文化主要有以下几种功能。

第一，有效提高组织的竞争力。从历时态的角度来看，在组织研究的理论中，组织文化对于组织的重要作用是逐渐被认识到的。例如，企业文化的相关研究成果表明，企业文化是企业的“软实力”，是企业竞争力的重要来源之一。一个著名的企业必然会有自己与众不同的组织文化，也正是由于这种特色鲜明的组织文化才保证了企业组织的市场竞争力和突出的工作业绩。正如相关学者所说的，“事实上，从来就不可能找到一家不具有鲜明的、易于辨认的组织文化，而又在业界具有领导地位的企业”②。

第二，凝聚组织成员的力量。我们知道，组织是由不同的成员按照特定的目标形成的集合。而组织文化就是将不同的组织成员凝聚起来的“黏合剂”之一。当一个组织的文化为大部分组织成员所接受和认可后，组织才能具有很强的向心力，组织成员才能从内心中产生工作的动力，进而形成一种强大的凝聚力，形成对组织的认同感，将自己的追求与组织的发展有效结合起来，为组织的发展积极地贡献力量。

第三，约束组织成员的行为。组织文化为组织成员所接受后，就会对组织成员的思想和行为产生约束作用。如果可以将组织的正式制度看做硬约束的话，那么，组织文化就可以看做组织的软约束。而且，与正式制度相比，组织文化的约束更加能够实现预期的效果和目标。从作用机制来看，组织成员接受组织文化后，就能从根本上认识到组织所倡导的工作规范和价值准则，进而按照组织的要求开展工作，做到“有所为、有所不为”。

第四，促进组织的变革。一般来说，优秀的组织文化能够有效激励组织成员的创新意识和改革行为。这一点，在组织环境日益变化的今天就显得尤为重要。具有竞争力的

---

① 罗宾斯 S P，库尔特 M. 管理学．第11版．李原，孙健敏，黄小勇译．北京：中国人民大学出版社，2012：49.

② 卡梅隆 K S，奎因 R E. 组织文化诊断与变革．谢晓龙译．北京：中国人民大学出版社，2006：4.

组织必然是能够有效回应环境变化的组织。只有当组织文化鼓励创新和变革的时候，组织成员才能具有创新的意识和行为，这又会显著增强组织的创新和变革能力。我们能够看到，无论是优秀的私营组织还是杰出的公共组织，无一不具有鼓励变革和创新的组织文化，反过来，这一组织文化又会有效提升组织的创新能力。

2. 组织文化的内容

组织文化包括哪些内容？不同学者都提出了自己的理解，其中，比较有代表性的主要有以下几种。

1)迪尔等对组织文化内容的界定

迪尔等从企业的角度对组织文化的内容进行了分析，认为企业文化主要由五个部分组成。

第一，企业环境。由于产品、竞争对手、顾客、技术、政府影响以及其他条件不同，因而每个企业都面对各不相同的市场环境。公司所处的环境决定了它应该怎样做才能成功。在塑造企业文化的过程中，企业所处的环境是最重要的唯一影响因素。

第二，价值观。价值观是一个组织的基本理念和信仰，构成了企业文化的核心。对员工而言，价值观界定了“成功”这一概念的具体内容，并建立了组织内部的成就标准。

第三，英雄任务。这些人物本身体现着企业文化，并为员工提供了有形的榜样。

第四，礼仪和仪式。礼仪和仪式是公司日常生活中一些系统化和程序化的惯例。

第五，文化网络。作为组织内部的主要沟通手段，文化网络是公司价值观念和英雄神话的“载体”①。

2)沙因对组织文化内容的界定

沙因将组织文化分为三种内容。

第一，人工成分。文化的人工成分是文化的表层，涵盖了当人们偶然遇到一个新的群体并且不熟悉它的文化时所看到、听到和感觉到的所有现象。文化的人工成分包括群体的有形产品。

第二，信奉的信念和价值观。群体习得的所有内容最终反映了某人的原始信念和价值观、对应然状态的感知及其与实际状态的差异。

第三，基本的潜在假设。当一种问题解决方案反复起作用时，它就被视为理所当然的了。当初一个仅由第六感觉或价值观支持的假设这时就会逐渐被人们看做事实。我们最终相信自然真的是以这种方式运行②。

3)科特对组织文化内容的界定

科特等根据可察觉性以及文化对文化改革的抗性特征将组织文化分为两个不同层面的内容。

第一，在较深层次的不易察觉的层面，文化代表着不同的价值观念。这些价值观念

① 迪尔 T E，肯尼迪 A A. 企业文化：企业生活中的礼仪与仪式．李原，孙健敏译．北京：中国人民大学出版社，2008：13-14.

② 沙因 E H. 组织文化与领导力．第四版．章凯，罗文豪，朱超威译．北京：中国人民大学出版社，2014：21-29.

是一个人类群体所共有的；即便这一群体中成员不断更新，文化也会得到延续和保持。在不同的企业组织中，这些企业的观念差异极大。有时，人们认为金钱万能；有时，人们强调技术革新或企业员工之间的和睦融洽。在这一文化层面，企业文化的改革难度极大。

第二，在较易察觉的层面，文化体现了组织的行为方式或经营风格。新聘用的员工在同事们的鼓励下，会自觉仿效这些行为方式或经营风格。譬如，我们说一个劳动群体的人们一贯“辛勤勤奋”，一个群体的人们一贯“待人热诚”，另一个群体的人们穿着刻板保守。在这一意义上的文化，改革起来虽仍艰难，但并没有上面所述的基本价值观念层面文化的改变那么艰难①。

4)达夫特对组织文化内容的界定

达夫特使用“冰山”来形象地对组织文化的不同内容进行了界定。其中，在冰山露出水面的部分是人们可以看到的表征性的东西和可观察到的行为，如人们的衣着和行动的方式，组织成员共享的仪式、典故和象征物等。与之相反，在水面以下的部分是价值取向、假设、信念、思维方式等②。

一般来说，组织文化的内容主要有符号、制度行为以及价值观念三种，这些内容具有不同的表现形式。

3. 组织文化的主要类型

1)卡梅隆的组织文化类型划分

卡梅隆等基于对立价值的视角，从企业的竞争环境是稳定还是灵活、企业的战略焦点是关注组织内部还是组织外部两个不同的维度出发，将组织的文化分为四种类型：在稳定的竞争环境下，关注组织内部的是等级森严式文化；在稳定的组织环境下，关注组织外部的是市场为先式文化；在灵活的竞争环境下，关注组织内部的是部落式文化；在灵活的组织环境下，关注组织外部的是临时体制式文化。

这些类型的文化各自包含不同的文化类型，其中，等级森严式文化指的是与效率、可靠性等特征相联系的一种组织文化。该文化认为，清晰的决策构建、标准化的制度和程序，以及严格的控制、责任和义务都是成功的关键因素。与这种文化相对应的是高度制度化和机构化的工作场所。

市场为先式文化的假设是，外部竞争还没有开始但充满敌对情绪，客户非常挑剔并且在乎价值，组织正在进行提升竞争力的业务，而且管理层的目的就是提升组织的生产力、业绩和利润。假设还包括，清晰的目标和具有进攻性的策略带来了生产力和利润。概括来看，一个市场为先的组织文化是以业绩为重点的文化。

部落式文化与家庭型组织文化相似，在这一文化中，充满了共享的价值观和目标、团结与互助、彼此不分的氛围。部落式文化更注重团队精神、员工的参与感和组织对员工的照顾。部落式文化可以简单地看成一个友善的工作场所，在那里人们可以互相分

---

① 科特 J，赫斯克特 J. 企业文化与经营业绩. 曾中，李晓涛译. 北京：华夏出版社，1997：3-4.

② 达夫特 R L. 组织理论与设计. 第 10 版. 王凤彬，张秀萍，刘松博，等译. 北京：清华大学出版社，2011：395.

享。这就像是家庭的延伸，领导就像是长辈导师，甚至是家长。忠诚和传承是组织的基础，员工的奉献精神高涨，组织非常重视员工的长期目标和自我提升。

临时体制式文化与其他三种文化具有明显的不同，它主要是适用于那些高度活跃、高度变化情形的组织。这一文化的主要内容是：革新和主动的先驱性是成功的关键；组织主要致力于开发新产品和服务，以便为将来做准备；并且管理的主要任务是培养组织家的能力、创造力和鼓励最前沿的活动。这种文化认为，适应和革新会带来资源和利润，组织应该把重心放在对未来的设计上①。

2)汉迪的组织文化类型划分

著名组织文化学者汉迪将组织文化分为四种类型。每一种类型的组织文化用古希腊神话中的一个神和一个图案来代表，其中，宙斯(众神之王)代表的是权力文化，用蜘蛛网的图形来表示；阿波罗(太阳神)代表的是角色文化，用古希腊神庙的图形来表示；雅典娜(女神)代表的是任务文化，用一张网来表示；狄奥尼索斯(酒神)代表的是个性文化，它的代表图形是由独立星体松散聚集而成的圆形小星体。在这一划分中，不同的组织文化各自所包含的内容同样具有明显的差异。

权力文化的图形就像一张蜘蛛网。拥有这种文化的组织，很可能也拥有各种不同的工作部分，而这些部分的区分以职能或产品的不同为标准。这些就是从中心放射出去的线路，就像是一个传统型组织结构图的线路一样。然而在这种文化中，这些并不是重要的线路，重要的是环状的线路，把蜘蛛围绕在中央的线路。这些环状的线路代表着权力和影响力，而且离中心点的距离越远，其重要性就越弱。在这种组织文化中，与中心点的蜘蛛之间的关系比任何形式上的头衔或职位都重要。作为众神之王的宙斯，是这种文化的保护神。宙斯被众神畏惧、尊敬，偶尔也被爱戴。他代表着父系家族式的传统——不理性，但却经常因出于善意而使用权力，不太理性但却拥有魅力。这种文化主要是以个人关系为基础的，适合小型企业或者刚刚起步的组织，在决策中具有明显的效率优势。

角色文化主要是围绕着对于角色或者是工作的定义，而非围绕于某个个体本身。作为秩序和法治之神的阿波罗是这种文化的保护神。这种文化的假设是人类都是理性的，任何事都可以也都应该以一种逻辑的方式进行分析。于是，某个组织的工作任务，就可以被一整块一整块地划分出来，直到可以制作出一份工作流程图时为止。这种系统拥有被事先规划好的角色(所谓的“岗位描述”)，并且被一系列的相关规则和流程(所谓的工作手册、信息系统或者是你所愿意叫的任何名称)紧密联系在了一起。角色文化的代表图形是古希腊神庙。对于希腊的神庙来说，它们的“力”和“美”来自支撑其的梁柱。在一个有着角色文化的组织当中，这些梁柱代表的是不同的职业和部门。这些梁柱只在神庙顶部也就是三角墙处才会合在一起，在这里，各职能部门的领导组合在一起形成了董事会、管理委员会或总裁办公室。这些梁柱由一些紧密的规则与程序连接起来。在组织环境稳定的情况下，当生活可以被预制的时候，这种类型的组织文化就能够有效地提高组织的效率。

---

① 卡梅隆 K S，奎因 R E. 组织文化诊断与变革．谢晓龙译．北京：中国人民大学出版社，2006：26-35.

任务文化采用的是一种非常不同的方式。在这一种文化中，管理从根本上可以被理解为持续不断并且成功地解决一系列问题。首先将问题进行定位，然后根据其大小安排合适的资源去进行解决，安排人员、机器和资金组成团队开始运作，接着等待问题得以解决，而表现的优劣则以最终的结果即解决的问题来进行评判。这种文化的代表图案是一张网，因为这种管理方式从组织系统的不同部分获取资源，目的是为了将这些资源投入一个特殊的领域或者问题中去。权力处于这张网的空隙之中而不是顶端，同阿波罗式组织文化相同；或是处于核心，同宙斯式的组织相同。雅典娜式的组织是一张由松散连接在一起的“突击队单元”组成的网络。每个单元在很大的程度上由自我控制，但是在整体的组织策略中又各自担负着特定的职责。这种组织文化的神是一个年轻的女子雅典娜，是战士之神，是奥德修斯的保护神。这种组织文化只将专业性当做权力或影响力的基础。在这种组织文化中，年轻人更能够展示才华，而创造力则备受尊崇。与雅典娜所联系在一起的年轻、活力以及创造力，非常适合这种目标性质的组织文化。在这种文化形态中，关注的是团队；而在角色文化中，关注的则是特殊的个人。

个性文化是与酒神——狄奥尼索斯联系在一起的。狄奥尼索斯是酒神与歌神，他主管这种文化。因为，假如众神中有谁能够代表存在主义的话，那就非他莫属了。所谓的存在主义源于这样的假设，即这个世界并不是一种更高目的的一部分；我们并不简单只是一些神的附庸。相反，虽然我们存在的这个事实本身已经是一种意外了，假如说有谁应该为我们自己和我们的世界负责的话，那就只能是我们自己，我们掌握着我们自己的各种命运。这种组织形式暗含的意思是，存在主义式的思维非常伟大。在其他的三种文化中，个人都是从属于组织的：尽管个人与组织之间的关系各不相同，但是个人的存在，都是为了帮助组织完成它的目的。而在这个过程当中，个人以这样那样的方式通过自己的服务获得了组织给的报酬。在这第四种存在型的文化当中，组织的存在是为了帮助个人实现他自己的目标的。这种文化的代表图形是由独立星体松散聚集而成的小星团。对于那些将个人的能力与技巧当成组织最为关键性资产的组织来说，这种存在主义型的个性文化就是最为合适的。这种组织文化为专业人士所钟爱。在其中他们可以保留属于自己的个性和他们的自由，觉得自己不被任何人掌握。但与此同时，他们却仍然是组织的一部分，能够享受组织所带来的同事的支持以及额外的弹性，甚至是讨价还价的权利①。

3)迪尔和肯尼迪的组织文化类型

迪尔和肯尼迪从企业的角度将组织文化分为四种类型，即硬汉型文化、努力工作/尽情玩乐型文化、赌注型文化、过程型文化。

其中，硬汉型文化是一个个人主义者的世界，他们通常选择高风险的工作，并能迅速得到自己的行动是否正确的反馈信息。

对于努力工作/尽情玩乐型文化来说，娱乐和行动是其原则。员工们承担低风险的工作，并能得到快速反馈。为了取得成功，该文化鼓励他们进行那些低风险但高强度的活动。

---

① 汉迪 C. 管理的众神．闻健，焦建译．北京：中信出版社，2011：3-21.

赌注型文化的特点是包含孤注一掷的决策，员工需要等待若干年，才能知道这一决策能否取得效益。这种环境中风险很高，但反馈很慢。

在过程型文化下，反馈很少甚至没有，工作绩效很难评估，取而代之的是成员更注重过程。当过程失控时，我们也可以用另一种方式——官僚来称呼这种文化。

任何企业的文化都包含这些文化，是这四种文化类型的混合体：市场部属于硬汉型文化；销售部和生产部属于努力工作/尽情玩乐型文化；研发部属于高风险、慢反馈的世界；财务部则处在官僚生活的顶层[①]。

4)布莱克等的组织文化类型划分

布莱克等使用方格图来对组织文化的类型进行了划分。

方格是用三个不同的度来建立的。横轴代表的是对生产的关心，或对结果的关心。纵轴代表的是对人的关心，也就是你怎样探查和对待那些和你一起工作的来取得成果的人们。每一个轴有 1 到 9 一共九个不同的值。当这两个轴交叉的时候，可以做出和激励有关的第三个度。这个度回答的是“为什么我要做我在做的事?”的问题，前面两个度都是从少到多的，第三个度和它们不一样，是两极分化的。它有一个加号(+)或正极，是我们要达到的事情；还有一个减号(一)或负极，它代表着我们要设法避免的事情。将纵轴与横轴结合起来，就出现了 81 种领导类型。其中比较有代表性的有五种领导类型。

贫乏型领导(1，1)，其中，对生产和对人的关心都是 1，领导者付出最少的努力来完成工作。

权威型领导(9，1)，其中，对生产的关心是 9，对人的关心是 1。在这一领导类型中，只重视任务效果而不是下属的发展和士气。

俱乐部型领导(1，9)，其中，对人的关心是 9，对任务的关心是 1。在这一领导类型中，只关注下属而不关注任务。

中庸型领导(5，5)，其中，对人和任务的关心都是 5。在这一领导类型中，既关注任务，又关注人。

团队型领导(9，9)，其中，对人和任务的关心都是 9。在这一领导类型中，既充分关心任务和效率，又充分关心人。这是理想的组织文化[②]。

5)科特的组织文化类型划分

科特从企业的角度将组织文化分为三类，即强力型企业文化、策略合理型企业文化、灵活适应型企业文化。

在强力型企业文化中，几乎每一个经理都具有一系列基本一致的共同价值观念和经营方法。企业新成员们也会很快接受这些观念、方法。在这种文化中，新任高级经理如果背弃了公司的价值观念和行为规范，不仅他的老板会纠正他的失误，他的下级同事们也会纠正他。

在策略合理型企业文化中，并不存在抽象的好的企业文化内涵，也不存在任何四海

---

① 迪尔 T E，肯尼迪 A A. 企业文化：企业生活中的礼仪与仪式．李原，孙健敏译．北京：中国人民大学出版社，2008：108.

② 这五种领导类型的详细介绍，参见：布莱克 R R，麦坎斯 A A. 领导难题·方格解法：管理方格新论．孔令济，等译．北京：中国社会科学出版社，1999.

皆准、适应所有企业的“克敌制胜”的企业文化。只有当企业文化“适应”于企业环境，这种文化才是好的、有效的文化。

在灵活适应型企业文化中，只有那些能够使企业适应市场经营环境变化并在这一适应过程中领先于其他企业的企业文化才会在较长时期与企业经营业绩相互联系①。

6)组织的文化强度与组织中的亚文化

通过以上组织文化类型的介绍，我们已经清楚，在一个组织内部存在多种类型的文化。但是，这些分析都是从理论上对组织文化的类型进行的一种划分。那么，在现实中，这些不同类型的组织文化是以怎样的方式组合的？这一问题，仅仅通过上述组织文化类型的了解并不能得到有效回答。为了有效回答这一问题，我们还需要了解一下组织文化强度(culture strength)和组织中的亚文化(subcultures)两个概念。

在现实中，尽管“所有组织都拥有文化，但并不是所有文化都相同程度地影响组织成员的行为和行动”②。这就是组织的文化强度应该回答的问题。所谓文化强度，是指组织成员就持有某种价值观的重要性所达到的认识上的一致程度。如果某种价值观在组织中获得广泛的共识，则该组织的文化就是有凝聚力的强文化。如果存在很低的共识，则该组织的文化就属于弱文化。与此同时，在一个组织内部，文化也并不总是统一的。即使是在具有强文化的组织内，特别是在大型企业内，也可能存在几类不同的亚文化。亚文化是在一个团队、部门或其他类型单位内形成的，是对其成员共同面对的问题、共享的目标及经验的反映。那些在地理上远离企业主体业务活动区域的下属单位、分支机构和办事处等可能会拥有各具特色的亚文化③。

罗宾斯等将组织的文化划分为七个维度：关注细节，期望员工表现出精确性、分析和关注细节的程度；成果导向，管理者关注结果或成果，而不是如何取得这些成果的程度；员工导向，管理决策中考虑对组织成员影响的程度；团队导向，围绕团队而不是个人来组织工作的程度；进取性，雇员富有进取性和竞争性而不是合作性的程度；稳定性，组织决策和行动强调维持现状的程度；创新与风险承受力，鼓励员工创新并承担风险的程度。使用这些维度可以对一个组织的文化进行系统、全面的考察。这些维度可以从低到高变化，如果某一维度较低，那么这一维度在组织文化中并不具有典型性；与之相反的话，就表明这一维度在组织文化中非常具有典型性②。

通过以上对于公共组织文化的相关内容的系统分析和介绍，我们已经能够知道，对于一个特定的公共组织来说，文化是极其重要的组成部分，它是组织竞争力的重要来源之一，也是公共服务质量的保证，因此，公共组织不仅需要立足自身实际积极建设自己的强文化，与此同时，还要积极协调组织内部不同文化之间的关系，促进它们之间的协调和融合。显然，这就是公共组织文化管理的主题。那么，什么是公共组织的文化管理？它出现的背景是什么？它的理论基础又是什么？接下来，在下一部分，我们将主要

---

① 科特J，赫斯克特J. 企业文化与经营业绩. 曾中，李晓涛译. 北京：华夏出版社，1997：16-68.

② 罗宾斯SP，库尔特M. 管理学. 第11版. 李原，孙健敏，黄小勇译. 北京：中国人民大学出版社，2012：49.

③ 达夫特RL. 组织理论与设计. 第10版. 王凤彬，张秀萍，刘松博，等译. 北京：清华大学出版社，2011：406-407.

介绍公共组织文化管理理论与实践的相关问题。

7.2 公共组织文化管理的理论基础

作为组织管理中的一个重要组成部分和内容，组织文化管理可以看做一种全新的组织管理理念，它的出现并不是偶然的。从产生原因上来看，公共组织文化管理是相关管理的理论和实践不断深入的结果，其出现不仅有着深刻的理论背景，并且有效回应了实践发展的要求。从实践上来看，“组织绩效应该依据组织目标来测量，高级管理层的作用就是将目标转化成战略——如果哪种都不是就是一种放任型策略。人们通过现有的结构和控制体系执行战略，其结果受到了组织文化的调节——这四个成分相互影响”①。

7.2.1 公共组织文化管理的定义与特征

1. 公共组织文化管理的定义

1)公共组织文化管理

正如组织文化这一概念首先出现于企业组织领域一样，组织文化管理这一概念同样也是首先出现在企业组织领域中。

概念是研究的起点和基础，因此，组织文化管理出现之后，为了进一步加强对组织文化管理相关问题的研究，相关学者都结合自己的理解对组织文化管理给出了自己的定义。例如，有学者将其定义为，“企业文化管理就是让全体员工共同参与到企业管理中来，使企业上下对企业的愿景、使命、核心价值观达成共识，然后通过相关的行为准则，贯彻于企业的战略、人力资源、品牌等各方面，从而系统地解决企业的核心问题”②。

由于公共组织与私营组织存在诸多明显的差异，因此，对于公共组织文化管理进行定义绝对不能背离公共组织的特征和宗旨。从这个意义上来看，在本书中，我们将公共组织文化管理定义为，在公共组织管理的过程中，为了有效提升组织的竞争力和服务质量，相关管理主体立足组织的实际，并且根据组织生存和发展的现实需要，确定组织的目标文化内容，采取多种方式努力实现组织文化的社会化，并且积极协调组织内部的不同类型的文化而进行的活动、制定的制度、确定的行为规范。

2)公共组织文化管理与公共组织文化建设的区别

与公共组织文化管理类似的还有公共组织文化建设这一概念，甚至，有学者将两者等同起来使用。事实上，两者之间是存在区别的，前者的内涵要更为丰富一些。例如，有学者从企业的角度对两者之间的区别进行了分析，企业文化建设主要是指，“根据企业发展需要和企业文化的内在规律，在对企业现实文化进行分析评价的基础上，设计制定目标企业文化，并有计划、有组织、有步骤地加以实施，进行企业文化要素的维护、强化、变革和更新，不断增强企业文化竞争力的过程。文化管理丰富了企业管理的文化

① 霍夫斯泰德 G，霍夫斯泰德 G J. 文化与组织：心理软件的力量．第二版．李原，孙健敏译．北京：中国人民大学出版社，2010：327-328.

② 王吉鹏．企业文化建设：从文化建设到文化管理．北京：企业管理出版社，2013：143.

内涵，提升了企业管理的文化品位，实现了企业管理的本质跃升”①。

在本书中，我们更加倾向于认为，公共组织文化建设与公共组织文化管理是两个不同的概念。相比较来说，公共组织文化建设的内容要少一些，它只是公共组织文化管理的重要内容之一，除此之外，公共组织文化管理还包括公共组织文化评估、公共组织文化的社会化、公共组织的目标文化定位、公共组织文化的变革等不同方面的内容。

2. 公共组织文化管理的主要特征

从管理学说史的视角来看，组织文化管理是20世纪80年代兴起的一种新的管理思想、管理学说和管理模式，它是在经验管理、科学管理、行为学派等理论阶段之后企业管理发展的一个崭新的阶段，是文化管理在管理思想发展史上具有里程碑意义的一种理论。文化管理模式是把组织文化建设作为管理中心工作的管理模式。具体来看，文化管理既是一种管理思想和管理理念，又是一种系统的管理学说和理论，还是包括企业管理在内的组织管理的一种管理模式。其具体包括以下三个方面：

(1)文化管理是以人为中心的管理思想和管理理念。它既不同于此前以物为中心的管理思想，也有别于西方的人本管理思想。

(2)文化管理是以文化竞争力作为核心竞争力的系统的组织管理学说和理论。它针对科学管理学说的缺陷和不足，又立足在科学管理的理论和实践成就之上；它强调组织文化建设，重视发挥文化竞争力的作用，但是并不同于文化理论。

(3)文化管理是把组织文化建设作为管理中心工作的管理模式，即文化管理思想、学说和理论在现代组织的管理实践方式②。

7.2.2　公共组织文化管理兴起的时代背景

1. 公共组织文化管理兴起的理论背景

从理论上来看，组织文化管理的兴起是组织理论演进的必然结果。公共组织理论是组织理论中重要的组成部分，从内容上来看，它是关于公共组织的构成、建立、运行和发展规律的知识体系。从西方公共组织理论的发展历史来看，其大体上经历了古典主义时期、行为主义时期和现代公共组织理论三个不同的发展阶段。在不同的历史阶段，相关的组织理论具有不同的研究假设和观点。总体来看，在一定程度上，公共组织理论演进呈现出越来越重视人的因素的发展趋势，组织成员不再是科学管理理论所认为的“工具人”。公共组织文化管理的兴起正是组织理论的这种发展趋势的重要体现。

19世纪末20世纪初，是公共行政学研究的起步时期，从这时开始，对公共组织尤其是政府组织的研究也开始了。由于当时组织理论的研究主要是为了适应科学技术和经济发展的现实需要，以科学化、效率化为基本目标，所以，公共组织理论的研究直接借鉴了一般组织理论，特别是企业组织理论的方法和成就。古典公共组织理论把专业化分工引入组织管理，强调通过严格的制度、规范的程序和明确的奖惩来求得组织效率的提

① 王吉鹏．企业文化建设：从文化建设到文化管理．北京：企业管理出版社，2013：143.

② 张德．企业文化建设．北京：清华大学出版社，2009：320.

高。这一时期的组织理论尽管侧重于组织内部的静态研究，忽视了社会环境对组织的影响和组织成员的社会需求，但却为公共组织理论的进一步发展奠定了基石。与此同时，在这一时期，一个重要的理论假设就是，组织成员是理性的“经济人”。组织理论并没有把人当做管理的中心，没有把对人的管理与对其他事物的管理有效区分开来。

到了 20 世纪 30 年代，行为科学的兴起对西方整个科学都产生了巨大冲击。行为科学理论是组织理论的第二个发展阶段，行为科学的思想与方法对组织理论也产生了重要影响。在这一阶段，心理学开始逐渐被引入管理理论中，梅奥的霍桑试验就是一个代表性的案例。这一时期组织理论的研究改变了从静态的组织结构角度来研究组织的状况，开始从动态、从心理行为机制的角度来进行研究，弥补了以往公共组织理论研究的不足，丰富了公共组织理论的研究内容。与此同时，这一时期的人性假设也有了革命性的转化。与古典学派相比，行为科学学派并没有把人当做机器，而是侧重于从心理的角度来分析人的行为。从管理中心上来看，行为科学学派将人作为管理的中心，但是，有一点值得我们注意的是，行为科学学派研究的主要是单个的人，而非群体。

20 世纪 60 年代以后，西方的组织理论进入了一个新的发展阶段，这一时期组织理论的研究和发展是与系统论、控制论和信息论的引进密切相关的。学者们不再把组织作为一个封闭的、孤立的团体，而是作为一个与内外部环境密不可分的开放系统加以综合性研究，既注重组织的静态研究，又注重组织的动态研究，更注重公共组织与内外环境适应性的研究，从而使人们得以更广泛、更全面，同时也更深刻地理解公共组织问题。在实践中，20 世纪 60 年代末的“新公共行政”以及 70 年代后的“新公共管理运动”和 90 年代的“政府再造”运动中，人们也都对政府等公共部门的变革给予了极大关注，试图探索寻找一条优于官僚制组织形式的新型公共组织形式。在这一系列运动过程中，公共组织理论也获得了不断的发展。现代公共组织理论包括系统与权变组织理论、行政生态组织理论、学习型组织理论、“企业家政府”和“无缝隙政府”等众多理论流派。到了现代管理理论的阶段，组织文化的问题逐渐开始“浮出水面”，得到了来自于理论及实践界的充分重视。

2. 公共组织文化管理兴起的实践背景

从实践上来看，公共组织文化管理兴起的背景主要包括以下几个方面。

1)知识经济的出现

随着社会的发展进步，知识在经济发展以及科技进步的过程中所发挥的作用越来越重要。随之而来的是，知识经济开始兴起。知识经济的出现给人们的生活及工作方式带来了重大影响。在知识经济条件下，组织形式的多样化越来越明显，这又对组织文化的建设提出了新的要求。

在知识经济时代，具有较高教育水平的成员成为组织的骨干力量。相比较而言，这些组织成员具有更强的专业技能和创新意识。但是，这种工作的效率主要是由成员的自主性、能动性以及责任感等因素共同作用的。对于这些组织成员的管理如果还是采用科学管理的方法，不可能取得预期的效果。因而，组织文化管理的重要性就变得越来越突出。

此外，还有一点值得我们注意的是，随着经济的发展，人们的收入水平持续提高，相应地，人们的生活条件和生活质量也得到了持续的改善。在这种背景下，人们关注的重心逐渐从收入等方面转移到了参与等内容上来。著名学者英格尔哈特(Inglehart)所主持的世界价值观调查的结论就证明了这一点，当收入水平提高之后，人们会更加注重参与等问题。在一个组织中，满足组织成员的参与要求、提高他们的组织满意度和忠诚度等，显然需要卓有成效的组织文化管理，因为，我们不可能从科学管理理论那里找到有效解决这些问题的答案，这是科学管理理论力有不逮的一件事情。

2)经济全球化的深入发展

当今世界的一个重要特征就是经济全球化的进程持续加快，与信息技术和交通工具等一样，市场已经成为"碾平"世界的重要力量之一。在全球化的背景下，资本、技术以及人力资源等多种要素能够在世界的范围内自由地流动，因此，一些国际化的公司开始出现，与此同时，跨国或者跨地区的企业并购也越来越多。全球化的加速发展也对组织，进而对组织文化产生了重要的影响。正如有学者所说的，"当我们进入新千年的时候，全球化的进程正在加速。在一个互相联系的、全球化的世界中，独立的传统、稳定的组织和文化不复存在。我们的世界以加速度的变化和进一步的多样性为特征。各个文化和组织中日益增长的多样性的事实，要求人们应具有全球化的知识、全球化的态度和全球化的技巧"①。对于一个特定的组织来说，上述多样性的特征体现在诸多不同的方面：组织成员来源的多样化；组织竞争对手的多元化；组织合作伙伴的多元化。为了有效应对这种多元化的挑战，组织必须更好地驾驭跨文化管理带来的冲击，熟练运用跨文化管理的方法和措施。

在全球化的背景下，组织成员的来源日益多样化，这就会导致组织成员文化背景的差异程度明显提高，组织成员在交往和合作的过程中难免会因为文化背景的差异而产生矛盾或者冲突。这一点在一些跨国公司中表现得更加明显一些。但是，随着公共组织的国际化程度越来越高，公共组织在不远的未来同样会遇到类似的问题。组织的领导者和管理者必须深入了解多样的文化背景知识，找到破解这一难题的钥匙。因此，跨文化管理成为了公共组织文化管理的重要内容之一。

3)组织工作性质的多样化

随着社会的发展进步，组织不仅变得日益多样化，与此同时，组织内部的工作也逐渐呈现出复杂化的发展和变化趋势。一般来说，一个组织内部可以有多种不同类型的工作。在这些工作中，有的是程序性的工作，而有的则是创新性的工作。从理想的状态来看，不同的工作应当具有相应的文化来适应，因为只有这样才能有效激活组织的活力。但是，这就会不可避免地导致"当两个来自不同文化的管理者和员工在一起工作时，就会出现不理解甚至冲突从而造成无法有效地完成任务"②。因此，组织不仅需要具有自己的强文化，还需要积极采取多种方法来协调不同的组织文化。在实际管理的过程中，"一个组织除了要将正确的组织文化恰当融合之外，还要紧密地团结在一起"③。相关学

---

① 哈里斯 P R，莫兰 R T. 跨文化管理教程．第五版．关世杰，等译．北京：新华出版社，2002：3.

② 陈晓萍．跨文化管理．第 2 版．北京：清华大学出版社，2009：25.

③ 汉迪 C. 管理的众神．闻健，焦建译．北京：中信出版社，2011：88.

者的研究结论表明，“拥有强企业文化的公司将四种文化类型中的最佳因素完美地融合在一起，这种融合使企业在环境不可避免地变化时，依然能够良好地运转”①。综上所述，组织工作性质的多样化也是组织文化管理兴起的实践背景之一。

7.3 中国行政文化的主要特征

行政组织是公共组织的重要组成部分，因此，行政文化也属于公共组织文化的重要内容。行政文化具有不同的层次，从空间上来看，有学者将行政文化划分为四个不同的层次：社会总体性的主行政文化；区域性的亚行政文化；机构性的行政文化；主体性的行政文化②。对于文化分析具有不同的分析维度，在本章的第一节，我们已经介绍了相关维度的内容。接下来，我们将借助霍夫斯泰德(Geert Hofstede)等学者提出的文化分析维度对中国行政文化的主要特征进行分析。在分析的过程中，将不同程度地涉及这些层次的行政文化。

7.3.1 中国行政文化的分析维度

霍夫斯泰德等学者提出的国家文化五个比较维度分别是层级(hierarchy)、身份(identity)、性别(gender)、真理(truth)和美德(virtue)。其中，每个维度都呈现为两个极端之间的连续统一体。层级维度体现为权力距离的大小(large power distance—small power distance)；身份维度的两个极端表现为个人主义与集体主义(individualism—collectivism)；性别维度表现为女性主义和男性主义的差别(femininity—masculinity)；真理维度体现为对不确定性的接受程度(strong uncertainty avoidance—weak uncertainty avoidance)；美德维度则表现为长期导向和短期导向的差别(long-term orientation—short-term orientation)。

具体来看这五个分析维度：权力距离是测量一个特定社会中容忍组织中权力不公平分配程度的指示器，它标志着人们对不平等的接受程度，反映人们接受社会成员中存在地位与权力差异的自觉性，也反映人们对组织层级和等级的尊重程度。个人主义与集体主义维度是指在一个国家中，人们是习惯于作为一个个体行动，还是作为一个紧密结合的群体中的成员来活动。这一维度关心的是个人对群体的水平依赖程度。性别取向维度是指特定社会中性别角色的差异，男性文化(阳刚气质)强调自信、工作任务导向的价值，推崇绩效、成功和竞争；女性文化(阴柔气质)则代表生活质量、维持良好的人际关系、服务、同情与团结。不确定性规避是指人们对日常生活中的不确定性和风险感到不舒服的文化倾向，它反映出特定国家中人们对结构性或非结构性环境的偏好程度，也反映了人们对变化与创新采取冒险的倾向和态度。长期导向代表面向未来收益的美德，特别是忍耐与节俭；其相反极是短期导向，代表着与过去和现在相关的美德，特别是尊重

① 迪尔 T E，肯尼迪 A A. 企业文化：企业生活中的礼仪与仪式．李原，孙健敏译．北京：中国人民大学出版社，2008：109.

② 王沪宁，竺乾威．行政学导论．上海：上海三联书店，1988：355-356.

传统、保存“面子”和履行社会责任。

7.3.2　中国行政文化的主要特征

霍夫斯泰德等学者提出的五维分析框架被广泛用于对国家和地区之间文化的比较研究。运用这一理论工具研究中国行政文化的基本特征，虽然难以做到面面俱到，但可以为我们提供一幅观察中国行政文化的简略地图[①]。

1. 较高的权力距离

根据霍夫斯泰德在 20 世纪六七十年代对 50 个国家和 3 个地区所做的实证研究结果以及后来通过重复性计算得出的结论，在 74 个国家和地区中，中国大陆权力距离指数(power distance index，PDI)得分为 80 分，与阿拉伯国家和孟加拉国并列排名 12～14 位，我国香港地区为 68 分，与法国和波兰并列第 27～29 位；我国台湾以 58 分与伊朗并列排在第 43～44 位。马来西亚以 104 分列第一位，奥地利以 11 分排在最后。较高的 PDI 表明，中国能够容忍较高的不平等性，尤其是社会和政治领域的不平等。中国封建社会建立在有着严格等级秩序的血缘宗法关系基础上。等级观念和官本位思想否认了个人权利和义务，使民众只能依附统治阶级，沦为君主政治的驯服臣民。计划经济时期，中国的全能主义政府涉入社会经济生活的各个方面。改革开放以后，虽然简政放权的努力没有间断，但赶超型发展战略的客观要求以及政府行政行为的惯性，都使中国政府依然保持着巨大权能，不断升级的寻租和腐败行为就是明证。就行政系统自身来说，长期的封建官僚制传统和中央集权体制造就了高度官僚化的组织。官僚组织内部层级界限鲜明，在组织中所处层级越高，享有的权利和特权越大。从政府与公民关系来看，缺乏信任、疏离甚至敌对是二者关系的常态。

与其他高 PDI 分值的国家一样，在中国社会中，权力、地位与财富往往具有相当的一致性。掌权者享有特权并且不断寻求运用权力来增加财富，这种状况同时也被各种可以使当权者看起来更有权威的象征性行为增强。一般情况下，掌权者的不良行径会被很好地掩饰起来，老百姓对此也有非常高的容忍度。他们通常的做法是通过送礼或行贿来达到个人目的；或者保持沉默，洁身自好。但如果个别官员滥用权力的现象走向了极端，或者某些政策触动了百姓的切身利益，达到让民众忍无可忍的程度，人们也会寻求反抗，直至采取暴力手段。在行政系统内部，对高度权力距离的容忍必然滋生出依附型行政文化，这种文化很容易走向极端，从而演化为遍布行政系统的奉承文化。等级观念已然渗透在机关中每个人的血管里，凡事都要以级别来划分。另外，在表面的“一团和气”背后，上下级之间也常常存在着基本的不信任。

2. 集体主义的身份认同

中国总体上是集体主义的社会。在新中国成立后的相当长的一段时间里，人们仍倾向于把个人主义等同于自私自利。三十多年的市场化改革深刻改变了人们对个人(权利与利益)的观念，但在个人主义指数(individualism index)比较中，中国依然处在非常

---

① 麻宝斌．中国行政文化：特征、根源与变革．行政论坛，2013，5：42-48.

靠后的位置。在74个国家和地区中，中国大陆得分为20分，排名第56～61位，我国香港地区为25分，排在第53～54位，我国台湾地区得分为17分，排在第64位。美国、澳大利亚和英国分别以91分、90分和89分排在前3位，表明其个人主义程度之高，危地马拉、厄瓜多尔和巴拿马分别以6分、8分和11分排在最后。这一结果同样也被英格尔哈特等学者的研究结论证明。中国人从小到大，始终被整合到家庭、单位等结合紧密的群体中，个人在忠诚于群体的同时也得到群体的保护。中国社会的集体主义特征表现在社会生活的方方面面，也渗透在行政系统之中。特定社会中个人主义或集体主义的程度直接影响到个人与其所属组织之间关系的性质。

在中国，高度群体取向的文化不仅加强了行政人员对政府系统的依赖，也加强了同僚之间的相互依赖，从而造就了小团体式的行政组织文化。首先，一个人进入政府机关，就意味着他(她)加入了一个职业群体，成为“内部集团”中的一员。这个“内部集团”为个人提供基本的价值实现、物质利益与心理满足。其次，政府官员似乎比其他社会成员更重视也更善于维持人际关系。在很多行政组织内，下级会称呼上级的正式官衔，而同级之间则互称兄弟姐妹。在正式和非正式场合，行政人员表达个人意见都非常谨慎。因为避免对抗与冲突被看做一种美德，由此，通过提前的私下沟通达成共识，彼此“顾面子”“给面子”成为通行的处世方式，这无疑有助于形成和谐的人际关系。最后，在政府系统中，由于政府机关公务人员在共同的生活和工作过程中，相互之间因利益一致、价值观一致、兴趣爱好相近、个性相似、背景相似而结合在一起，由此形成了大量的非正式组织。这种非正式组织具有较强的凝聚力和影响力，可以增强组织成员之间的情谊和心理认同，弥补正式组织中人与人之间情感交往的不足。但非正式组织以感情为纽带，以心理相容为基础，也会造成私情与公益之间界限的模糊，难免产生消极影响。例如，公务人员会对那些“自己人”格外照顾，法外开恩，待遇从优，而对“外部人”表现出冷漠、排斥或压制；过于强调“你中有我，我中有你”，将关系和感情置于法律和规则之上，由此增大了集体腐败的风险。

3. 偏向阳刚的性别取向

霍夫斯泰德使用男性化指数(masculinity index)区分各个国家和地区在性别维度上的差异。从分值比较来看，最男性化的国家是斯洛伐克(110分)，最女性化的国家是瑞典(5分)。讲德语的国家(奥地利、瑞士与德国)得分普遍较高，委内瑞拉、墨西哥和哥伦比亚等拉美国家也是如此。而盎格鲁国家(英国、美国、南非、澳大利亚、新西兰和加拿大)都在平均分之上。除日本以外的亚洲国家基本处于中间位置。女性化程度较高的社会包括法国、西班牙、秘鲁、萨尔瓦多、乌干达、危地马拉、葡萄牙、智利、哥斯达黎加和前南斯拉夫。芬兰、丹麦、挪威、瑞典和荷兰则属于极端女性化的社会。中国大陆为66分，与英国和德国并列排名第11～13位，我国香港地区为57分，与希腊、捷克并列第25～27位，我国台湾地区为45分，与土耳其、加拿大魁北克省并列第43～45位。

总体上看，中国的性别指数在74个国家和地区中处于中等偏上的位置，即中国是兼具阳刚与阴柔气质的社会，阳刚之气强于阴柔之气。中国大陆的得分明显高于港台地区，可能与改革后内地积极推动经济增长、推崇功利取向的社会风气有关。《中华人民共和国宪法》明确规定男女政治权利平等，《中华人民共和国妇女权益保障法》对实现妇女参与决策和管理的保障措施做出了进一步规定，《中国妇女发展纲要》明确提出妇女参政的具体目标。有这些法律政策基础，女性参政的发展状况在不断改进，所占比例不断提高，从动态角度看，女性在政治与决策领域中的参与同样有所增长，但实际的影响仍比较低，特别是在决策高层，女性参与的比例更低。另外，不同性别间一项重要差异是工作目标。一般来说，阳刚气质的社会更推崇收入、成就与晋升，而阴柔气质的社会更重视工作环境、工作氛围与职业安全。从社会层面看，中国历来有“习得文武艺，货与帝王家”和“学而优则仕”的传统。进入政府部门的男性或女性，似乎都无法回避对权力与职业地位的追求。从组织层面看，典型金字塔式的组织结构和高权力距离，导致行政组织成员总会眼睛向上看，将获得职务晋升作为核心目标。由于公务员对通过职业获取物质收益十分看重，而正常收入又普遍偏低，很容易诱发各种职务侵占和腐败行为。中国同时又是一个低个人主义指数国家，高度重视人际和谐与伦理道德，强调综合运用“情”“理”“法”等手段缓和与解决冲突，这就决定了行政组织内的决策方式与冲突解决方式同时具有一定女性化社会的特征。

4. 程度较低的规则导向

霍夫斯泰德等学者通过不确定性规避指数(uncertainty avoidance index，UAI)来区别一个社会对未来不确定性的规避程度。人类通常借助技术、法律和宗教等三种方式回避不确定性。在组织中，则通过技术、规则与仪式降低风险。在研究设计中，霍夫斯泰德主要依据工作压力、规则导向和长期工作的意向三个问题来测度UAI，据此说明英国与德国这两个非常相似的国家，在不确定性规避方面却有巨大文化差距。中国与西方文化在规则导向性程度上表现出鲜明差别，也就是社会或组织为了防止人们行为中的不确定性，对法律、法规和制度的依赖程度有显著差别。在74个国家和地区的UAI分值比较中，中国大陆得分为30分，与越南并列为68～69名，我国台湾和香港地区分别以69分和29分排在第39位和第70位。UAI分值最高的是希腊，为112分；得分最低的是新加坡，只有8分。从统计分析来看，除了日本与韩国外的亚洲其他国家和地区，非洲国家，以及北欧国家和荷兰，得分都处于中等偏下水平。在欧洲与西方国家，PDI和UAI之间具有较大程度的正相关性；而在亚洲与非洲国家，则存在高PDI和低UAI的情况。

中国总体上属于弱不确定性规避社会，规则导向程度低恐怕是主要原因。行政机构也表现出明显的弱规则导向性特征，人们对法律规范没有过多情感上的需要，行政组织对技术、法律与仪式的依赖没有对领导者的依赖来得实在而强烈。从公众与政府关系来看，普通公众对政府表现出更多的不信任与疏离。即便公共事务涉及自身利益，公众也鲜有参与机会。当决策权被留给行政领导和专家时，特别是公众缺乏基本的监督权时，行政人员接受贿赂的诱惑就会在无形中增大。同时，百姓更愿意抗议政府的决策，而且他们对在温和行动不起作用时采取的强烈、非常规的抗议行动持同情态度。在行政组织内部，高度集权并层级节制的组织结构是协调与化解冲突的主要工具。组织层级经常被用做降低风险。同时，行政组织倾向于产生大量规则与制度，这同样有助于免除具体行政人员的责任。另外，制定法律是一回事，遵守法律是另一回事。每个部门都在制造着导致决策和服务供给迟缓的过剩的规则、制度和程序，人们在创造出越来越多的规则以回避风险的同时，也会在“人治”传统和集体主义倾向的共同压力下创造出更加灵活的方式来回避规则，所以现实政府运作中盛行特殊主义取向的行为方式。执法者会通过选择性执法把一般性的制度规定变通成特殊性的结果。另外，在行政组织内部，不同声音被认为是危险的，会遭到极力的否定和抵制。少数派很难有表达意见和利益的机会，他们惧怕领导的权威，同时又无法依靠制度保护自己，故只能转而寻求维持良好的人际关系。

5. 长短并重的美德维度

根据 1985 年前后对 25 个国家所作的中国价值调查，可以比较不同国家和地区的长期取向(long-term orientation，LTO)得分情况。总体上看，东亚国家和地区分数最高，欧洲和其他西方国家分数较低，而一些第三世界国家的得分最低。中国大陆以 118 分居第一位，我国香港和台湾地区分别以 96 分和 87 分位居第二、第三位。得分最低的是巴基斯坦(0 分)。中国被看做长期导向最明显的国家。但正如霍夫斯泰德所说，无论是长期导向还是短期导向，都体现了儒家价值观念。儒家思想对中国社会有着根深蒂固的影响，所以，无论是长期导向还是短期导向的价值，都能够在中国社会中发现。

从长期导向的价值来看，忍耐与节俭依然被视为个人美德，孩子在家庭教育中就潜移默化地习得这一行为方式；同时，节俭也是政府所提倡的社会行为规范，“节约型社会”是政府提出的正式发展目标。当然，这不仅与儒家思想相关，更取决于中国人口多、底子薄，人均资源少的现实国情。同时，短期导向的价值也在影响着中国人的社会生活。“面子”是一个基本的社会考虑，爱面子、争面子、给面子、驳面子、有面子、没面子……作为支配中国人社会行为的潜规则长期存在。在很大程度上也是出于“面子”的考虑，互惠的问候、关怀与互换礼物构成人们社会交往不可缺少的组成部分，事实上已经作为一种传统和社会习俗得到人们的普遍遵行。在政治与法律方面，中国人始终在“人”的层面上寻求理想的政府模式，“德治”政府成为必然选择。至今，中国政府仍保留着一定程度的“人治”色彩。中国行政文化首先表现出对人际关系的重视，而人际关系的特征则是“基于美德”而不是“基于权利”。但是，对未来和对美德的强烈关注并不意味着长远利益与当前利益得到了有效调停，道德与行为在实践中实现了有机结合，现实可能是二者明显的背离。在中国社会中，既缺乏对统一的规则与制度的重视，又缺乏统一的、大家公认的道德准则，在市场经济的“潘多拉魔盒”打开之后，人们对利益的追逐就压倒了对美德的尊崇，局部利益、眼前利益常常优先于全局利益和长远利益。在行政系统中，正式颁布的伦理准则往往难以得到切实贯彻。

需要说明的是，行政文化是行政实践的深层结构，与经济、政治和社会系统相互依赖，随社会生态环境的变化而发展。中国进入经济和社会转轨期以来，伴随市场经济的发展和综合国力的提高，社会的各子系统都在发生深刻变革。行政文化也在行政系统的自身改革和社会总体变革过程中发生深刻变化。除了前面我们从层级、身份、性别、真理和美德五个维度概括的行政文化特征之外，转型时期的行政文化则表现出鲜明的过渡性、复合性和复杂性：从内容上看，传统与现代要素共存；从形式上看，规范与现实之间冲突；从功效上看，积极与消极影响并存。这些转型期的特征是当下中国社会的写照，但行政文化是社会文化的一种亚文化形态，受到社会文化的影响和制约，同时行政文化也深深根植于中国的历史传统。

7.4　公共组织文化管理的方法

著名学者彼得斯(Peters)和沃特曼(Waterman)在《追求卓越》(*In Search of Excellence*)一书中对企业文化的重要作用进行了分析，“文化的主导和连贯，对卓越企业而言是一种非常重要的气质，这点在卓越企业之间毫无例外。文化的力量越强，越以市场为导向，公司就越不需要政策手册、组织图和详细的程序与规则。在这些公司里，员工知道在大多数情况下应该怎么做，因为公司的价值观非常明确”①。虽然文化是一个组织的重要标志，但是，企业文化的形成绝非一日之功，需要一系列扎实有效的长效措施、全部组织成员的共同努力才能达成。“企业文化的形成，的确需要企业中每一个人去关心与认同，而且，若要变为持久与坚固不可动摇的精神堡垒，则需要有一套严谨的运作与执行方法。”②对于具体的公共组织来说，其文化管理的重要目的就是根据自身需要，确立适合自己的组织文化。具体来看，公共组织文化管理的方法主要有以下几种。

7.4.1　对组织文化现状进行科学的评估

在本书中，我们认为，明确组织文化的现状是公共组织文化管理的首要环节。在一定意义上，每一个组织的文化都有其独有的特征，都有其与众不同的一面。因此，对于一个组织来说，公共组织的文化管理需要就要明确自身文化的现状。在组织管理的过程中，“如果不了解现行的文化力量，做出的决定就可能导致不可预料的、违背意愿的结果”③。只有这样，在知道了自己的出发点之后，才能为组织文化管理的后续工作奠定坚实的基础，才会制定切实可行的措施来实现预期的目标。明确组织文化的现状，主要是“以完整的文化诊断模型和多种不同类型的文化调查方法，分不同管理层级、不同内容维度进行调研、归纳、分析，以便得出更为科学和符合实际的结论”④。从方法上来看，对组织文化的现状进行评估的方法主要有量化分析法、问卷调查法、观察法等。从组织文化评估的内容上来看，了解组织文化的现状主要包括如下内容：组织文化的类型；组织文化的现状和期望之间的差距；组织文化的强度；不同组织文化之间的一致性；与其他组织文化的比较⑤。

除此之外，在对组织文化现状进行评估的过程中，还需要对组织文化的影响因素进行分析。“我国组织中的某些传统文化因素，如对权威的尊重、集体主义、面子和关系等被认为会对组织行为产生重要影响。”⑥只有找到了组织文化的相关影响因素，才能制定出有针对性的对策建议来推进组织文化管理的进行。

---

① 彼得斯 T J，沃特曼 R H Jr. 追求卓越．胡玮珊译．北京：中信出版社，2009：61.
② 陈春花．企业文化管理．广州：华南理工大学出版社，2002：236.
③ 沙因 E H. 企业文化生存指南．郝继涛译．北京：机械工业出版社，2004：3.
④ 王吉鹏．企业文化建设：从文化建设到文化管理．北京：企业管理出版社，2013：49.
⑤ 卡梅隆 K S，奎因 R E. 组织文化诊断与变革．谢晓龙译．北京：中国人民大学出版社，2006：47.
⑥ 张勉，张德．组织文化测量研究述评．外国经济与管理，2004，8：7.

7.4.2 建设适合组织特点的组织文化

组织文化是一个组织的重要标志之一，也是组织竞争力的重要来源之一。“虽然战略、市场形象和科技的领先是非常重要的，但高度成功的企业往往都投入了大量的精力来建设一种可以发展和管理与众不同的组织文化的力量。”①因此，我们看到，在实践中，无论是私营组织还是公共组织，都注重建设适合自己特点的组织文化，在组织文化建设上投入了很大的时间和精力。由于组织文化会受到组织传统等因素的影响。同时，不同公共组织所承担的职能是不一样的，组织的员工构成也存在明显的差别，与此同时，组织的历史传统也各不相同。这就导致了组织文化建设过程中的“路径依赖”。我们看到，很多高等学校都根据自身的发展历程以及独特的学科优势等因素，明确了具有自身特色的校训；一些政府职能部门也立足自身的职能定位，提出了自己的组织文化建设目标。换一个视角来看，这些特色鲜明的校训或组织文化又成为了激励组织成员努力的重要因素之一。

总而言之，包括公共组织在内的所有组织都需要立足自身的职能定位以及使命陈述等因素，明确自己的组织文化。只有当一个组织建立起与自己的职能、使命、结构等相适应的组织文化时，才会成为一个具有竞争力的组织。

7.4.3 积极实现组织文化的社会化

通过对组织文化功能的了解，我们已经清楚，组织文化可以凝聚组织的力量，可以规范组织成员的行为，可以增强组织成员的工作动机。事实上，所有这些，当且仅当在组织文化被组织成员广泛认可以及接受的情况下才能实现。在这个意义上，确立组织的文化之后，还需要通过一系列切实可行的方法来积极促进组织文化的社会化，使组织成员接受组织文化，进而内化为自己的行为，成为行动的指南和规范。组织文化的社会化所追求的就是一种“润物细无声”的效果。

具体来看，促进组织文化的社会化首先需要确立组织文化的实施步骤。由于组织文化包括行为、制度以及价值观等多个不同的层次，而组织成员对这些内容的接受时间也会不一致，因此，组织文化的社会化需要制定时间规划，使组织成员“由浅到深”地接受组织文化。其次，还需要建立健全组织文化社会化的领导体制。组织文化对于组织的重要性是不言而喻的，因此，需要建立组织文化社会化的体制。建立组织文化管理的相关机构专门负责有关工作。最后，组织文化建设离不开多元化的组织文化社会化途径。一般来说，对员工进行组织文化社会化的途径主要有故事、仪式、物质符号和语言②。也有学者将组织文化实施的方法概括为领导垂范法、造就楷模法、员工培训法、宣传推广法、制度检查法、礼仪固化法以及情境强化法③。

---

① 卡梅隆 K S，奎因 R E. 组织文化诊断与变革．谢晓龙译．北京：中国人民大学出版社，2006：4.

② 罗宾斯 S P，库尔特 M. 管理学．第 11 版．李原，孙健敏，黄小勇译．北京：中国人民大学出版社，2012：52.

③ 张国梁．企业文化管理．北京：清华大学出版社，2014：80-94.

7.4.4 充分发挥组织领导层在文化管理过程中的作用

组织的领导层在组织文化管理过程中发挥着不可替代的重要作用，对于一个具体的组织来说，其文化往往会与组织创立者的风格密切相关。尽管组织文化往往会受到多种因素的影响，“但目前为止最重要的文化起源还是创始人的影响。创始人不仅选择了新群体的基本使命和运营环境，还选择了群体成员，并且在组织努力战胜环境、整合自身的过程中，塑造了群体成员的反应方式”①。甚至，在某种程度上，我们可以说，“文化和领导力是一枚硬币的两面”。综合来看，领导层在组织文化管理的过程中承担着多种职责，不仅需要创建组织的文化，还需要立足组织不同的发展阶段，始终掌握组织文化的状况以及发展方向，适时推进组织文化的变革。首先，从组织文化的初创阶段来看，在一个组织刚刚建立的时候，组织领导者的风格会对组织文化的形成产生极为重要的影响，会在组织文化的风格上打下深深的“烙印”。其次，当组织从初建阶段进入成熟阶段之后，组织领导者同样需要根据组织发展的要求，进行积极地组织文化设计与管理，以更好地引领组织文化的发展。例如，“如果一种文化的要素失去作用，领导的独特作用就是识别现存文化中的有效或无效因素，并且管理文化的演变和变革，以帮助群体在多变的环境中生存”②。

7.4.5 有效协调组织内部不同文化之间的关系

尽管每一个组织都应当努力建设自己的强文化，但是，组织内部存在多种不同的亚文化，这是很难避免的，更是不应当被忽视的。组织文化首先应当与组织的人力资源管理等相适应。有学者研究发现，组织的“主导型文化类型和管理者风格、管理角色、人力资源管理、质量管理和效率之间的匹配，可以大大提升整个组织的表现”③。事实上，“对某一种文化或是混合型的文化本身来说，没有哪一种就是不好或是错误的，说其错误，只不过是并不适合其所属的环境而已”④。这就决定了组织文化还必须积极协调不同的组织文化。而组织文化管理的一项重要内容就是确立适合自己的组织文化，并且积极协调组织内部的各种组织文化。这主要是因为，在一个组织中，“如果某种文化融合出了错或无法保持平衡，或无法应时而变，就会导致组织该组织管理松散懈怠，工作效率低下，这种现象可谓是组织里潜伏的癌细胞”⑤。公共组织文化文化管理需要有效处理好组织文化的一般性与特殊性之间的关系。正如有学者所指出的，“文化建设的差异性和文化管理的统一性实质上就是存在于一个矛盾中所体现的特殊性和普遍性”⑥。

---

① 沙因 E H. 组织文化与领导力．第四版．章凯，罗文豪，朱超威译．北京：中国人民大学出版社，2014.：189.

② 沙因 E H. 组织文化与领导力．第四版．章凯，罗文豪，朱超威译．北京：中国人民大学出版社，2014.：20.

③ 卡梅隆 K S，奎因 R E. 组织文化诊断与变革．谢晓龙译．北京：中国人民大学出版社，2006：47.

④ 汉迪 C. 管理的众神．闻健，焦建译．北京：中信出版社，2011：4.

⑤ 汉迪 C. 管理的众神．闻健，焦建译．北京：中信出版社，2011：71.

⑥ 王吉鹏．企业文化建设：从文化建设到文化管理．北京：企业管理出版社，2013：145.

7.4.6 适时推进组织文化的变革进程

在当今世界，变化可以说是唯一不变的特征，社会不同领域的一系列变化令人感到目不暇接。并且，从系统论的角度来看，快速变化的组织环境不断对组织提出新的要求和挑战。在这种情况下，组织必须积极因应外部环境的发展变化而进行及时的变革。由于组织变革是一项系统的工程，必须要求组织文化的变革与之同步。“当企业原有的文化体系因难以适应企业内部发展及外部经营环境的变化而使企业经营陷入困境时，变革原有企业文化，创建一种适应形势发展要求的新文化，就成为一种必然。”①换一个角度来看，当组织文化的变革滞后于组织的其他方面时，显然，组织文化就会成为组织变革的一大阻力，阻碍着整个组织的变革进程。从时间上来看，组织文化的变革会有不同的时机，例如，“组织文化有时候是由企业的创始人所创造的，有时候又是在遭遇困难或克服困难时诞生的(比如可口可乐)，也有时候是由公司的管理层决定改进企业的表现时持续发展而来的(比如通用电气)”②。因此，在公共组织文化管理的过程中，需要立足组织变革的需要，适时地推进组织文化的变革，使得组织能够始终保持足够的竞争力。

➤思考题

1. 文化的定义是什么？试列举你所熟悉的一些现象来证明。
2. 文化可以分为哪些层次？不同层次的文化具有怎样的区别？
3. 文化包括几个方面的内容？
4. 什么是组织文化？请尝试举例说明。
5. 组织文化包括哪些方面的内容？
6. 组织文化主要包括哪些类型？你比较认可哪种组织文化的分类标准？
7. 霍夫斯泰德提出的文化分类的标准是什么？
8. 汉迪所提出的文化适宜性理论的内容是什么？
9. 什么是公共组织文化管理？
10. 公共组织文化管理兴起的背景是什么？
11. 中国行政文化的特征体现在哪些方面？
12. 公共组织文化管理的方法主要有哪些？
13. 选择一个你所熟悉的公共组织，分析其组织文化的现状以及存在的问题，并且提出相应文化管理的对策建议。

---

① 陈春花．从理念到行为习惯：企业文化管理．北京：机械工业出版社，2011：212.

② 卡梅隆 K S，奎因 R E. 组织文化诊断与变革．谢晓龙译．北京：中国人民大学出版社，2006：4.

第 8 章

决策与执行——公共组织的运行过程

公共组织以维护公共利益，提供公共服务为根本宗旨。为了实现这一使命，公共组织必须具备相应的组织结构。除此之外，公共组织还必须通过科学、有效的决策和执行活动来将维护公共利益、提供公共服务的使命“变现”。因此，组织结构的设计、组织的决策与执行行为等都是公共组织履行职能的过程中必不可少的内容之一，也是公共组织理论的重要研究内容。如果我们将组织结构理解为是从静态的角度来对公共组织进行分析的话，那么决策和执行活动则可以认为是从动态的角度来对公共组织管理进行认识，也就是对公共组织实际运行过程的研究。“对集体决策的采纳与执行必然涉及协作。”①这表明，将决策与执行结合起来进行分析才是理解公共组织运行过程的基础和关键，忽视其中任何一个都不可能对公共组织的运行过程有深入的了解。“‘决策’工作同‘执行’工作一样渗透到整个管理型组织中，事实上这两者紧密相连，缺一不可。因此，一般管理理论既要包括保证决策正确制定的组织原则，又要包括保证决策有效执行的组织原则。”②

在理论上来看，决策与执行是公共组织运行过程中的两个既相互联系又相互区别的组成部分。首先，从联系上来看，决策是执行的前提和基础，为执行提供指导，如果没有决策，执行就如同在茫茫大海上航行的船只没有了导航系统。而执行则是决策得以落实的保障决策，“是目标和结果之间的桥梁”③，如果没有执行，决策的内容无论如何完美也只能是一种构想。其次，从区别上来看，决策与执行是组织两种不同的职能和行为，决策强调民主性与科学性，而执行则强调主动性和有效性。由于决策活动与执行活动是相互联系的，因此，在公共组织的运行过程中，只有两者相互支持，而不是冲突时才能有助于公共组织使命的达成。但是，我们可以看到，在现实中，公共组织的决策与执行之间往往会发生一些较为明显的冲突，甚至有时候会出现决策与执行“两张皮”的现象。在这个意义上来看，在公共组织管理中，公共组织运行过程管理的实质就是有效协

---

① 韦默 D L，瓦伊宁 A R. 公共政策分析：理论与实践．第四版．刘伟译．北京：中国人民大学出版社，2013：252.

② 西蒙 H A. 管理行为．詹正茂译．北京：机械工业出版社，2013：2.

③ 博西迪 L，查兰 L，伯克 C. 执行：如何完成任务的学问．刘祥亚，等译．北京：机械工业出版社，2011：9.

调决策与执行两种行为之间关系的过程。接下来，本章将立足公共组织的特征，从公共组织决策与执行的定义、决策与执行两种活动之间的关系、公共组织决策与执行的实践以及决策与执行两者之间的关系如何进行协调等多个方面，对于公共组织的运行过程进行详细的介绍。

8.1 公共组织决策

8.1.1 公共组织决策的含义

在最一般的意义上，决策可以理解为做出决定和选择。现代社会科学研究中使用的"决策"，最早出现在西方管理学的相关理论中。关于决策的含义，不同学者都提出了自己的主张，各种理论并未形成统一的定义。戴伊(Dye)认为，决策是"政府选择做与不做"①。西蒙(Simon)认为，"'选择'和'决策'可以相互替换使用"②。此外，也有学者将决策定义为，"是指人们在正确地认识客观规律的基础上为自己的行动确定目标和选择行动方案的过程，亦即做出决定的过程，它既是人们的一个理性思维的过程，又是一个决断的过程，因而也是人们意志活动的过程"③。但就管理学的一般意义来看，决策是组织管理的一个重要环节，是指组织制订若干方案、优化选择、付诸实践，以实现一定目标的过程。甚至，西蒙认为，"管理过程就是决策过程"④。

在分析了已有决策的相关定义之后，我们认为，公共组织决策是决策在公共组织管理领域的集中体现，是指公共组织及其工作人员，为了国家和公众的利益，运用科学的决策理论与方法，为一定的公共行为确定行政目标，制订、优选并实施决策方案的过程。显然，政府部门和社会组织的决策都是公共组织决策应当分析的对象，但是，在这一章，我们主要分析的是政府决策，对政府决策的特征和过程等相关问题进行介绍。

8.1.2 公共组织决策的特征

理解一个概念的最好办法就是把它与对应的概念作比较，公共组织决策对应于私人组织决策。所以，理解公共组织决策，有必要指出它与私人组织决策的异同。公共组织决策的很多决策方法来源于私人组织决策的理论研究和实践应用。公共组织决策与私人组织决策有共通的特性，但毕竟公共组织是不同于私人组织的组织形式，所以，公共组织决策又有其不同于私人组织决策的特性。具体来看，公共组织决策的特征主要体现在如下几个方面。

(1)决策主体的特定性。从公共组织决策的主体来看，其主体是掌握公共权力的公共组织和公共组织人员，主要是国家机关，这是公共组织决策最为常见的行为主体，而

---

① 戴伊 T R. 理解公共政策．第十二版．谢明译．北京：中国人民大学出版社，2011：1.
② 西蒙 H A. 管理行为．詹正茂译．北京：机械工业出版社，2013：3.
③ 胡象明．公共部门决策的理论与方法．北京：高等教育出版社，2007：3.
④ 西蒙 H A. 管理行为．詹正茂译．北京：机械工业出版社，2013：6.

另外一些主体是经过国家机关授权的公共社会组织。决策主体特定性的特点也决定了以下公共组织决策的特点。

(2)决策内容的广泛性。从公共组织决策的内容来看，公共组织决策的内容是十分广泛的，它不同于一般的决策，是不仅仅集中在几类或某个问题上的，而是涉及人类社会生活的方方面面的。例如，国防政策、福利政策、财政税收政策、农业政策等都属于公共组织决策范围。尽管现在“政府失灵”的影响使“有限政府”的消极理念愈加突出，但是这不是说政府组织“让渡”的决策权力已经根本脱离了组织职能的限制。

(3)决策效力的权威性。从公共组织决策的约束范围来看，公共组织决策比企业组织决策更具有权威性。而其权威性来源于公共权力的强制性和决策的合法性。公共组织决策的权威性表现在：公共组织决策方案一旦公布，它对社会生活中的各个层面就具有普遍的约束作用，社会中的任何组织和个人都要按照公共组织决策指向的目标规范自己的行为，履行决策规定的任务。当然，决策的权威性往往和一定的惩罚性措施紧密相连。如果缺乏惩罚性措施，决策就会失去强制力，无法贯彻执行。

8.1.3　公共组织决策的体制

公共组织决策体制是指公共组织决策机构和人员组成的组织体系及制度。现代公共组织决策体制的内容，按其功能进行区分，主要包括决策中枢系统、决策咨询系统和决策信息系统三个部分。

1. 决策中枢系统

在现代公共组织决策体制中，存在一个行使最终决策权并承担全面决策责任的核心集团，这个核心集团就是我们所说的公共组织决策中枢系统，也称公共组织决策中心。它由拥有公共组织决策权的领导机构及其人员组成，有权对一定范围内的行政管理问题做出决策。一个公共组织只有一个决策中枢系统，切忌多中心，政出多门。公共组织决策中枢系统的任务主要包括以下几项。

第一，领导、协调、控制整个决策过程。现代公共组织决策是一种集团决策，在决策过程中既要有多方面的组织和人员参与，又要与多方面的组织和个人发生关系。为了保证决策行为有计划、有步骤地进行，就需要对决策过程加强领导，对各个方面的组织和人员进行协调，对决策活动进行必要的控制。

第二，确认决策问题、决策目标和决策方案。在实际的公共组织决策过程中，决策问题并不一定都是公共组织决策中枢系统发现的，但必须经决策中枢系统确认才能提到议事日程；决策目标也并不一定都是公共组织决策中枢系统确定的，可能是其他的组织和人员设计的，但只有经决策中枢系统的确认方可成为正式的决策目标；决策方案一般由行政咨询机构设计，但设计后必须由决策中枢系统进行科学的评估，才能最终确定。

显然，公共组织决策中枢系统在整个公共组织决策体制中居于核心地位，其决策水平与决策质量直接关系着公共组织决策的质量，进而影响到整个行政管理活动的成败。

2. 决策咨询系统

决策咨询系统也称“智囊团”“思想库”，是为公共组织决策服务的辅助机构，主要由各专业科学研究机构和政策研究机构及其人员组成，是现代公共组织决策体制不可缺少的重要组成部分。就其性质而言，主要具有以下两个特点。

第一，辅助性。这是公共组织咨询系统与公共组织决策中枢系统的主要区别。行政咨询系统的主要职责是为公共组织决策中枢系统的决策提供服务，是中枢系统的参谋，但不能代替中枢系统决策。这种参谋的地位决定了它在公共组织决策体制中属于一种辅助性的机构。

第二，独立性。独立性是指行政咨询系统不受中枢系统的控制与影响，独立地依照具体情况做出自己的判断。凡咨询系统都必须具有独立性，独立性是咨询工作科学性与客观性的前提。如果咨询系统不具有独立性，凡事以决策者的批示为准，将咨询工作作为论证某个决策者批示正确性的手段，这样的咨询工作不但对正确的决策无益，反而有害。

行政咨询系统的主要任务包括以下三个方面。

第一，发现问题。咨询系统辅助中枢系统发现行政管理活动中存在的问题，并向决策者提出问题，引起决策者对某个问题的关注，将这一问题提上决策者的议事日程。

第二，拟订各种决策方案。现代公共组织决策问题十分复杂，一个问题的解决往往需要多方面专业知识，涉及多方面的利益，因而具有多个解决方案。而决策者在知识、能力、精力等方面都是有限的，因此，方案的拟订工作往往由咨询系统来完成。

第三，论证决策方案。拟订方案的复杂性决定了论证方案往往需要由各方面专家共同完成，只有咨询系统具备这种多学科人才的优势。

由于现代公共组织决策任务的复杂性和行政咨询系统自身的特性，行政咨询系统在现代决策体制中发挥着不可替代的作用。由于行政咨询的独立性，可以有效地保证决策的科学性与客观性。各级领导者应高度重视咨询机构及其人员的重要作用，支持他们进行独立的科学研究，为他们的工作提供良好的环境和条件。但与此同时，行政咨询机构参与公共组织决策过程易忽视决策者本身的主观能动性。而在实际的决策过程中，决策者往往发挥着关键性的作用，从这个角度看，行政咨询系统的作用始终具有“谋”的性质，而不具有“断”的功能。

3. 决策信息系统

现代社会是一个极其复杂而多变的世界，要做出一项正确的决策，必须收集大量的信息。因此，必须建立行政信息系统。行政信息系统是从事行政信息处理的机构、人员及信息通道、信息工具所组成的有机整体。这里的信息通道主要是指信息传输通道，它有三种类型：一是纵向传输渠道，主要是将不同级别的行政组织之间的信息进行传输；二是横向传输渠道，主要是同一级别的各行政组织，为了共同的决策和行动的需要，在彼此之间进行信息传输；三是综合传输渠道，即既有纵向传输，又有横向传输。以上三类信息传输渠道构成一个复杂的信息传输系统。

行政信息系统的主要任务是把来自各种信息源的行政信息集中起来，进行科学的加工和处理，然后提供给公共组织决策中枢系统和行政咨询系统，为行政中枢系统和咨询系统的决策工作服务。现代社会是一个信息社会，信息量巨大且变化迅速，这就要求公共组织决策活动必须及时掌握准确的信息，才能保证决策行为的正确性，这也对行政信息系统提出了更高的要求。它要求行政信息系统收集信息必须全面、准确和及时。行政信息是公共组织决策的基础，为了保证信息的全面、准确与及时，必须不断健全行政信息网络，注重行政信息人员的培训，保证行政信息通道的畅通。

8.1.4　公共组织决策的过程

公共组织决策活动作为一个动态的过程，由多个环节构成。“这一系列活动包括议程建立、政策形成、政策采纳、政策执行、政策评价、政策调整、政策延续和政策终结。”①公共组织决策程序是指公共组织决策的一般过程，它反映了公共组织决策过程的基本规律。

1. 发现问题，确定目标

发现问题是公共组织决策过程的起点，因为公共组织决策者只有识别问题之所在，才能明确决策的对象以及所要达到的目标。所谓问题，就是指主观与客观之间的矛盾。所谓公共组织决策问题，就是指公共组织决策者的主观想法与行政管理对象实际情况之间的矛盾。所谓发现问题，就是要找出公共组织决策者的主观想法与行政管理对象的实际情况之间的矛盾所在。然后，在此基础上，明确界定组织所面临的具体问题。在现实中，有的决策问题是明显的，可以轻易发现，但更多的决策问题是潜在的，需要决策者花费时间和精力去发现，这就决定了公共组织决策活动必须要受客观条件与主观认识的制约。行政管理活动的广泛性与复杂性决定了公共组织决策活动面临的诸多困难，这就要求决策者在发现问题的过程中，必须弄清问题的性质、范围、程度、价值、影响以及问题发生的前因后果。这样，决策者才能对问题有一个通盘的考虑，做到心中有数，才能在此基础上合理界定决策目标。

发现和提出政策问题之后，需要做的工作就是确定决策的目标。确定目标是指根据决策问题的具体情况确定公共组织决策的具体目标。确定目标的过程中，要注意目标的明确性、时效性、层次性与可行性。所谓目标的明确性，是指在确定决策目标时，表达要准确，不能模棱两可，同时也要规定目标实现的标准，只有这样的目标才是具体且可操作的。所谓目标的时效性，是指确定目标的过程中，必须明确规定目标实现的时间期限。如果目标的实现没有一定的期限，就对公共组织决策活动毫无意义。所谓目标的层次性，是指确定目标的过程中要分清目标的层次，因为行政管理问题或简单或复杂，而且，有的问题可以一次解决，而有的问题则需要分解成许多大大小小的目标，其中低层次的目标，有时不过是达成高层次目标的手段，这就需要决策者对其安排先后，逐个解决。所谓可行性，是指决策目标实现的具体可能性或可操作性。在确定目标的过程中，必须考虑是否存在规定的期限内实现该目标的具体条件，包括政治的、经济的、文化的、社会的条件等。目标的可行性是衡量一个决策目标正确与否的重要标志。

2. 收集信息，拟订方案

决策者在发现问题并确定决策目标后，为了保证决策的正确性，必须收集与决

---

①　邓恩 W D. 公共政策分析导论. 第四版. 谢明，伏燕，朱雪宁译. 北京：中国人民大学出版社，2011：30.

策问题和决策目标有关的信息。在信息收集的过程中，必须充分发挥行政信息系统的作用。行政信息系统可以利用训练有素的信息人员、现代化的信息处理工具、科学的信息处理方法，为中枢系统和咨询系统提供全面、及时、准确的信息。掌握了这些信息，公共组织决策的中枢系统或咨询系统就可以在进行科学分析的基础上，拟订决策方案。

公共组织决策方案既是解决问题的具体措施与方法，又是实现决策目标的根本保证。这一阶段大致包括三项基本任务：一是列出所有方案；二是分析每一方案的实施条件与结果；三是对所有方案的可能结果进行比较分析。完成上述任务大体需要两个步骤：一为初步设计，即大致了解可能的解决方案，并对各个方案的基本情况有总体的了解与把握；二为具体设计，即明确方案的相关细节，主要是确定方案实施的步骤与方法。在拟订方案的过程中有两项必要的工作：一是明确规定实施细则；二是准确估计方案实施的结果。

此外，拟订方案还必须遵循两个原则：一是要有一定数量的方案，且方案之间相互排斥。这是保证决策正确的重要条件。决策在一定的意义上是一种选择，没有选择也就没有决策。选择就是在多个方案中的选择，如果只有一个方案也就不存在选择了。但如果多个选择之间没有明显差异，只是形式上的差异，也不能视为选择。只有多个方案彼此相互排斥时，公共组织决策的中枢系统才有可以选择的空间。二是要考虑公共组织决策方案的多因素性。行政管理活动的内容相当广泛，涉及社会生活的各个方面，在设计方案时，要把相关因素同时考虑进去，力争方案的详尽完备。

3. 分析评估，选择方案

拟订方案后，必须对决策方案进行分析和评估，在此基础上选择最佳方案，从而形成决策。方案的分析和评估就是对决策方案进行可行性分析，以作为选择决策方案的依据。一般而言，可行性分析主要包括四个方面的内容：一是对决策方案运行条件的分析，即该方案在当地是否具备实施的主客观条件，包括政治条件、经济条件、社会条件、技术条件、心理条件等。二是对决策方案进行成本分析，即分析该方案的实施需付出哪些代价，需花费多少成本。对公共组织决策方案的实施来说，其成本不仅仅是经济成本，还应包括政治代价和社会代价等。三是要对决策方案实施的后果进行预测，一个决策方案的实施可能给未来的政治、经济和社会带来一系列后果，这是选择方案时必须予以考虑的。四是对决策的效益进行分析，这些效益是多方面的，包括政治效益、经济效益、社会效益等。在对决策各方案进行分析的基础上，还需要做进一步的综合评估，以便对决策方案进行比较。

8.2 公共组织执行

8.2.1 公共组织执行的含义

简单而言，执行即为贯彻实施。具体来看，执行就是把各种组织中的以法律、法规、政策、规定、决定等为形式的决策结果在实践中贯彻实施的过程。执行追求的效果是正确地做事以实现预期的目标。公共组织作为整个社会及其重要的组织形式，它的决策执行效果直接关系到组织的生存发展，服务对象对组织的满意程度乃至整个社会竞争力的全面提升。公共组织决策执行主要是指公共组织及其工作人员为实现一定的决策目标而充分调动一切可用的资源，包括组织内外的人财物等，采取一系列的措施落实已做出的公共组织决策。公共组织决策执行是公共组织正常运行过程中一个相对独立的环节，是公共组织及公共组织人员按照相关规定实施公共组织决策，以实现预期决策目标活动。公共组织决策执行是一个过程，它开始于公共组织决策形成的时候，终结于公共组织决策目标实现的时候或者决策终止的时候。

8.2.2　公共组织执行的特征

公共组织决策执行作为公共组织活动过程中相对独立的环节，较之私人组织决策执行等其他环节，我们认为，理解公共组织决策的执行，应该从以下几个方面来把握其特殊性。

1. 公共组织决策执行的主体是公共组织及其工作人员

执行主体是公共组织与私人组织之间相互区别的重要标志之一，作为公共组织决策的执行主体，只有首先给予明确，才能在一开始把握住公共组织决策执行的核心。实际上，决策执行主体工作中的大部分时间和精力都是用来执行公共组织的决策。

2. 公共组织决策执行活动具有强制性

公共组织不同于一般的社会组织，作为公共组织的主体部门是政府部门，它们以国家强制力为后盾，可以要求执行对象必须服从执行者所发出的执行指令、遵守执行有关制度和规定，否则，执行机关和执行人员就有权对其实行职权范围内的强制措施或处罚行为；即便是其他类型的公共组织，因其各种规章制度比较完善，也对其工作人员有比较强的约束控制力。

8.2.3　公共组织执行的原则

1. 坚持决策目标和决策标准的原则

这可以说是公共组织决策执行的根本原则。公共组织决策是为了解决实际问题而制定的，有目标指向性。决策的标准是实现决策目标的标准，是衡量是否实现决策目标的尺度。因此，公共组织决策执行必须以决策目标为导向，以决策标准为尺度，忠于决策目标，坚持决策标准。在公共组织执行过程中不能擅自修改决策目标，也不能擅自降低决策标准。

2. 主体毅力的原则

公共组织执行主体在前面已经叙述，所谓主体毅力原则，是指在确立公共组织人员的主体性地位、明确公共组织人员的岗位职责、充分重视人的价值前提下，公共组织执行人员能够充分发挥个人的主动性、积极性和创造性，从而增强个人参与公共组织执行的自觉性，在执行活动时能够持之以恒，以坚忍不拔的精神将决策贯彻到底。公共组织执行一般是比较长的活动过程，而且时常有可能遇到各种影响决策目标实现的因素，这就需要执行主体有坚强的毅力。如果在执行过程中遇到困难和阻力，不是想办法去克服履行好职位职责，而是动摇退却半途而废，那么任何决策目标都不会实现。

3. 条理计划的原则

所谓条理计划原则，是指公共组织执行要有周密的计划安排，严格按程序办事，使各项工作有条不紊地进行。公共组织执行程序是指由行政执行行为和步骤构成的执行活动过程。要贯彻和坚持这一原则，需要公共组织执行机关及相关人员以实现决策目标为中心，依据周密的执行计划和步骤，抓住主要矛盾，分清轻重缓急，按照先后顺序使各方面工作有序进行。

4. 创造灵活的原则

创造是指在准确执行决策的前提下，根据时间、地点和情势，创造最有效的执行方式和方法，以取得最好的效果。所谓创造灵活原则，是指公共组织执行活动在不违背决策目标的前提下，从实际出发，创造性地使用创造方式和方法，较灵活地实施公共组织决策。公共组织执行既要求忠实于决策，使贯彻执行不走样，又要求创造性的贯彻执行。公共组织执行既要正确领会决策意图，又要恰当地把上级决策同本地区、本部门的实际情况有机地结合起来，创造有效的执行方式和方法。如果公共组织者只是机械地理解和执行上级决策，毫无创造灵活精神并且没有创造性思维，那样就会使决策执行效率低下，甚至事与愿违。

5. 团结协作的原则

公共组织执行是由若干个公共组织执行机构和执行人员等要素构成的一个整体的系统。在这个系统中，各要素之间存在着相互依存、相互制约的关系，其中每一个要素要发挥其功能，都要依赖其他要素的配合，任何要素的不协调、不合理都会引起矛盾，影响整个执行系统的功能发挥。因此，公共组织执行过程必须坚持团结协作的原则，确保每一个执行机构、每一个执行人员都能相互配合，协同动作，从而保证整个执行过程的协调运转。

6. 迅速有力的原则

所谓迅速有力原则，是指在决策正确做出后，公共组织执行要雷厉风行、果断、及时、不拖拉、不积压、不欠账，迅速有力地得到好的执行效果。公共组织执行的意义就在于以最快的速度、在短时间内圆满地实现决策目标，要把握两点：一是讲究实效，不能耽误良机；二是办事果断，节奏紧张，杜绝拖拉推诿作风。当然，公共组织决策执行也决不可操之过急，简单图快。否则，往往会事倍功半，不能准确地实现预期目标。

7. 合法化原则

公共组织执行的行为，是以强制力为后盾的。公共组织为了达成决策目标，必然使用各种组织方法和手段。不采用这些组织方法和手段就不能实现决策目标。公共组织采取各种方法和手段，包括强制手段是容许的。但是，这些方法和手段不能违背宪法和法律，不能违背党的政策，更不能损害公民和法人的基本权利，尤其不能侵犯人权。没有触犯法律纪律不能随便处分个人，更不能私设公堂，进行严刑拷打，非法逼供，这也是民主行政和社会主义法制所不容许的。

8. 检查原则

所谓检查原则，是指公共组织执行中为避免偏差，适应变化了的情况而对决策实施过程进行的跟踪检查和民主监督。在贯彻这一原则时，应注意检查公共组织执行过程中有没有偏离原决策。公共组织执行机关和人员是否遵循工作程序，有无官僚主义、不负责任的现象等。对检查中发现的问题应时应地地做出新的决定和调整，以保证决策目标的顺利完成。

9. 反馈原则

公共组织执行过程中的反馈，有助于公共组织执行者修正和改进执行方案，提高执行效率和效益，对于一些政策制定也有一定的促进作用。很多公共组织政策执行表明，一项公共政策在实施过程中，很难做到与目标完全一致，没有一点偏差，这就要求在检查的基础上能够跟进反馈信息，以便随时纠正偏差。这就对公共组织执行人员提出了要求，即高度重视决策实施过程中的信息反馈工作，如果发现问题，就应当及时采取相应措施，保证整个执行活动的顺利完成。

8.2.4　公共组织执行的过程

公共组织执行是一项复杂的管理活动，为了有效地做好执行工作，就必须制定公共组织执行的程序，并做到各环节之间有效的协调。所谓公共组织执行的一般过程，就是把公共组织决策方案付诸实施的过程。公共组织执行工作的一般过程由执行的准备阶段、执行的实施阶段和执行的总结阶段[①]等组成，不同阶段有不同的要求。

1. 公共组织执行的准备阶段

准备阶段是公共组织决策执行的第一阶段，准备阶段的工作是多方面的，而且对不同决策的实施也有不同的准备内容。执行决策应未雨绸缪，“不打无准备之仗”，准备工作是否充分对公共组织决策执行的整个过程有直接的影响，所以应做好准备阶段的工作，为下一步实施活动的开展创造有利条件。一般而言，公共组织决策执行的准备阶段包括制订执行计划活动和一般准备活动两方面的内容。

1)制订执行计划活动

在接到决策中心的指令后，担任执行任务的部门和单位应当认真学习和研究决策，准确领会其实质，明确分析其目标，按照实际情况分析指导思想、工作任务、工作要求、工作方法、步骤和措施等，涉及目标、人、财、物、机构、程序、时间、地点等要素。执行活动的计划类型又包括：按层次划分有全国性计划、地区性计划和基层计划；按时间划分有长期计划、中期计划、短期计划和即时计划；按内容划分有经济发展计划、社会发展计划和科学技术发展计划；按强制性程度划分有指令性计划、指导性计划、引导性计划和参考性计划等。

具体来说，公共组织决策执行计划的制订可以分为以下几个步骤。首先，分解决策

---

① 陈庆云．公共政策分析．北京：北京大学出版社，2011：182-188.

目标，即根据决策方案的要求和客观现实情况，将决策目标进行科学的分解，深刻地把握决策目标的内在结构和重点关键所在。同时明确分解后的各具体目标，注意引入量化指标体系来表示各分解目标的实现程度。其次，明确各项任务的轻重缓急和先后顺序，做到分清主次，在多个执行计划中抓住主要矛盾，形成一个排列有序的行动体系。再次，确定完成各项任务的主要方式、手段和要求，根据不同的公共组织执行活动，采取形式多样的方式和手段，使之成为一个合理、合法的工作标准体系。最后，执行计划的制订要量力而行，根据现有所提供的人、财、物的数量条件，采取相应的行动。同时对执行主体进行规划、选择和培训等，对保证公共组织决策执行的顺利进行也很重要。此外，充分考虑决策方案在执行过程中可能出现的问题及意外危害，并准备相应的防范解决措施。

2)一般准备活动

公共组织执行的准备具体包括思想准备、物质准备，以及组织、人员准备三项内容。

第一，思想准备。思想准备是指通过各种方式使执行者和执行对象都能够了解政策和法令的内容和意义，从而在思想上达成共识，并变为自觉行动的过程。决策的实施是由众多执行人员共同执行完成的，因此，在公共组织决策制定下达以后，必须先检查这项决策和命令是否符合法律法规的规定，是不是符合法定程序。在确保政策、法令和规定合法化的前提下，做好思想动员工作，让全体执行人员准确、清晰地了解决策的意图，以及实现决策目标的途径、步骤、方法和期限，还有自身任务及决策方案的意义和价值，使执行者和执行对象在思想上自觉地接受并努力为实现决策目标而奋斗，从而减少在决策执行中的阻力。由于有的决策代表了多数人的利益而可能会损害少数人的利益，有的决策代表长远的利益而对眼前的利益有所损害，这就要求在公共组织执行前向公共组织执行者、执行机构和社会各方面，通过教育、引导和示范方式，召开动员大会、开展协调对话、组织广泛讨论、运用媒体加强政策宣传，做好思想动员工作。力促获得他们对决策的理解、支持和接受，形成有利于公共组织执行的环境，并关心执行人员，为他们排忧解难，使其更好地发挥工作的积极性和主动性。

第二，物质准备。它包括经费准备和物资准备两方面。任何决策付诸实施，都需要一定的经费作保证。公共组织执行部门在接到执行指令后，要根据当时当地的具体情况，提出准确的预算。“兵马未动，粮草先行”，这一原则同样适用于公共组织决策执行的准备工作，因为公共组织执行也离不开一定的物质条件。对实施一项决策所需的物资，如办公设备、文件资料等，也要充分准备。公共组织执行部门对物资的可靠性、供应的实效性、品种的实用性和质量的保证等都必须做到心中有数。并应遵循经济和适用原则，使经费使用合理、物资购置得当，使仅有的经费和物资发挥较大的作用。这样才能实现公共组织决策的要求，为决策的实施创造有利的条件和环境。

第三，组织和人员准备。它是指根据执行决策的具体内容和重要程度，确定公共组织决策执行的具体执行承担机构，配备负责人和具体工作人员，确定职责职权的活动。任何一项决策的实施单有周密的行动计划，而没有良好的组织工作，是难以实现其决策目标的。因此，对机构和人员的设置都必须要从实际出发，坚持精简精干的原则。能在现有的机构中办理的事项，就不要再另设机构；能由临时机构完成的，就不建常设机构。对于参加公共组织执行任务的人员，要根据决策目标的需要进行选择，并合理授权，将责、权、利统一起来。另外，在做好机构和人员准备的基础上，还要着力完善领导制度、考核制度、奖惩制度、工作纪律和有关方面的规章等，以保障执行活动能高效地运行、决策目标能顺利地实现。

2. 公共组织执行的实施阶段

实施阶段是公共组织执行决策活动中工作较具体、情况较复杂、任务最繁重的一段过程，是公共组织执行的主体阶段。实施阶段的工作内容主要包括以下几个方面。

1)建立强有力的指挥中心

公共组织执行中的指挥可以分为三种类型：现场指挥，是指组织领导亲自在实施现场进行指挥；会议指挥，是指组织领导者通过各种会议形式进行指挥，这种指挥方式较常见，能起到较好地指挥和推动公共组织工作的作用；书面指挥，是指组织领导者利用各种行政公文的形式进行指挥，起到广泛而有效的作用。公共组织执行是公共组织运用行政手段向既定目标推进的过程，这个过程具有一定的强制性。它必须以服从命令、顾全大局为原则。一个强有力的指挥中心对公共组织决策的执行至关重要。它能正确理解和贯彻执行上级方针政策，对所领导的组织执行工作的意义有深刻的理解，对所辖部门和人员的情况了如指掌，对方案的实施步骤严格掌握，而且在预想不到的情况发生之时，能迅速做出正确的决断。指挥中心要实现有效指挥，还必须坚持统一指挥的原则，不能政出多门、多头指挥，否则下级就会无所适从。另外，指挥也必须依靠组织层级进行，不能越级指挥。公共组织中进行越级指挥，只能降低指挥效果，打击、挫伤下级部门的积极性和负责精神。

2)建立健全各项工作制度

公共组织执行是一种涉及诸多方面和诸多人员的系列活动，任何一个方面、一个环节的工作衔接不好，都会使整个执行活动被动。要避免出现这种被动局面，就必须依靠科学管理，依靠配套的工作制度和岗位责任，让每个执行部门和执行人员都明确自己“干什么”、“怎么干”、“干到什么程度”和“出现问题怎么办”等问题，以避免职责不清、相互推诿等问题的产生。另外，严格考核，并以考核结果作为奖惩依据，奖罚分明，有功则赏，有过则罚，进而做到令行禁止，提高公共组织执行效能，实现公共组织决策目标。

3)善于做好协调工作

公共组织决策执行中的协调是为了有效地实现公共组织目标，对公共组织系统与外部环境之间，公共组织机构及其人员之间的各种关系进行调整，使之相互配合地去实现行政目标的管理活动。公共组织决策执行作为一系列的活动，必然涉及多方面的工作配合及利益的调节和分配。公共组织执行任务能否顺利完成，在很大程度上取决于能否及时妥善地处理好协调工作。协调活动的目的在于化解矛盾、解决分歧，使组织之间、人员之间达到行动上的和谐一致。

4)加强公共组织执行中的控制

公共组织执行中的控制是指根据组织执行的目标和计划对公共组织决策执行进行检

查和调整的管理活动。公共组织决策执行的控制过程一般包括确定控制标准、衡量成效和纠正实际执行中的偏差。公共组织控制的对象是组织运行的过程，其目的是为了使组织活动和组织计划相符，更是为了保质保量地如期完成组织任务，实现预期的决策目标。公共组织执行是一个动态的过程，需要针对一个组织或人员在公共组织执行过程中的工作与计划所具有的差距或背离程度而采取一些纠正措施，避免出现意外，实际工作同计划不符时可及时采取补救措施。另外，通过控制环节也能检查下属的工作，保证其工作方向的准确性，提高工作效率。

3. 公共组织执行的总结阶段

公共组织执行的总结是指公共组织执行目标完成之后，对公共组织执行活动的过程和结果要认真进行检查总结，目的是肯定成绩、找出不足、积累经验，这是提高认识、自我完善必不可少的环节。公共组织决策执行总结阶段包括以下基本内容。

1)对执行情况的检查

检查的主要依据是决策目标的实现程度和执行方案的执行效果。对原决策目标检查的重点是检验其社会效益和经济效益。检验社会效益主要是看这项决策实施之后，是否有利于国家和民族的发展。经济效益是指在符合社会效益的前提下的经济效益。凡是有利于国计民生、能促进经济发展的决策，就是好的决策。对执行方案的检查，主要是看执行方案中规定的各项要求，如资金预算、物资消耗以及方法、步骤、措施等是否已经实现了原来的预想，是否符合原来的估算。

2)对执行情况的评定

依据一定的要求和标准，在执行情况检查的基础上，对执行部门和执行人员的工作做出评价并给予奖惩。评定的结论要以事实为依据，而不是以领导人的意志为依据，既不能投其所好，又不能先入为主，更不能存有偏见。否则，势必会歪曲事实，给工作带来不良的影响。

3)经验教训的汇总和反馈

执行中有成功的经验，也有失败的教训，为此，需将执行情况、考核结果、成绩评定、奖惩情况等方面的资料汇集在一起，以便于以后存档和查找，并要从整体、理论的高度，对整个执行工作加以概括，认真分析决策目标未能完成的原因或是未能圆满完成的原因。汇总得到结论后，要及时把总结的经验教训和信息反馈到决策中心(执行指挥者或决策指挥者)，使他们能从宏观上权衡利弊，正确总结经验教训，不断改进工作。

8.3 公共组织决策与执行的实践

8.3.1 西方发达国家的决策与执行改革

对于公共组织来说，决策与执行是其运行过程中既相互区别又相互联系的两种行为。我们都知道，传统公共行政是建立在官僚制组织基础上的，而传统的官僚制组织的一个重要缺陷就是决策与执行不分。在一个特定的组织中，“谁负责决策、谁负责执行，是浑然一体的，决策与执行一体化”①。为了更好地协调两者之间的关系，充分发挥决策与执行两种职能各自的优势，20 世纪末期以来，西方发达国家相继采用决策和执行二分法来处理决策与执行两种行为之间的关系。相对来说，最早开始的是英国的执行局改革。在 1988 年，英国内阁办公厅效率小组起草了调研报告《改进政府管理：下一步行动方案》(又称《伊布斯报告》)。该报告针对公益服务机构的特点，采用决策—执行二分法对公共部门进行改革，将部分负责政策执行且不适合转为企业的公共部门改为执行机构。这些执行机构在运作模式上与传统的政府部门有着很大的不同，政府改变原来直接管理的方法，不再干预执行机构的日常经营活动，而是通过一份为期 3～5 年的“政策与资源框架文件”实现对这类机构的间接管理，在框架文件的范围内，执行机构负责人在业务经营、资金使用以及人事管理等方面有很大的自主权，政府则定期对执行机构的绩效进行评估，并根据评估结果提出改善业务的指导意见。

在英国的改革之后，美国、法国、德国和日本等一些西方发达国家也进行了类似的决策与执行改革。但是，这些国家在实现决策与执行分开过程中所采取的具体措施和制度设计存在一定程度的差异。综合来看，西方发达国家在决策行为与执行行为关系的处理中大致形成了以下五种具有代表性的模式②。

第一种是政策局＋执行局模式，以英国为代表。这种模式的特点是在部门内部分别设立政策局和执行局，政策局负责协助部长制定政策，执行局专门负责政策执行；执行局相对独立，在人事、经费、管理等方面有较大的自主权和灵活性；部对执行局采取“适距控制”，实行契约管理、绩效管理、项目管理。英国是这一模式的代表，澳大利亚、加拿大、丹麦、荷兰、挪威、瑞典、新加坡等国都有类似的做法。

第二种是职能司局＋独立行政机构模式，以德法为代表。这种模式的特点是沿用传统科层的组织模式，在各部内仍设立职能司局作为骨干框架，同时由直属的独立行政机构，或者由归口管理的独立行政机构，负责相关政策法律的执行。独立行政机构一般依法设立，由部长直接领导或节制，人员属于公务员体系，可相对独立地开展工作。部属于独立行政机构，只负责某个方面的政策法律执行，部门决策并不是完全靠独立行政机构来执行。

第三种是职能司局＋相对独立模式，以美国为代表。这种模式的特点是内阁各部由内设职能司局组成，但在实际上许多职能局是相对独立的，不仅具有行政许可权和执法权，而且形式上独立对外开展工作，从事行政管理和提供服务工作，地位和功能相当于英国的执行局。例如，美国国土安全部整合进来的移民归化局、海岸警卫队、海关总署、联邦紧急事务管理署等机构，都有很强的独立性，主要从事执行性、管理性工作。美国农业部共设二十多个内设司局，其中许多职能局是相对独立的，主要承担执行职能，并在地方设派出机构。

第四种是职能司局＋外局＋独立行政法人模式，以日本为代表。这种模式的特点是在内阁各部内设立职能司局，同时设有部属外局或者独立行政法人，设置部门机构多样

---

① 李军鹏．政府职能转变的新视角：决策与执行分开．新视野，2001，1：41.

② 沈荣华．国外大部制梳理与借鉴．中国行政管理，2012，8：88-92.

化。部属外局是部的职能机构，相对独立，但受部的领导。独立行政法人是内阁部设立的具有独立法人地位的公共机构（相当于中国部委的直属事业单位）。独立行政法人与英国部内的公共机构、新加坡的法定机构相比，在性质和地位上大体相似，区别在于主要承担研究、咨询、技术、服务等职能工作，不包括行政、监管方面的机构。

第五种是职能司局＋地方派出机构模式，以发达国家为代表。在发达国家，中央和地方职能有比较明确的划分，中央政府各部大多都在地方设有垂直领导的派出机构或分支机构，有些按行政区划设置，有些则跨行政区域设置，机构、编制和经费预算都列入中央部门序列，属于中央部门体系的组成部分，如法国农业和渔业部在 22 个大区均设有派驻机构，日本农林水产省在地方设有 7 个地方农政局，美国农业部以及一些内设司局在地方也设派出机构。部门派出机构的职能，是在地方执行或督促地方执行中央决策，形成中央部门决策、派出机构在地方执行的关系。

8.3.2 中国公共组织决策与执行的实践

在介绍了 20 世纪末期以来西方发达国家所实施的决策与执行二分法之后，接下来，我们将主要介绍改革开放以来中国政府决策与执行改革取得的成绩以及存在的问题。

1. 中国政府决策体制的变革

改革开放以来，随着中国政治体制改革和行政体制改革的持续深入，中国政府的政府决策的民主化和科学化水平越来越高。总体来看，中国决策体制的变革呈现出如下几种趋势①。

1)从个人决策向民主决策转变

改革开放前，由于决策权力过分集中于个人，国家和社会的大事都由个人决定，个人决策实际上取代了党中央的集体决策。改革开放后，中国共产党从组织上和制度上采取措施推进决策民主化改革：一是实行会议民主，落实民主集中制和集体领导的会议民主制度，即重大决策需由会议集体讨论决定，禁止任何形式的个人专断；二是协商民主，即重大决策制定过程中需要经过充分的民主协商，包括制度化的民主协商和非制度的民主协商；三是扩大参与民主，即支持和鼓励公民以合法的形式表达自己的利益诉求和政策主张，参与重大决策的讨论。

2)从经验决策向科学决策转变

传统决策方式的最大特点是依靠过去的经验来做决策。改革开放后，决策体制改革的一个重要方面是要改变过去"拍脑袋"的经验决策方式，把现代科学技术手段和工具、科学的分析方法及科学的运作程序引入决策过程中来，为科学决策提供智力、技术和方法的支撑。从科学决策的角度说，决策已不再是领导、政治家所独揽的事情，专家、学者、政策咨询机构参与决策论证已成为决策过程的重要环节和不可或缺的重要因素。决策是一种理性选择行为，是一个有理性的行动者对于某种外部挑战做出的果断的反应。所谓科学决策，说到底是要使决策者的理性选择尽可能符合客观规律。

---

① 周光辉．当代中国决策体制的形成与变革．中国社会科学，2011，3：101-120.

3)从决策组织高度集中向决策组织结构分化转变

政治发展理论认为，决策机构高度集中向决策组织结构分化的转变是政治发展的一个重要指标。发展的这一方面首先指的就是结构的分化和专业化，由于分化，在体系中各种政治角色的功能专门性就会上升。如果说改革开放前的决策体制的趋势是不断强化决策权力的集中，导致以党代政，那么，改革开放后决策体制的发展趋向则是对国家政权机关在决策中的职能进行科学定位、适度分开，从而保证各种国家机关发挥各自的不可替代的作用。对国家的决策权力进行科学、合理的分工，在保证中国共产党在决策中的领导地位基础上，合理区分政党组织与立法、行政、司法机关活动的不同特点和在国家决策中的不同职能，并依照宪法和法律保证各种国家机关独立行使职权。也就是说，中国共产党的重大事项的决策权不能取代政府管理公共事务、制定公共政策的权力，更不能代替全国人大制定法律的权力。

4)从封闭式决策向开放式决策转变

改革开放前，中国的决策过程基本上是在封闭状态下进行的。改革开放后，国家为了适应尊重公民知情权、表达权、参政权和监督权的需要，逐渐加快了决策开放的进程，决策开放的形式也日益多样化。

5)从被动参与决策向自主参与决策转变

政治发展理论通常把政治参与的质量和程度作为衡量政治发展程度的一项重要指标。政治参与扩大是政治现代化的标志。改革开放前的政治参与主要是在社会动员下的参与，如各种形式的群众运动。这种参与往往是在外力的控制或自上而下动员下发生的，所以是一种被动性参与。改革开放后，随着公民权利意识的增长，公民参政不再被视为义务，而是一种权利。公民参政更多的是一种主动的、自愿的、理性的行为选择。

6)从非制度化决策向制度化决策转变

改革开放前，中国决策体制很不健全，制度化程度低是一个突出问题。改革开放后，决策体制改革的重点是强化决策体制和制度建设，使决策的制度化程度有了明显的提高。

2. 中国政策执行存在的问题及原因

1)政府执行力

政府执行力是指政府在贯彻执行法律法规、制度纪律、政策决策和组织战略中实现目标的实际程度。研究政府执行力，可经由执行主体和执行对象两个维度。政府执行主体包括行政组织和个人，由此，政府执行力可分为个人执行力和组织执行力；政府执行对象包括法律制度和公共政策，由此，政府执行力可分为制度执行力和政策执行力。四种执行力的组合研究，大体形成四个研究途径："制度—个人"维度是法学研究途径；"政策—组织"维度是行政学研究途径；"制度—政策"维度是政治学研究途径；"个人—组织"维度是管理学研究途径。单就行政学研究途径来说，又可分为宏观和微观两个层面：宏观层面研究侧重考察不同组织在执行特定政策时所表现出来的动机、力量和效力等，焦点在于不同(地域、层级)组织的执行力差异和影响组织执行力差异的主要因素，称为政策执行力；微观层面研究侧重于同一组织执行不同政策时所具有的资格、能力和才能，关注特定组织在执行不同政策时的执行情况及影响因素，称为组织执行力①。

2)中国政策执行中存在的问题

目前，中国政策执行中存在的问题主要是政策执行与政策目标之间的背离。有学者将这种现象称为执行阻滞②，也有学者将其称为执行梗阻③。从具体的表现上来看，政策执行与政策目标之间的背离主要有以下几种④。

第一，象征式政策执行，即在执行公共政策的过程中，只重视表面文章和形象包装，而忽视了深层问题的解决。政策执行成为一面到处挥舞的旗帜，政策目标则没有落到实处。

第二，附加式政策执行，即在执行公共政策的过程中，人为地附加了与政策目标背离的其他内容，使政策执行超出了政策的基本要求，为谋取地方或个人利益提供方便。"土政策"就是这种附加式政策执行的典型表现。

第三，残缺式政策执行，即政策内容只有部分被执行，而其余则被"遗忘"；或政策执行得不及时，缺乏时效性，导致政策目标实现得不全面、不充分。

第四，替代式政策执行，也就是"挂羊头、卖狗肉"，即在执行政策过程中，执行者用自己的一套政策替代既定政策，对符合自身利益的政策就充分利用，对不符合的就予以曲解变形，并且以是否符合自身利益作标准来决定对政策执行的态度。

第五，观望式政策执行，即政策执行主体或因疲于应付具体事务，或因担心目标人群的抵抗，或因自身私利难以得到满足等，行动迟缓、思想犹豫、心里矛盾，对政策执行持观望态度。这种观望式的政策执行大大降低了政策的执行效率，损害了政府在目标人群中的形象。

第六，照搬式政策执行，即在执行政策的过程中，执行机关不经过认真的政策学习与思考，不作调研，习惯于机械地照抄照转上级文件，不能根据实际情况提出政策执行的指导性文件，因而对下属部门的执行工作缺乏有效的指导，也导致下级执行机关的盲目和随意。

第七，规避式政策执行，即在执行政策的过程中，分工不合理，权责不明确，该完成的工作不能保质保量完成，该承担的责任则相互推诿。这种政策执行方式同样严重地损害了政府形象，降低了政策执行效率。

3)中国政策执行不力的主要原因

一般来说，影响政策执行的因素主要有政策本身、执行主体、政策对象和政策环境等。从政策本身来看，公共政策是否能够得到有效执行往往取决于政策本身是否具有合理性、具体性和稳定性。从执行主体来看，执行主体的配置以及执行人员的素质、政策水平、管理水平、道德素质的高低直接关系到政策执行的成败和政策目标的实现。从政策对象来看，政策对象对政策认同、接受和支持的程度是影响政策执行的重要变量。从

① 麻宝斌，丁晨．政府执行力的多维分析．学习论坛，2011，4：38-42.

② 参见：丁煌．政策执行阻滞机制及其防治对策．北京：人民出版社，2002.

③ 参见：金太军．公共政策执行梗阻与消解．广州：广东人民出版社，2005.

④ 宁骚．公共政策学．北京：高等教育出版社，2011：365-366.

政策环境来看，自然环境、政治环境、经济环境和文化环境等都会对政策执行产生影响①。

上述分析从一种宏观层面系统地介绍了政策执行背离政策目标的各种影响因素。接下来，我们将对目前学术界所探讨的一些影响政策执行的较为突出的因素进行介绍。

第一，决策的民主化和科学化程度不高。

民主化和科学化是中国决策体制改革的重要目标。决策的民主化要求在政策的制定过程中要广泛听取相关人员的意见和建议，在此基础上确定合理的政策方案。改革开放以来，中国决策的民主化水平有了很大程度的提高，思想库、社会成员等政策主体参与决策过程的途径和形式也越来越丰富。但是，不容否认的是，在政策制定的过程中，仍然存在一些“独断”型的决策，相关利益群体或个人缺乏参与的渠道。在这种情况下所形成的政策方案就容易导致政策对象的反对，从而导致政策无法得到有效执行。决策的科学化是指运用先进的科学方法来制定政策方案的内容，对相关的信息进行处理和加工、对政策方案的可行性进行评估。当前，随着科学技术的突飞猛进，应用先进技术来辅助政府决策成为一个普遍的发展趋势。相比较而言，中国政府决策的过程中对先进技术的应用还略显不足，还存在一些经验型决策现象，这也是影响政策执行效果的一个重要变量。

第二，压力型体制导致政策执行中的目标替代。

从政策执行体制上来看，目前影响中国政策执行效果的一个重要因素就是压力型体制。压力型体制“指的是一级政治组织(县、乡)为了实现经济赶超，完成上级下达的各项指标而采取的数量化任务分解的管理方式和物质化的评价体系。为了完成经济赶超任务和各项指标，各级政治组织(以党委和政府为核心)把这些任务和指标，层层量化分解，下派给下级组织和个人，责令其在规定的时间内完成，然后根据完成的情况进行政治和经济方面的奖惩。由于这些任务和指标中一些主要部分采取的评价方式是‘一票否决’制(即一旦某项任务没达标，就视其全年工作成绩为零，不得给予各种先进称号和奖励)，所以各级组织实际上是在这种评价体系的压力下运行的”②。

压力型体制的初衷是通过强激励的方式来促使执行主体切实落实政策方案的相关内容。但是，从实践上来看，这种体制往往不会达到预期的实施效果。这是因为，在这种强激励的体制下，当执行主体没法完成相关任务时，由于害怕受到上级管理部门的处罚，就会出现基层执行主体之间的“共谋”现象，即基层政府与它的直接上级政府相互配合，采取各种策略应对来自更上级政府的政策法令和监督检查③。此外，由于不同任务的激励强度不一样，相关执行主体往往会选择一些强激励的任务执行，而忽视那些激励强度不大的任务。例如，一些地方政府主要是将工作重心和精力集中在经济发展上，对环境保护等工作的重视则相对不够。

---

① 宁骚．公共政策学．北京：高等教育出版社，2011：360-364.

② 荣敬本，等．从压力型体制向民主合作体制的转变：县乡两级政治体制改革．北京：中央编译出版社，1998：28.

③ 周雪光．基层政府间的“共谋”现象——一个政府行为的制度逻辑．社会学研究，2008，6：1-21.

第三，政策执行工具较为单一。

政策执行的方式应当是多元化的，是一个由不同的方法组成的“工具包”。有学者按照政府介入程度的差别，将政策工具划分为十大类，即家庭和社区、自愿性组织、私人市场、信息和劝诫、补贴、产权拍卖、税收和使用费、管制、公共事业和直接提供。其中，家庭和社区、自愿性组织、私人市场属于自愿性政策工具，信息和劝诫、补贴、产权拍卖、税收和使用费属于混合型政策工具，管制、公共事业和直接提供属于强制性政策工具①。这说明，在某一个具体政策实施的过程中，应当根据政策目标和政策对象的实际情况选择一种或几种较为合理的工具，只有当政策工具的组合选择合理时，才能有效促进政策的执行。从实践上来看，中国政策执行的工具相对主要集中在强制性政策工具上，对自愿性政策和混合型政策工具的重视程度还不够，并且，有些政策工具并不符合政策目标的要求。例如，通过立法的形式要求年轻人经常回家看望父母就是一个较为典型的表现。这也是一些政策执行不力的重要原因之一。

8.4 协调公共组织决策与执行的方法

对于公共组织来说，决策与执行是组织运行过程中的两个相互联系的阶段。“正确地制定政策本身已是一件极为复杂和困难的工作，但即使按图索骥能够制定出正确的政策，也不一定能够执行。反过来说，不能得到执行的政策不是好的政策，最多也只能算是一个好的政策构想。”②在这个意义上来看，有效协调两者之间的关系需要解决三个主要的问题：首先要保证制定出正确的政策；其次要理顺政策执行体制，提高执行主体的执行力，确保好的政策得到有效执行；最后需要对政策执行状况进行评估，并及时地反馈评估的结果，对政策进行适当的调整。对公共组织运行过程的管理需要采取多种方法来协调决策与执行两者之间的关系。具体来看，协调两者之间关系的具体方法包括以下几种。

8.5.1 促进决策的民主化与科学化

民主化和科学化是决策的根本目标和要求，同时也是政策方案最终能否得到顺利执行的前提和基础。因此，通过决策的民主化和科学化来形成一个合理的政策方案是协调决策与执行关系的第一步。促进决策的民主化和科学化，首先要保证决策制定过程的参与、公开及透明。在政策制定的过程中，从政策议程设置到政策方案选择等各个环节都应当通过听证会、民意调查等多种方式将与决策内容相关的社会成员和利益群体吸纳到政策制定过程的中，认真听取相关的建议和利益要求，通过政策主体之间的协商来达成共识，进而达成最终的政策方案和目标。同时，还要更好地发挥思想库等机构在政策制定中的重要作用。其次，促进决策的民主化和科学化还需要在决策过程中严格遵循政策制定的相关程序。注意发挥先进科学技术的辅助功能，积极采用先进科学技术对政策制

① 豪利特 M，拉米什 M. 公共政策研究：政策循环与政策子系统．庞诗，等译．北京：生活·读书·新知三联书店，2006：144.

② 张金马．公共政策分析：概念·过程·方法．北京：人民出版社，2004：378.

定所需要的信息进行处理，对政策方案的可行性以及政策执行主体的执行能力进行系统的评估。最后，促进决策的民主化和科学化还需要尽可能保证政策方案的稳定性和持续性。这就要求在政策制定的过程中不能“朝令夕改”，也不能“翻烧饼”，更不能因为组织领导层的变化而随意变动已有的相关政策内容和目标。

8.5.2　理顺政策执行的体制机制

政策执行体制机制是否完善和合理是政策执行效果的重要影响因素。在这个意义上来看，如果一个好的政策要得到顺利地执行和付诸实践，就绝对离不开合理的政策执行体制和机制。设计政策执行体制机制的核心工作是理顺多元执行主体之间的权责利关系，使多元主体在执行过程中明白自己所承担的任务是什么，使执行主体有能力完成自己应当完成的工作，使执行主体有内在的动力和愿望去把承担的工作完成好。从方法上来看，理顺政策执行体制首先需要合理划分不同执行主体的权责范围，明确各自的任务，为相关执行主体政策执行所需要的财物资源、人力资源、信息资源、权威资源和制度资源[①]，建立健全不同主体之间的协调与合作机制。其次还需要设计合理的激励机制，激发执行机构和执行人员的工作动机。在设计激励机制的过程中，要注意做到“刚柔并济”，统筹运用多种激励方式，不能一味地运用“压力型体制”等刚性的激励方法；根据执行主体所承担的不同任务统筹设计有效的激励办法，激发执行主体的主动性、能动性及创造性。

8.5.3　积极实施“政策试点”

在政策方案形成后，选择一个地区进行试点，然后根据试点的情况对政策方案以及执行中存在的问题和经验进行总结，进而通过“由点到面”的方式进行大规模和大范围的推广，这是中国政策执行中的一个突出特色和重要经验。显而易见的是，这同样应当被我们看做一种协调决策与执行之间关系的重要方法。从定义上来看，政策试点有狭义和广义之分，从狭义上来看，是指党政机关为验证政策方案的正确性、可行性，并取得实施这些方案的具体化细则，而在一定范围内进行的一种局部性的决策实施活动；从广义上来看，指的是中央政府为寻求新的制度或政策工具而进行的分权式实验，以及地方自行发起的政策试点活动及相应实践等[②]。事实也证明，这种试点的方法能够减少政策方案大范围执行过程中可能会产生的“试错成本”，为政策方案的评估提供科学的依据，为政策方案的调整和完善奠定坚实的基础。“尽管有不计其数的战略上、观念上和利益上的冲突，政策制定者仍然能够凭借这样一种政策制定过程打破政策僵局而有所作为。”[③]其中的原因就在于，政策试点在实践中有效地将决策与执行两者结合了起来。因此，要不断完善政策试点的程序和实施方法，充分发挥它的重要作用。

---

① 宁骚．公共政策学．北京：高等教育出版社，2011：349-350.

② 周望．中国“政策试点”研究．天津：天津人民出版社，2013：10.

③ 韩博天．通过实验制定政策：中国独具特色的经验．当代中国史研究，2010，3：111.

8.5.4 创新政策执行方式

协调决策与执行之间的关系，还需要不断丰富政策执行的方法和工具，针对不同的政策内容采取相应的工具组合。例如，台湾地区在应对 H7N9 流感的防治宣传中，相关机构通过制作寓意荆轲刺秦王的“刺禽”短片，向群众宣扬不可违法屠宰和贩卖生禽，并向公众介绍防范 H7N9 流感的卫生知识，有效应对了流感疫情，并提升了公众的健康意识。以政策行销领域的相关战略作为借鉴，通过提炼，我们可以将政府执行力的提升概括为四项策略，即优化政策制度产出、激励和成本设计、执行的便利度、加强主体间的沟通。第一，政策制度的产出是指政策制度本身的设计要合理，推行过程要合乎时宜，要最大限度地追求与执行对象的心理契合，争取执行对象的认同。第二，激励和成本设计指的是应该有一套保障制度政策落实的激励机制和约束机制，针对基于心治的执行力来说，激励和约束更多的是无形的，如嘉奖荣誉和提升违反规则的羞耻感等。第三，执行的便利度是指要尽量减少执行对象遵守规则所可能遇到的困难和麻烦，精简烦琐的行政流程，为执行对象提供便利，如开通网上缴税业务来促进税收政策落实等。第四，要强化执行主体间的沟通，政府要扮演更为积极的角色，如制作一些生动有趣的宣传材料、公务员上门进行政策宣传、利用报纸杂志刊登宣传广告等，都是增进沟通的重要途径。这四个方面的策略建立在主体间充分互动的基础之上，强调用最少的权威手段来达成执行目标①。

8.5.5 通过多元主体的合作来提高执行能力

为了应对新形势下复杂的政策环境和多元的民众需求，政府的单方行动已难以完全奏效，政府与私营部门、非营利组织如何在理念推广、改善政策和服务、拓宽执行渠道、提供专业人才等方面拓展合作空间，是迫切需要推进的课题。第一，通过合作来推广政策理念，如政府可以通过与公交公司合作，在地铁站、公交车体上投放宣传节约水资源的广告，政府还可以通过与动漫公司开展合作，开发卡通人物和制作动画来向儿童宣传环境保护、保健卫生等知识。第二，通过合作来改善政策和服务，如政府借助志愿组织为农民工子女提供义教，帮助农民工及其子女适应城市生活，政府还可以通过联合志愿组织和物业公司来为社区提供必要的公共服务。第三，通过合作来拓宽执行渠道，如政府可以通过熟悉社区状况的快递公司为低保户配送食品和衣物，政府也经常借助电信部门向民众发送天气警报和重大事项等消息，这都极大地扩展了政策的影响范围。第四，私营部门和非营利组织能为政策执行提供专业人才，如广告策划公司的人员为政策宣导提供创意和想法，调研公司的技术人员为政府提供民众需求的分析数据和结果等。当前，政府与其他主体的合作尚处在起始阶段，应该注重在实践中积累经验，探索有利于合作的制度环境和开发有效的技术手段①。

---

① 麻宝斌，陈希聪．论政府执行力的类型及层次．天津社会科学，2014，2：38-42.

8.5.6　根据执行效果的评估，及时对政策进行调整

“在当代中国，政府决策与政府执行的互动关系，主要表现为两个方面：一方面即通过决策来推动执行；另一方面是通过执行反馈来修正政策。”①因此，对政策执行过程进行全程跟踪以及对政策执行效果进行评价也是连接决策与执行之间的“桥梁”。之所以要将执行的效果进行及时的反馈，是因为公共政策的制定是在“有限理性”的情况下做出的，因此，受多方面条件限制，决策的内容和目标可能会与实际情况不是十分吻合，可能会有“预料”之外的问题出现。或者，也有可能出现的情况是，政策问题或者政策环境已经发生了重要变化。上述这些情况只有通过对政策执行过程的评估和跟踪才能及时地了解，并且能够以此为基础为政策制定和修正反馈有效的信息，“政策执行绝非政策制定的结束，相反的，它是政策制定连续过程中另一新阶段的开始，它的重要性与政策规划是一样的”②。也正是根据对政策执行状况的评估，才能将相关问题反馈到政策制定的过程之中，进而推动新一轮决策的开始。

➢思考题

1. 什么是公共组织决策?
2. 公共组织决策有哪些特征?
3. 公共组织决策包括哪些环节?
4. 什么是公共组织执行?
5. 公共组织执行包括哪些环节?
6. 西方发达国家的决策—执行二分法改革有哪些模式?
7. 改革开放以来，中国决策体制变革的趋势有哪些?
8. 中国政策执行中存在的问题有哪些?
9. 如何更好地协调决策与执行之间的关系?
10. 选择一个你所熟悉的政策，对其决策以及执行中过程存在的问题进行分析，并且提出相应的建议。

---

① 胡伟．政府过程．杭州：浙江人民出版社，1998：380.

② 李允杰，丘昌泰．政策执行与评估．北京：北京大学出版社，2008：5.

第9章

效率与效益——公共组织的绩效管理

在一开始，官僚制组织是作为效率的“代名词”出现的，或者说，人们普遍认为官僚制组织就是高效率的组织。但是，在现实中，官僚制组织并不像理论所假设的那样具有很高的运行效率。20世纪末期以来，西方发达国家相继出现了财政危机等问题，官僚制组织的低效率引发了政府的信任危机。为了有效应对这些危机、提高行政组织的效率、重建政府的信任，西方发达国家在政府改革的过程中开始引入政府绩效管理制度。从内容上来看，政府绩效一般包括经济、效率和效益(“3E”)三个方面，这三者具有不同的含义。其中，效率指的是投入和产出之比，效益则指的是组织目标的实现程度。公共组织以提供公共服务、维护公共利益为宗旨，在提供服务的过程中不仅要做到有效率、节约公共资源，还要做到有效益、维护公共利益。从理想状态来说，效率和效益两者之间应当是统一的，公共组织最好能以最小的人力、财力、物力和时间耗费取得最大的结果。

然而，在现实中，对于特定的组织来说，效率与效益之间的关系可能并非一直都是相互促进、相互统一的，公共组织的效率(人力、物力、财力和时间等资源的节约程度)和效益(目标的实现程度)在很多时候并不能够做到完全一致。受各种因素的影响和制约，公共组织在现实运行中往往会只关注效率，而忽视对于效益的关注。“组织的绩效是通过系统的管理活动实现的，要实现管理所追求的效率和效果两大目标，就必须在战略的指引下对组织的绩效进行科学系统的计划、监控、评价与改进，这正是绩效管理所应承担的责任。”①公共组织绩效的要素是多元的，“从发展的趋向看，绩效越来越成为一个包括3E、质量、公平、责任、回应性等在内的综合性的要素结构”②。因而，公共组织的绩效管理实际上就是要在包括效率和效益在内的这些要素之间寻求均衡，这就是公共组织绩效管理的使命。进入21世纪后，公共组织面临的环境日益复杂，肩负的责任也愈发沉重。要充分发挥公共组织在提高公众生活水平和质量、促进社会公共利益等方面的积极作用，就必须加强对公共组织的绩效管理，努力克服机构臃肿、繁文缛节、

---

① 方振邦，葛蕾蕾．政府绩效管理．北京：中国人民大学出版社，2012：8.

② 卓越．政府绩效管理概论．北京：清华大学出版社，2007：5.

人浮于事以及效率低下等现象，不断提高公共组织的绩效。“无论是从组织层次考虑，还是从个人角度乃至两者之间的其他层次考虑，这一点都是无可争议的。”[①]那么，什么是公共组织绩效？公共组织绩效的要素包括哪些？公共组织绩效管理的任务是什么？西方发达国家公共组织绩效管理的实践有哪些？改革开放以来，中国公共组织绩效管理在哪些方面进行了探索？公共组织绩效管理的方法主要有哪些？本章将立足公共组织的特征，从理论和实践两个方面，围绕上述几个问题进行介绍。

9.1　公共组织绩效管理的理论基础

9.1.1　公共组织绩效

“绩效”又称“业绩”，一般解释为成绩、成效。它最早用于社会经济管理方面，后来在人力资源管理方面也被广泛使用。随着新公共管理运动的兴起，绩效又被广泛应用于政府管理之中。如今，绩效已经是公共组织管理理论和实践中一个非常流行的词语。随着学术界对绩效问题探讨的持续深入，出现了多种绩效的定义。一项对国内外学术界 40 种绩效定义的聚焦点的分析发现，按照出现频次划分：结果、行为和目标是绩效概念的核心聚焦点；效率、效益和工作是绩效概念的准核心聚焦点；成绩、过程、任务、活动、成就是绩效概念的重要聚焦点；职能、发展、时间、功能、服务、表现、投入、产品、执行是绩效概念的非聚焦点词汇[②]。这表明，绩效这一概念主要体现的应当是个人或者组织的行为、目标、结果。除此之外，还有学者将国内外多种绩效定义的特征归结为：人们行为的后果，是目标的完成程度，是客观存在的，而不是观念中的东西；必须具有实际的效果，无效劳动的结果不能称为绩效；是一定的主体作用于一定的客体所表现出来的效用，即它是在工作过程中产生的；绩效应当体现投入与产出的对比关系；绩效应当有一定的可度量性[③]。

由于公共组织的使命是维护公共利益、提供公共服务，因此，公共组织绩效就是公共组织在维护公共利益、提供公共服务的过程中所做的工作、最终达到的结果，以及工作结果与所付出的成本之间的对比关系。值得注意的是，“组织通常由若干个群体组成，而群体又是由员工组成。对应不同层面的活动主体，相应地也就产生了不同层面的绩效”，“根据被衡量行为主体的层次性，可以将绩效划分为组织绩效、群体绩效和个人绩效”[④]。因此，对于公共组织来说，其绩效同样应当体现在三个不同的层次，即组织绩效、群体绩效以及个人绩效。

---

① 威廉姆斯 R. 组织绩效管理．蓝天星翻译公司译．北京：清华大学出版社，2002：1.

② 尚虎平．基于数据挖掘的我国地方政府绩效评估指标体系研究：面向江苏四市的探索性研究．北京：经济管理出版社，2013：13-14.

③ 范柏乃．政府绩效管理．上海：复旦大学出版社，2012：6.

④ 方振邦，葛蕾蕾．政府绩效管理．北京：中国人民大学出版社，2012：2.

9.1.2 公共组织绩效的标准

公共组织是一个开放的复杂系统，形式活动多样，组织目标多元。因此，单一的评估准则很难准确评价公共组织的运行绩效。英国财政部将公共组织绩效的要素界定为“3E”，其主要内容包括：“经济——指输入成本的降低程度。在实践中，它通常以低成本投入而获得的金钱节省为量度，如通过市场检验或使用较低投入(如用二等邮票代替一等邮票)而获得的成本降低。效率——一种活动或一个组织的产出及其投入之间的关系。最常用的测定的概念是劳动生产率及单位成本。效益——指产出对最终目标所做贡献的大小。”①英国审计委员会对经济、效率和效益的定义是：“经济是指用尽可能少的成本去购买规定的质和量的输入物品。效率是运用尽可能少的资源来提供规定的质和量的服务。效益是指能使地方政府实行它的政策和目标而提供正确的服务。”①后来，公平也开始成为公共组织绩效的要素。因此，西方学术界大都用“4E”这样一个笼统的指标体系来作为衡量公共组织绩效的标准。所谓“4E”是 economy(经济)、efficiency(效率)、effectiveness(效益)和 equity(公平)的总称。

(1)economy(经济)。“经济”是指投入经费的使用程度，经费越低表示其经济性越高。经济标准要求的是以尽可能低的投入或成本，提供与维持既定数量和质量的公共产品和服务。换言之，就是少花钱多办事。

(2)efficiency(效率)。“效率”是指投入与产出之间的关系。投入与产出的比率被称为“效率”。反过来，产出与投入的比率被称为“生产力”(productivity)。其实它们表达的是同一种概念。效率与投入成反比，与产出成正比。高效率意味着用最小的投入达到既定的组织目标，或者投入既定而产出最大。效率一般分为两类：一类是 productive(生产效率)，它是指生产或提供服务的平均成本；另一类是 allocative efficiency(配置效率)，它是指组织所提供的产品或服务是否能够满足利害关系人的不同偏好，如国防、社会福利、教育、健康等预算配置比例是否符合民众的偏好顺序。配置效率的最佳状态即经济学家所讲的“帕累托最优”，也就是资源配置能否产生最大多数人的最大利益。

(3)effectiveness(效益)。也有学者将“效益”概括为“效果”或“效能”。效益标准是看“情况是否得到改善”，即用来衡量提供服务的影响和质量，看服务是否达到预期目的，它关心的是目标和结果。效益可以分为两类：一类是现状的改变程度，如环境质量变化程度、国民受教育状况、交通状况改善程度等；另一类是行为的改变幅度，如以犯罪行为的改善幅度来衡量刑事政策的效果，用接受辅导的病情改善状况来衡量社会工作的效益等。

(4)equity(公平)。“公平”标准指的是效果(如服务的数量或货币化的收益)和努力(如货币成本)在社会群体中的不同分配能够得到社会的普遍道德认同。作为衡量标准，“公平”关注的是“接受服务的团体或个人是否都受到了公平的待遇，需要特别照顾的弱势群体是否能够享受到更多的服务”。公平标准很难衡量，争议很大。弗里德里克森曾提出一个社会公平的复合理论，把社会公平分为五种类型：其一，单纯的个人公平，指

---

① 转引自：卓越．公共部门绩效评估．北京：中国人民大学出版社，2011：6.

一对一的个人公平关系，如“一人一票，每票等值”；其二，分部化的公平，指同一类别下的公平关系，如农民和商人有不同的赋税标准与薪资水平，这是基本分工所造成的实际上的公平；其三，集团性公平，指团体或次级团体所要求的公平，如女性和男性在就业市场上的公平、不同种族之间公平的参政权等；其四，机会公平，每个人的天赋不一，后来的发展必然不同，但如果两个人都有相同的几率能够谋得某项职位，就是展望性的机会平等；其五，世代间的公平，指的是当代与未来一代，甚至几代之间的公平。

绩效评估的“4E”标准被国内学术界广为引用，影响很大。但是如果仔细加以分析，可以发现这四个标准之间实际上存在某种程度的交叉和重复。例如，“经济”标准强调的是低成本，“效率”标准强调的是用最小的成本实现最大的产出，这两者实际上都是从数量层面对公共组织运行的成本进行高与低的衡量，不过一个只关注投入的多与少，另一个不仅关注投入的多与少，还关注投入的结果而已。又如，“效益”标准注意到公共产品或服务难以全部量化高低，开始从功能层面衡量公共组织的贡献。这种结果不仅包括那些能够量化的有形目标或结果，还包括那些比较抽象的目标或结果，如公众的满意度、原有状态的改善程度、公众的认可程度等。而“公平”标准从本质上来说也是一种抽象的目标或结果，“公平”标准与“效益”标准实际上不是并列关系而是包含与被包含的关系。是以，公共组织绩效评估的“4E”标准完全可以归结为效率与效益两个方面。效率标准主要是从投入的角度对公共组织所耗费的人力、物力、财力和时间进行评估；效益标准则主要是从产出的角度对公共组织所取得的成果进行质与量的评估。

9.1.3　公共组织绩效管理

广义上说，公共组织是指以服务社会，协调社会利益关系，管理社会事务，提供公共服务和公共产品，解决社会公共事务而设立的具有法定公共权力的组织实体。目前对公共组织绩效管理的含义，国内外学术界并没有统一的定义。有学者将政府绩效管理的定义界定为，“政府在履行公共责任的过程中，对内部制度与外部制度、数量与质量、经济因素与伦理因素、刚性规范与柔性机制等方面，以公共产出的最大化和公共服务最优化为目标，实施的一种全面的、系统的管理”①。

“由于政府绩效管理目标的多元化，各个目标对于政府绩效管理价值层面来看，它所包含的价值会形成价值集合，这些价值集合彼此之间相互独立、并且存在潜在冲突和不一致。”②公共组织绩效管理是对公共组织绩效的管理，因此需要积极协调不同绩效价值(要素)之间的关系，尽可能避免它们之间的不一致现象。在这个意义上，我们认为，公共组织绩效管理是指采取合理的方法来协调公共组织不同绩效要素之间的关系，以有效实现组织所承担的使命，促进公共产出的最大化以及公共服务的最优化。具体来说，公共组织的绩效管理主要包括以下几个方面的内容。

(1) 强调公共组织的绩效管理。公共部门管理事务的特殊性是其追求效率和效益的困境，作为公共组织，只有对公民负责，得到公民的信任才能为公共组织赢得坚实的基

① 范柏乃．政府绩效管理．上海：复旦大学出版社，2012：21.

② 包国宪，孙斐．政府绩效管理价值的平衡研究．兰州大学学报(社会科学版)，2012，(5)：91-100.

础，公共组织的管理者必须像企业管理者一样注重绩效，对组织和个人进行绩效管理。

(2) 强调公共组织不同绩效要素之间的平衡。公共组织绩效管理与传统的行政测评和考核不同，传统的成本收益测评机制并不适用于公共部门，公共组织绩效管理将个人绩效和组织绩效结合在一起，有效协调效率、效益、经济以及公平等不同要素之间的关系，使公共组织处于高绩效的状态下。

(3) 强调公共组织的服务质量。公共部门借鉴了企业提高效率和服务质量等方面的优点。但与企业相比，公共部门所面临的提高产出方面的压力比企业小很多，转而更加注重公共服务的质量。

公共组织绩效管理不仅仅是简单地对公共组织的绩效进行评估和考核，它是一个管理过程，是一个有机循环的系统，也是一个周期性过程。从这个意义上来讲，公共组织绩效管理是从长远角度进行的组织改革措施。公共组织绩效管理主要包括以下几个环节。

(1)绩效计划。绩效目标确定之后，绩效计划是绩效管理过程的第一个环节，其制订的主要依据是组织目标和职责。在绩效计划阶段，最重要的是管理者与被管理者通过沟通对被管理者的绩效期望达成共识，并落实为正式的书面协议，被管理者对完成工作目标做出承诺。随着工作的进行，绩效计划也可以随着实际情况进行调整。

(2)绩效计划的实施。绩效实施在绩效管理过程中至关重要，绩效实施的好坏直接关系到绩效管理的成败。在这个过程中，需要管理者与被管理者进行沟通，管理者还要对被管理者的工作进行指导和监督，对发现的问题及时予以解决，并根据实际情况的变化对绩效计划进行调整。

(3)绩效评估。绩效评估阶段，管理者对绩效计划阶段确立的被管理者在考核期内的绩效目标完成情况进行评估。在评估过程中应当尽量避免个人因素造成的绩效考核结果不准确，尽可能从多个角度对被管理者进行绩效评估，如可以采用定性和定量评估，内部与外部评估，短期评估、中期评估和长期评估，360 度绩效评估等方式，提高评估结果的信任度和有效度。公共组织活动范围广，评估主体多元化显得格外重要。公共组织绩效包含政治、经济、社会、文化等多个维度，因此要求公共组织评估要从不同视角对公共组织绩效进行立体的、全方位的评估。

(4)绩效反馈。绩效结果的反馈是指在绩效考核结果出来之后，管理者必须与被管理者进行面谈沟通，让被管理者了解自己的绩效，认识到自身有待改进的地方，并且通过面谈沟通，制订出双方达成共识的切实可行的绩效改善计划，使员工参与到绩效管理过程中，并且下属也可以提出自己在完成绩效目标中遇到的困难，请求上级的支持和帮助，提高其对绩效工作的满意度，增强工作的绩效激励程度。通过绩效反馈，使员工了解上级对自己工作的看法和要求，得到工作结果的反馈。绩效面谈是双方共同确定下一个绩效管理周期目标和改进点的主要方式，所以在绩效管理过程中，上一个周期的绩效反馈面谈与下一个周期的绩效计划往往是合二为一的，从而构成一个完整的绩效管理循环。

(5)绩效评估结果的使用。绩效评估结果是影响绩效管理成功与否的重要因素，评估结果可以发现组织运作中存在的突出问题，进而提供改进组织工作的建议。绩效评估结果可以发现员工在工作过程中的不足和困难，制订具有针对性的计划，提高员工工作绩效。与此同时，组织绩效评估的结果可以公平、公正地显示出员工对组织的贡献大小，为奖惩和薪酬分配提供合理的依据。此外，通过绩效评估的结果可以发现员工的长处和短处，根据工作绩效做出相应的人事制度调整。

9.1.4　公共组织绩效评估

1. 公共组织绩效评估的定义

在公共组织绩效管理的所有组成部分中，绩效评估是最为核心的内容。因此，有必要对绩效评估与绩效管理之间的区别与联系进行分析。两者之间的区别与联系主要体现为：首先，绩效管理和绩效评估是两个不同的概念，绩效管理概念的外延要大于绩效评估的外延，绩效评估是绩效管理的组成部分之一；其次，绩效评估是绩效管理的一个重要环节，是改善公共组织绩效管理的重要手段[①]。

从宽泛的意义上，我们可以将绩效评估简单界定为，对于行动效率、效益等的衡量、评判。与绩效评估的定义相对应，所谓公共组织绩效评估，简单来说就是按照一定的标准、方法和步骤对公共组织及其成员的行为和成绩等进行评价。

2. 公共组织绩效评估的功能

“如果没有一些能够用来监督目标实现的进展情况的手段，设定清楚的目标或为既定计划提供相应资金都几乎没有任何意义。”[②]绩效评估是管理公共组织的重要手段。“绩效考评致力于提供关于项目和组织绩效的各种客观的相关信息，这些信息可以用来强化管理和为决策提供依据，达成工作目标和改进整体绩效，以及增加责任感。”[③]因此，如果抛开绩效评估，对公共组织的绩效管理几乎就是一种盲目的行为。有学者认为，通过公共组织的绩效考评可以“监测生产力”“监测服务质量”“监测顾客满意度”[④]。概括来说，公共组织绩效评估的功能主要表现为以下几个方面。

(1)绩效评估有助于公共组织目标的实现。“如果根本不知道要去哪儿，那么任何一条道路都可以带你通往其他不同的地方。”[⑤]绩效评估是对公共组织运行绩效的评判，它可以使组织成员清楚地认知公共组织的目标，并对组织成员的责任意识进行强化。通过绩效评估，责任追究成为可能，组织成员以执行规则为借口不对结果负责的现象能够得到很大程度的消除。另外，绩效评估还可以激发组织成员的工作积极性和创造性，为组织目标的实现注入发展动力。在传统官僚制模式下，公共组织缺乏足够的动力去改善绩效，官僚作风严重、工作效率低下几乎成为公共组织的通病。绩效评估是对公共组织服

① 范柏乃．政府绩效管理．上海：复旦大学出版社，2012：22.

② 休斯 O E. 公共管理导论．张成福，党秀云译．北京：中国人民大学出版社，2007：185.

③ 波伊斯特 T H. 公共与非营利组织绩效考评：方法与应用．肖鸣政译．北京：中国人民大学出版社，2005：4.

④ 波伊斯特 T H. 公共与非营利组织绩效考评：方法与应用．肖鸣政译．北京：中国人民大学出版社，2005：213-226.

⑤ 奥斯本 D，普拉斯特里克 P. 摒弃官僚制：政府再造的五项战略．谭功荣，等译．北京：中国人民大学出版社，2002：42.

务质量的评判。通过绩效评估使得组织的激励约束机制有了依据。建立在绩效评估基础上的奖励与惩罚机制，将工作业绩与工资、任期、职务晋升等员工的切身利益紧密联系起来，这可以更好地促使组织成员积极、主动、规范地去实现组织目标。

(2)绩效评估有助于规范和完善公共组织的行为。绩效评估是一种有效的管理工具。通过绩效评估可以比较全面、客观地了解和把握公共组织的实际运行状况。严格科学的绩效评估体系不仅能够论断已经制定的政策设计是否周全完整，而且能够不断矫正政策执行过程中的偏差，防止政策在执行过程中遭到扭曲和变形，从而有利于保证公共组织正确实施政策。除了可以对公共组织的运行进行监督之外，绩效评估还有助于总结经验教训，对现行政策和计划进行修正，为公共组织未来行为的完善提供方向性指引。“如果一个组织不去测定效果，在出现成功时不能识别，那么，它怎么能从成功中学到东西呢？如果没有对结果的信息反馈，革新往往会夭折。”①

(3)绩效评估有助于提升公共组织的公信力。“绩效评估最根本的目的是评价公共部门的行为活动和运营状况，审查公共组织对资源的利用及所取得的成绩，以期向公众证明公共资金得到合理和富有效率和效力的使用。”②随着社会的发展和时代的进步，公众的知情意识和参与意识越来越高。传统官僚体制的封闭性和不透明性越来越引起了公众的不满。绩效评估是向公众展示工作效果的机会。通过绩效评估，公共组织各方面的表现情况得到了全面科学的描述并公布于众。这种方式促进了公共组织的信息公开化与透明化，方便了民众对公共组织运行状况的了解、参与和监督，自然对于增进公共组织的公信力有很大的帮助。从积极角度看，公共组织的绩效评估对公共开支的合理性进行了证明，这样必然会极大地增强公共组织的合法性。从消极角度看，即使绩效评估暴露了公共组织的不足和失败，只要公共组织能够证明自己一直在进行不懈的努力，这也在一定程度上能够减少或消除公众对公共组织的偏见或不满。

9.2 西方发达国家公共组织绩效管理的实践

9.2.1 西方发达国家公共组织绩效管理的产生

20 世纪末期以来，伴随着财政危机，西方发达国家政府的低效率日益引起了社会的不满，机构臃肿、人浮于事、效率低下等官僚作风，阻碍了公共组织在提高公众生活质量和水平，促进社会公共利益等方面的作用。“如果连组织都不去关心社会的问题和病态的话，还有谁去关心？”③如何提高政府管理的效率成为现代政府改革的中心，现代公共行政学也逐渐将政府管理效率和政府能力作为重要的衡量标准。“世界范围内的政

① 奥斯本 D，盖布勒 T. 改革政府：企业精神如何改革着公营部门．上海市政协编译组，东方编译所译．上海：上海译文出版社，1996：133.

② 陈振明．公共管理学．北京：中国人民大学出版社，2005：292.

③ 德鲁克 P F. 后资本主义社会．傅振焜译．北京：东方出版社，2009：75.

府再造者都发现，使用绩效管理可以使政府的生产率获得显著、持续的增长。”[①]进入21世纪以来，随着市场经济的发展，经济、社会、国家安全等环境发生了变化，公共组织肩负着处理复杂情况的责任。在这种背景下，加强公共组织的绩效管理就显得更加重要。

1. 西方公共行政学理论为绩效管理的产生奠定基础

西方公共行政学自19世纪末到20世纪60年代，着重研究的是行政组织的目标取向、活动程序、行政原则和官僚体制，追求“行政效率”是这一时期的最高目标，相继产生了一系列的理论。“传统公共行政学”以泰勒、法约尔、韦伯为代表，泰勒强调以增加产品的数量和提高产品的质量作为提高行政绩效的标准，法约尔认为行政高绩效建立在管理活动的各个环节功能合理搭配的基础上，韦伯强调行政绩效的关键在于明确各机构之间权责关系和各行政工作部门之间的合作。这个时期强调的行政效率就是执行国家意志过程中投入与效果之比，单纯以效率为目标，忽视了行政机关和行政人员所应负的广泛的社会责任，其结果是虽然在经济方面获得了高速发展，但是失业、贫困、动荡在社会普遍存在，公众对政府失望的情绪高涨，构成了对现有政治制度的根本威胁。到20世纪60年代后期，以弗雷德里克森为代表的“新公共行政学”，认为公共行政的核心价值是社会公平，主张将“效率”转为“公平”，强调公共行政应以“顾客”为导向，将顾客的需求作为政府公共部门存在的前提，是政府公共部门组织设计方案应遵循的目标。新公共行政学扩大了传统公共行政学研究的视野，特别是顾客导向的理论，是西方国家产生绩效管理的理论基础。

2. 政府管理环境的变化是绩效管理的重要动力

进入20世纪70年代，西方发达国家出现滞涨，政府职能普遍扩张，政府规模扩大，经济发展不稳定，政府财政收入减少而财政支出增加，政府四面楚歌、危机四伏。财政危机、管理危机、信任危机和合法性危机接踵而至。为了解决政府效率低下、人浮于事等问题，提升公众对政府的信任度，解决政府财政危机，西方国家必须进行行政管理改革，追求效率，重视市场，同时重视绩效评估的理念和方法，探索绩效管理的新理念和新方式。民主化、国际化的竞争环境也使得公民更加注重社会公平与公正，希望政府更有效率并且关注民生，以最经济的手段提供最优质的服务，为公共组织提出了变革的要求，这是公共组织推行绩效管理的重要动力。

3. 信息技术的发展为绩效管理提供了技术保证

随着科学技术的发展，对政府管理活动及其绩效管理提供了重要的技术基础。公共组织绩效管理的范围相当广泛，包括公共组织在管理公共事务和供给公共服务过程中的投入、产出、中期成果、最终成果及其产生的社会效果，公共绩效管理过程包括绩效目标体系设计、绩效评估标准设计、绩效考核指标体系、绩效评估结果反馈等一系列环节，其具体的内容包括政府机构的组成、职能、办事规程、政策与法规、服务种类及质

---

① 奥斯本 D，普拉斯特里克 P. 摒弃官僚制：政府再造的五项战略．谭功荣，等译．北京：中国人民大学出版社，2002：146.

量、重大决策过程及公众对政府公共部门服务质量的要求和服务的满意程度等。绩效管理具有复杂性、模糊性、可操作性差的特点，对于数据的采集、分类，人工完成难度大、成本高的问题，信息技术的发展为绩效管理提供了技术手段。没有完善的信息交流与沟通机制是不可能完成公共组织绩效管理这一复杂的系统过程的。自 20 世纪下半叶以来，计算机、软件、微电子和网络为核心的信息技术飞速发展，组织绩效管理信息的采集、制作、传递、复制、存储、检索以及数据的统计、更新等全部可以实现电子化，为公共组织绩效管理提供了强有力的技术支持。

4. 新公共管理运动推动绩效管理的发展与深入

新公共管理运动开始于20世纪70年代末80年代初的行政改革运动。传统官僚制使政府陷入严重的管理危机和信任危机中。由于传统官僚制存在不少弊端，如机构臃肿、互相推诿扯皮、浪费严重等，理论界呼吁以企业家精神来塑造政府。1982年，英国颁布的《财务管理新方案》(Financial Management Initiative ，FMI)，标志着公共组织绩效管理正式推行。在英国实行改革过程中，撒切尔政府采取了一系列的措施，实施了系统化的公共部门绩效评估，将提供公共服务的部门从政府部门中分离出来，引入企业评估机制。撒切尔夫人提出了“经济行政”的指导思想和“成本收益”的指导原则，认为“行政管理应该从经济的角度规定目标值，努力实现完成值，并客观依据完成值与目标值之比算出达成值。”[①]继英国之后，澳大利亚、新西兰也展开了大规模的公共行政改革。随后美国将绩效测评引入政府部门，随之，荷兰、德国、加拿大等经济合作与发展组织也陆续展开类似改革。新公共管理运动是一场政府社会角色和公民关系的深刻变革，以英美为首的发达国家将绩效管理与评估引入公共管理领域，引入市场竞争机制，主张以顾客为导向，提倡服务质量的提高，并提出了公共部门绩效管理的新思想。

9.2.2 西方发达国家的公共组织绩效管理概述

20世纪70年代，以政府为主体的公共组织面临规模扩大、财政压力、社会问题频发以及官僚制的弊端显现等难题，西方主要发达国家纷纷开始了大规模的新公共管理和政府再造运动，英国政府无疑是此次运动的受益者。英国政府变革的成功经验也是其他国家极力效仿和借鉴的。

1. 英国政府绩效管理与绩效评估

20世纪70年代，英国政府面临严重的政府信任危机，1979年撒切尔夫人为了解决政府内部效率低下、浪费严重等官僚主义和腐败问题，积极引进私营组织中先进的管理理念和技术，推动新公共管理运动在英国的发展。绩效管理作为一种工具，与其他国家相比，英国政府在管理实践中运用的最持久、最广泛，技术上也相对成熟。1982年，英国财政部颁发了《财务管理新方案》，标志着公共组织绩效评估正式推行。1983年，英国公布的《英国国家审计法》进一步明确：公共组织绩效评估是检查公共资金使用情况的方式与效果，其中对经济的评估主要是关注在保证质量的前提下降低资源消耗量，将

① 弗林 N. 公共部门管理．曾锡环译．北京：中国青年出版社，2004：10.

政府支出降低到最低水平；对效率的评估主要是对比产出或服务与资源投入的关系，以一定的投入实现最大的产出或实现一定的产出应使用最少的必要投入，保证资金支出的合理性；对效益状况的评估，则主要是通过对比资金支出后所实现的实际效果和预期效果之间的关系，保证资金支出达到理想状态。

当代英国已经建立起了比较成熟和完善的绩效评估与管理机制，广泛运用于中央、地方各层级的政府部门以及其他诸如学校、国民保健等公共部门。特别是在公共部门人事制度改革方面推行了绩效奖励以代替统一的等级工资制等措施。

2. 美国政府绩效管理与绩效评估

20 世纪以来，美国开始了旨在提高政府效率的一系列活动。1993 年《国家绩效评论》、《戈尔报告》和《1993 年政府绩效与结果法案》是美国推行公共组织绩效评估的纲领性文件。概况来讲，美国的公共组织绩效评估制度主要应用于财政预算、采购和公共人力资源管理三个领域。美国绩效管理的特点主要有：①美国公共组织绩效管理改革具有渐进性。相较于英国激进的系统化改革，美国的绩效管理富有渐进主义的色彩。美国的改革吸收旧体制的精华，融合改革的新目标、新思维，从追求单一目标——“追求效率”、“控制开支”再到追求双重目标——“效率与效益”，最终深化为“控制开支，追求效率、经济和效益，提升公共服务质量与增加回应性等”综合目标的过程。国会与总统之间的权力博弈也是美国政府改革具有渐进性的重要原因，渐进地推动改革有助于获得国会的支持。②高层领导者的大力推进。与英国相似，高层领导是推动美国公共组织绩效管理改革的核心力量。1900～1970 年，绩效管理一直在前进，但是发展十分缓慢，直到 20 世纪 70 年代，公共组织绩效管理得到迅猛发展。20 世纪 70 年代开始，从民主党的尼克松、福特、克林顿至共和党的小布什，历届总统都十分关注并持续不懈地推动公共组织绩效管理变革。例如，小布什上台明确表示政府应以结果为导向。③活跃的学术领域是美国公共组织绩效管理改革的重要特征。早在第二次世界大战期间，克莱伦斯·雷德和赫伯特·西蒙就着手对政府工作的测量进行研究，出版了《市政工作衡量——行政管理评估的调查》。马克·G. 波波维奇的《创建高绩效政府组织》、阿里·哈拉契米主编的《政府业绩与质量测评——问题与经验》、帕特里夏·基利的《公共部门标杆管理》等，都为美国公共组织绩效管理提供了理论依据和指导。其中，当代美国著名评估专家、锡拉丘兹大学的英格拉姆教授从 1996 年起启动了长达六年的“政府绩效工程”，对美国 15 个联邦政府部门、50 个州、40 个最大的县政府进行了绩效评估，发现了政府能力和政府绩效之间呈正相关。④国会在改革中的巨大作用也是美国政府推进改革中不容忽视的。美国实行的是一种严格的三权分立制度，即联邦的立法权、行政权、司法权分立，国会拥有立法权，总统享有行政权，最高法院以及联邦下级法院拥有司法权，它们之间的宪法地位是平行的，宪法没有规定一个最高的权力机关。每一个部门在权力行使的过程中都需要其他部门的协助，如总统要进行一项改革必须形成一项提案，经国会投票批准后方可进行。纵观美国政府绩效管理改革，尼克松、福特、里根都因为缺少国会的支持以致最终取得的成效有限，而在克林顿执政期间，国会通过的《政府绩效与结果法案》成为其改革的纲领性文件，为其改革提供了保障，减少了改革过程中的阻力，取得了巨大的成功。

美国“以绩效为本”、“以结果为本”的公共人力资源管理体制改革，包括：淡化职位分类，加宽工资级别；按绩效付酬；公务员管理的分权以绩效为基础，人力资源管理受到定期评审，只有达到绩效标准基线指标者才能继续拥有权力；新型公务员通过绩效合同对公众负责，以达到基本的绩效标准等内容，有效推进了公共部门绩效评估制度的开展。

3. 其他西方发达国家开展公共组织绩效管理与绩效评估

随着英国和美国政府改革的成功，其他西方发达国家也开始纷纷效仿，都将绩效评估作为政府改革运动的一个重要组成部分，纷纷推出各自的公共组织绩效评估措施和相关法案。根据经济合作与发展组织的统计，除美国和英国外，当代公共部门绩效评估在加拿大、丹麦、荷兰、挪威、德国、法国、新西兰、澳大利亚、荷兰等国都得到了广泛的应用，如新西兰的“行政文化重塑运动”、法国的“行政现代化政策”、荷兰的“行政自动化改革”、瑞士和奥地利的“新公共管理改革运动”、德国的“新型治理模式”、澳大利亚的“文官改革法”和“公共服务法”等，以此提高政府服务效率和质量。

9.3 中国公共组织绩效管理的实践

随着我国公共组织管理改革的不断推进，绩效管理作为提高服务质量的手段被越来越多的公共组织采用。绩效管理在我国各类型的组织中普遍铺开，在实践中，政府部门、事业单位以及社会组织等公共组织都相继引入现代绩效管理方法来增强组织的活力，改善公共服务的提供。在此过程中，出现了一些具有代表性的公共组织绩效管理模式。其中政府部门的绩效管理最为人所关注。“截至 2012 年初，全国共有 24 个省(区、市)和 20 多个国务院部门不同程度地探索开展了政府绩效管理工作，相继建立健全了绩效管理工作领导体制和工作机构，由党委政府统一领导、专门机构组织协调、有关部门各司其职、社会力量和人民群众有序参与的工作格局已初步显现”①。不仅如此，从理论上来看，对于政府部门、事业单位和社会组织绩效管理的研究成果也越来越丰富。

9.3.1 中国公共组织的绩效管理

1. 政府绩效管理实践

20 世纪 90 年代以来，中国一直关注和跟踪西方的公共组织绩效管理的理论的实践，吸取相关经验并结合中国实际和地方特色，不断创新理念和机制，在公共组织绩效管理方面进行不断探索，形成了具有中国特色或者地方特色的绩效管理实践。以建设服务型政府为目标，在提高政府的效率和服务质量，改善人民生活的激励下，以及在新公共管理运动的推动和西方各国改革浪潮的影响下，我国一直以来关注西方公共组织绩效管理的理论和实践，在各级地方政府和其他政府部门以“推进政府机关效能建设和推行公共部门绩效管理为突破口”，不断创新理念、创新方法、创新机制，在组织绩效管理

① 郑方辉．2013 中国政府绩效评价红皮书．北京：新华出版社，2014：27.

方面进行了有益的探索，创设了形式多样的绩效管理方式，出现了甘肃模式、青岛模式、思明模式和珠海模式[①]等具有典型性的绩效管理方式。

当代中国的政府绩效评估主要有如下方式[②]：①与目标管理责任制相结合的绩效评估方式。目标管理是我国开展最广泛的绩效管理方式。绩效管理在我国部分地方政府早期实践中是与目标管理结合在一起的，特点是将组织目标分解并落实到各个工作岗位。②以改善政府及行业服务质量、提高公民满意度为目的的公共组织绩效评估方式，如行业行风评议、社会服务承诺制、“万人评议政府”以及多样化民考官等。③专业职能部门开展的政府绩效评估方式，如审计部门进行的管理审计、效益审计，卫生部门和教育部门在本系统内部进行的评估。④以效能监察为主要内容的绩效评估方式，主要是对国家行政机关和公务员行政管理工作的效率、效果、工作规范情况进行监察。全国最早开始效能监察的是福建省。⑤由“第三方”专业评估机构开展的公共组织绩效评估方式，如兰州大学中国地方政府绩效评价中心开展的政府绩效评估。⑥引入通用模型和评估方法进行的绩效评估方式，主要是在借鉴西方发达国家公共部门绩效评估经验的基础上，设计了中国的通用绩效评估框架。

这些绩效管理模式实施以来取得了明显的效果，积累了一些丰富的经验，并且也都得到了不同程度的推广。例如，1999 年在福建省漳州市开始的机关效能建设，到目前为止，全国已有 23 个省份和 250 多个市采纳并实施效能建设。总体来看，漳州市效能建设呈现出举措众多、各有特色，不同时期、重点突出，“新招”频出、持续创新，公众参与、贯彻始终，基本举措、执著坚守等特点。从效果上来看，尽管效能建设已经开始呈现出边际效应递减的趋势，但是整体效果显著[③]。又如，2004 年年底至 2005 年年初，兰州大学中国地方政府绩效评价中心接受甘肃省人民政府委托对全省 14 个市(州)和省政府 39 个职能部门的绩效进行了评估，并发布了《甘肃省非公有制企业评价政府绩效结果报告》，这可以视为“甘肃模式”的开始。之后，“甘肃模式”的内容在实践中不断得到拓展。总体来看，“甘肃模式”的特征可以概括为，以“顾客导向”为价值取向，以非公有制企业为评价主体，由专业学术机构组织实施，具有现代公共治理特征和架构的第三方评价模式[④]。

我国政府绩效评估也呈现出几个比较明显的特征[⑤]：①评估的内向性，即组织绩效评估主要是政府内部行为，由政府发动和实施，评价结果主要用于“内部消费”。②评估的“单向性”。从政府层级关系看，绩效评估主要是上级对下级的评估；从行政机关与其他部门的关系来看，重视政府主管部门对所属企业、事业单位的评估，忽视企业、事业单位对各自主管部门的评估。简言之，绩效评估的“单向性”主要体现为自上而下。③评

---

① 包国宪，曹西安．我国地方政府绩效评价的回顾与模式分析．兰州大学学报(社会科学版)，2007，(1)：34-39.

② 中国行政管理学会课题组．政府部门绩效评估研究报告．中国行政管理，2006，(5)：11-16.

③ 吴建南，刘焕，张攀．机关效能建设的实践——基于漳州 12 年工作总结的文本分析．西安交通大学学报(社会科学版)，2014，(2)：56-60.

④ 包国宪，董静，郎玫，等．第三方政府绩效评价的实践探索与理论研究——甘肃模式的解析．新华文摘，2010，(21)：7-11.

⑤ 周志忍．公共组织绩效评估：中国实践的回顾与反思．兰州大学学报(社会科学版)，2007，(1)：27.

估的“控制取向”。政府组织绩效评估可以划分为“外部责任”和“内部责任”。我国政府绩效评估更着眼于内部控制和监督。④评估的“自发性”。我国组织绩效评估实践的连续性不足，评估内容框架、侧重点、实施程序、结果利用方式等方面处在不断变化之中。此外由于领导的不同偏好又给连续性带来影响，最终影响到评估的科学化和效果。

2. 事业单位绩效管理实践

按照《事业单位登记管理暂行条例》的界定，事业单位是指“国家为了社会公益目的，由国家机关举办或者其他组织利用国有资产举办的，从事教育、科技、文化、卫生等活动的社会服务组织”。改革开放以来，随着社会的转型，社会组织开始越来越多的参与公共服务的提供，但是，尽管如此，事业单位依然是我国公共服务提供的最主要力量。由于事业单位的产出很难进行量化，也不和企业一样面临激烈的市场竞争，在这种背景下，引入绩效评估制度就成了提升其绩效的重要方法之一。总体来看，事业单位绩效评估的主要目的是，通过绩效评估，加强国家的监管职能，了解事业单位的发展状况，把握事业单位公共服务的公益方向，提升事业单位的公共性，更好地满足公众的需求①。

从事业单位绩效评估的实践来看，近年来，教育、卫生等领域都立足自身实际进行了绩效评估，如由教育部组织实施的普通高等学校本科教学工作审核评估活动。此外，改革开放以来，为了激发事业单位的生机与活力，提高事业单位的效率，国家陆续出台了聘用制、收入分配制度改革等一系列人事制度改革政策。

3. 社会组织绩效管理实践

我国社会组织的绩效管理也有了长足的发展。我国社会组织存在的主要问题是“缺乏资金、缺乏人才、能力不足、效率低下和服务质量不高、缺乏变革的动力与活力、违背非营利准则等等。而导致这些问题的原因在于中国非营利组织缺乏社会公信度、没有明确的宗旨与使命、缺乏社会力量的监督和行政干扰太大等等”②。也正是因为“缺乏对民间组织评估机制，不仅浪费了大量的人力、物力和财力资源，而且造成了民间组织形象欠佳，制约了社会主义市场经济的发展和人民群众日益增长的物质文化生活需要的满足”③。

加强和改善对社会组织的评估是解决上述问题的重要途径。社会组织评估是指，“各级人民政府民政部门为依法实施社会组织监督管理职责，促进社会组织健康发展，依照规范的方法和程序，由评估机构根据评估标准，对社会组织进行客观、全面的评估，并作出评估等级结论”。具体来看，需要从非营利性评估、使命与战略规划评估、项目评估、组织能力评估④四个方面入手。为了更好地促进社会组织的发展，2010年，民政部颁布了《社会组织评估管理办法》，该办法从评估对象和内容、评估机构和职责、评估程序和方法等方面进行了规定，将社会组织的评价结果分为五个等级，由高至低依次是5A(AAAAA)级、4A(AAAA)级、3A(AAA)级、2A(AA)级、1A(A)级。2014

① 邓国胜，等．事业单位治理结构与绩效评估．北京：北京大学出版社，2008：191.

② 邓国胜．非营利组织评估．北京：社会科学文献出版社，2001：77.

③ 国家民间组织管理局．中国民间组织评估．北京：中国社会出版社，2007：31.

④ 邓国胜．非营利组织评估．北京：社会科学文献出版社，2001：78-81.

年 5 月，民政部公布了 2013 年度全国性行业协会商会、学术类社团、联合类社团、公益类社团、基金会、非内地居民担任法定代表人的基金会和民办非企业单位的等级评估结果①。

9.3.2 中国公共组织绩效管理存在的问题

私营部门由于其产品或服务可以出售，能够将其价值以货币形式进行量化从而以数字准确衡量它的绩效。但是，公共组织提供的公共产品和公共服务产生的价值是无形的，如公共产品具有非竞争性和非排他性，难以获得其产生的效益数据。公共组织的公共性以及垄断性也使其难以从市场中获得反馈信息以进行价值量化。公共组织的公益性也使得它的目标多元化。公共组织必须回应公众的不同需求，这必然导致公共组织具有不同的目标，且这些目标大多以抽象的形式描述，不同的衡量主体也会具有不同的主观价值排序，这必然导致公共组织对实现目标的程度具有不同的评价结果。这些都是国内外公共组织在绩效管理实践中无法回避的困难，也会给绩效管理造成一定的问题。但是，从西方国家取得的成绩来看，我国公共组织绩效管理还不是十分完善，尚存在以下问题需要解决。

1. 过程导向为主，责任机制不完善

在西方国家的绩效管理实践之中，“结果导向”是绩效管理的重要原则，但是反观我国公共组织绩效管理的实践，增加投入和注重过程仍然处于主导地位。绩效管理的目标是提高公共组织的效率，从经济学意义上就是以最少的投入获得最大的效益。以酒驾治理为例，绩效考核的指标一般是出动了多少次或多少警力，设立了多少个检查站或是多久的检查时间，发现并处罚了多少个违规人员等。从这些考核指标看，这些都是过程的投入，考核指标中鲜有指向服务对象。从公共组织的构成来看，公共组织包括行政组织和社会组织，行政组织又包含政府、事业单位和国有企业，社会组织包括非政府组织、民间团体等，每个部门都具有不同的服务对象，服务对象的不同评价指标也相应有所不同，因此公共组织复杂的构成就使绩效指标体系难以统一。现今，我国公共组织中，政府处于绝对的领导地位和中心地位，组织绩效指标体系一般以政府机构为基础，其他部门没有一套各自完善的指标体系，这使我国公共组织绩效管理的结果导向难以落实。尽管我国公共组织绩效管理中程序、信息质量、指标等存在一些缺陷，但责任追究却毫不含糊，“一票否决”“末位淘汰”等处罚都相当严厉，在这种严厉的责任机制下，部门和官员往往靠杜撰数据来提高绩效。

2. 组织绩效管理的评估主体单一，公民参与评议未成常态

评估主体是指评估活动的行为主体，评估主体确定是保证公共组织效评估结果真实性、公正性、全面性的基本条件。因此，评估主体应当具备客观公正的态度和一定绩效评估的专业知识。一直以来，我国公共组织绩效评估的主体都较为单一，主要是上级主管部门。若考评内容涉及上级主管部门的管理职责和连带责任时，绩效评估的公正性便

① http：//mjj. mca. gov. cn/article/tzgg/201405/20140500641843. shtml，访问日期：2015 年 1 月 3 日。

有可能受到影响。上级主管部门作为单一评估主体时，公共组织的考核主要采用的是自上而下的评估方式。虽然有利于实现对下级的引导和监督，但在实践过程中却容易导致一些下级只唯上不唯实，政绩做给上级看，注重形象工程、面子工程而不搞实绩工程，只求数量不求质量，致使评估结果失真。公民导向则要求公共组织绩效评估必须立足于公民，评估内容、标准和指标体系设计等应从公民的立场出发。我国公民参与绩效管理的评估仍然处于探索阶段，没有全面铺开，绩效评估环节中缺少公民的评估，公共组织难以真正将公民的需求纳入绩效目标体系，难以切实反映人民群众的要求和愿望，违背了实施绩效管理的目的。

3. 组织绩效管理过程中的信息系统不完善

西方各国在推进绩效管理时都十分注重信息系统的建设，而目前我国的信息系统尚不完善。我国信息系统建设主要遇到两大阻碍：①无法掌握全面的信息。政府及其组成人员掌握着大量的信息，但是在绩效管理过程中一般报喜不报忧，隐报、瞒报、错报时有发生；另外，搜集信息需要耗费大量的人力、物力和财力，出于成本考虑也难以获得全面的信息。②政府与公民信息沟通渠道不畅通。我国政府处于信息垄断地位，政府一般筛选性地提供信息，公民的知情权无法得到落实，公民也无法将信息反馈给政府；由于缺少直接的沟通渠道，即使公民将信息反馈给政府，在信息传递过程中同样存在信息失真的风险。信息系统的不健全导致公民信息无法反馈，组织绩效的结果也可能失真。

4. 绩效管理制度化程度低，主观性较强

法律是公共组织运行绩效管理的法理依据，也是公共组织规范、公平执行绩效管理，得出客观、公正结果的保障。西方国家对绩效管理进行立法，具有明确的绩效管理制度。“与发达国家的实践相比，我国政府绩效管理存在的最突出问题是规范化程度明显不足。主要表现在，缺乏统一规范和指导，绩效评估分散在多种管理机制中，评估内容和侧重点差别很大，评估程序和方法不一致，在这些问题当中，缺乏制度化的评估标准，是政府绩效评估科学化的主要障碍。”①也正是因为制度化程度不高，“我国地方政府绩效评估实践十几年来一直处于自发状态，工作的启动和开展主要取决于地方政府领导人对这项工作的认识程度”②。从我国的实际来看，2006 年中共中央组织部正式印发了《体现科学发展观要求的地方党政领导班子和领导干部综合考核评价试行办法》，我国关于绩效管理的立法还在探索阶段。西方国家具有较完善的绩效管理体系，在程序方面十分翔实。我国公共部门绩效管理实践还相当不成熟，实施的绩效管理在程序方面既没有明文规定，又没有严格的规范，造成在绩效管理中程序的随意性较大。一些地方政府要进行绩效评估或者对绩效进行跟踪时则由上级主管部门临时抽调人员，组成临时工作小组，存在走过场、讲关系、做人情等问题；由于缺少程序规定，组织人员在评估事实依据上弄虚作假、瞒报虚报，选择性评估，针对有关评估指标按照主观意愿事先就定下基调。

---

① 中国行政管理学会课题组．关于政府机关工作效率标准的研究报告．中国行政管理，2003，(3)：15.

② 桑助来．中国政府绩效评估报告．北京：中共中央党校出版社，2009：18.

9.4　公共组织绩效管理与评估的方法

9.4.1　公共组织绩效管理的主要方法

公共组织绩效管理的要素是多层面的，因此，应采用多种管理方法，以综合反映公共组织绩效的全貌。公共组织绩效管理要做到公平公正、系统全面、客观可靠和连续稳定，所以绩效管理的方法必须是多元的和多视角的。具体来看，公共组织绩效管理的方法主要有以下几种。

1. 标杆管理法

1)标杆管理法的定义

20 世纪 70 年代，“标杆”的概念开始用于商业词汇中。80 年代初为对应日本佳能、NEC 等公司的威胁，美国施乐公司通过对经营战略、战术的改进，很快收到成效。政府中的标杆管理(benchmarking)是一个帮助机构发现其他组织更高绩效水平的过程，并尽量了解它们是怎样达到那种水平的，从而使产生那种水准的做法和程序得以运用到自己的组织机构中。

2)公共组织标杆管理的方法

公共组织使用标杆管理的程序与企业组织并无差异，关键在于如何选择标杆管理的程序。基于标杆管理的公共组织绩效管理一般包括如下步骤。

第一，确定绩效管理中标杆的内容和对象。标杆内容的确定可以借鉴逻辑分析法的各个组成部分，如确定投入、产出、结果、效率、效果等。标杆对象的确立主要通过内部标杆法、外部标杆法和最佳实践标杆法，同时公共组织对每一个程序做出解释，使参与者对该程序产生的结果有一个共同的了解。

第二，确立标准。公共组织实施的绩效管理必须要确立一整套的管理程序和标准。这些标准建立在对管理相关的资源储备、行动策略、目标对象、竞争性议题、背景知识等情况详细了解的基础上，考虑到相关内容的重要性和关联性。

第三，制订实施行动方案。公共组织绩效管理参照已确立的标准制订行动方案，安排实施程序。通过设定优先事项、次要事项和一般事项，明确管理任务的优先级，同时关注监督机制和授权机制建设，多管齐下，达成目标。

2. 全面质量管理

1)全面质量管理的定义

全面质量管理不仅仅是一种管理哲学、管理理念，同时它也是一种有效的管理模式、管理方法和管理工具。从内容上来看，全面质量管理是一种由顾客的需要和期望驱动的管理哲学，是一种以质量为中心，以全员参与为基础，追求工作流程的持续改进，以顾客满意为目标的管理模式和管理方法。

2)全面质量管理的实施步骤

第一，确立管理目标。通过系统调研，了解目标对象即顾客的需要和期望，在此基础上确立管理的目标。

第二，优化组织环境。要实施全面质量管理，保证管理的成效，必须要建立良好的组织环境。政治上，政府要提供大力支持，切实履行自身职能；经济上，政府要保证实施全面质量管理所需的物质资源；社会上，公共组织要与目标客户进行良性互动，确保能够随时了解他们的需求。

第三，技术保障。公共组织引入全面质量管理需要参照企业质量管理的程序和流程，熟悉相关的技术设备，应用相关的技术方法。

第四，优化组织文化。为实现全面质量管理的目标，组织内部要形成良好的组织文化，能够凝聚共识，锐意进取，取得良好的管理效果。

3. 平衡计分卡法

1)平衡计分卡法的定义

平衡计分卡(the balanced score card，BSC)是20世纪90年代初由哈佛商学院的罗伯特·卡普兰和诺朗诺顿研究所所长、复兴全球战略集团总裁戴维·诺顿提出的一种全新的组织绩效评估工具。近几年来，学者们纷纷致力于“将平衡计分卡引入公共部门”的理论研究，政府工作者也在尝试着将其运用于所在组织。平衡计分卡的核心思想就是通过财务(行政成本)、客户、内部流程及学习与发展四个方面的指标之间的相互驱动的因果关系展现组织的战略轨迹，实现绩效考核—绩效改进以及战略实施—战略修正的战略目标过程。平衡积分卡对于平衡公共组织绩效的不同要素具有积极的借鉴意义。在应用平衡计分卡实施公共组织绩效管理的过程中，政府绩效管理的不同价值可以分解到适应性学习与领导、内部管理流程、经济发展和顾客四个维度。以此来研究每一个维度的价值类型和价值集合，并基于四个维度的内在平衡性实现各维度间的价值平衡①。

2)平衡计分卡法的实施步骤

第一，通过准确分析，把握组织的战略目标及使命，并将短期绩效与长期绩效相结合，然后将战略目标在其组织内部层层分解下去，形成目标网络。

第二，通过对公共组织服务对象即顾客的了解，正确认知顾客的需求，在顾客的需求基础上设置公共组织的行为，建立以顾客为导向的服务型组织。

第三，完善组织内部结构，在组织内部鼓励不断学习的态度，积极变革的精神，努力营造一个创新的氛围。

第四，将财务、顾客、内部流程、学习和发展四个维度的测评指标具体化、量化。

4. 关键绩效指标法

1)关键绩效指标法的定义

关键绩效指标(key performance indicator，KPI)，是基于企业经营管理绩效的系统评估体系，通过对组织内部某一流程的输入端、输出端的关键参数进行设置、取样、计算、分析，把企业的战略目标分解为可运作的远景目标的工具，是企业绩效管理系统的基础。它主要是借助于对公共组织内部运行过程中重要成功要素的提炼和归纳，设立关

① 包国宪，孙斐．政府绩效管理价值的平衡研究．兰州大学学报(社会科学版)，2012，(5)：91-100.

键指标体系，组织评估结果、做出决策、重组过程、分配责任。关键绩效指标体现了组织中最重要的目标，它是从纷繁复杂绩效指标中抽取的少数的、关键的、至关重要的指标。

2)关键绩效指标法的实施步骤

第一，确定公共组织的总体战略目标。公共组织的总体目标是与其部门特性、业务范围以及其地位职责密切相关的。通过对这些要素的熟悉以及目标客户的考察，梳理归纳组织的整体目标。

第二，抽取确保组织目标实现的关键要素与领域。通过主观经验、等级序列、对偶加权、权值因子判断、层次分析等方法来考察组织各目标的重要性，从中抽取与组织总体目标攸关的决定性指标。

第三，打造关键指标体系。将已抽取的关键要素和领域进行甄别筛选，明确它们之间的相互关系，确保它们的关键性和重要性。通过一系列评估选择，将它们有机联结起来，构筑关键指标链或关键指标集，确保组织总目标的实现。

9.4.2 公共组织绩效评估的主要方法

绩效评估是绩效管理中的核心和关键环节，它是一定的部门运用科学的方法和程序，对个体或组织的业绩、实现目标的程度和实际工作情况等进行尽可能准确评价的过程，包括一系列衡量、评价和影响组织成员工作表现的活动。而绩效评估的一系列功能，都必须通过评估方法的运用得到实现。目前公共组织中常用的绩效评估方法主要有简单排序法、强制分配法、3E评价法、360度绩效评估法、数据包络分析法等。

(1)简单排序法。简单排序法也可以称作序列评定法，是指管理者把一系列考核对象按照一定标准排出“第一、第二、第三、第四……”的顺序，排序方式或是从本部门工作人员从绩效最高者到绩效最低者，或是本部门工作人员绩效从最好者到最差者。在对工作人员进行绩效考核时，一般要求管理者综合考虑工作职责、工作权限、工作条件、工作环境等各项因素。

(2)强制分配法。强制分配法是现代企业在员工绩效考核过程中经常使用的一种方法，即将员工按照事先确定的分配比例进行绩效考核等级的划分，以避免出现居中趋势等绩效考核误差。该方法也可以用于公共组织绩效评估。它的优点是：可以有效回避绩效评估结果出现分布误差，提高绩效评估的效用性，有利于组织甄别处于不同绩效水平的工作人员，做出针对性强的人才管理决策，提升工作人员和公共组织的绩效。

(3)3E评价法。3E评价法是由美国会计总署率先提出并加以实践的一种绩效评估方法，目的是更好地控制政府财政支出，从而节约成本，体现在审计工作中就是把审计重心从单一的经济性审计转向经济(economy)、效率(efficiency)、效果(effective)并重的审计。所谓“3E”，就是economy、efficiency、effective的第一个字母，所谓“经济”是指以最低可能的成本(供应与采购)投入维持既定的公共服务(产出)品质，它强调在提高公共服务品质的前提下尽可能降低供应与采购成本，重心在于更多地关注投入的数量。所谓“效率”是指投入与产出之比例，特别体现在追求尽可能少的时间投入和尽可能多的公共服务产出，所以，“效率”注重的是一种比例关系。所谓“效果”是指公共服务实现目标的程度，所衡量的是公共组织提供的公共产品和服务能够达到的程度，更多强调对结果的满意度。但随着经济与社会的发展，3E评价法也暴露出一系列的问题，在进一步补充和完善的过程中，加入了“公平”(equity)指标，发展为“4E”。

(4)360度绩效评估法。360度绩效评估法又称“全方位评估法”，最早由英特尔公司提出并加以实施运用，体现了组织调查、全面质量管理、发展回馈、绩效评估以及多元评估系统等多个组织绩效原则。通过这种评估方法，被评估者不仅可以获得多角度的反馈，也可以从中更加清楚地了解自我，便于今后自身绩效的提升。360度绩效评估法有效地体现了公开、公平、公正的精神，其从多个角度、多个渠道收集、反馈被评估者的信息，使评估结果尽可能公正且全面。

(5)数据包络分析法。数据包络分析法运用于具有多投入、多产出以及评价对象多元性特征的地方政府公共事业管理绩效评价过程中，尤其是对于比较不同部门之间绩效的相对有效性，表现出很强的适应性和优势，为评价地方政府公共事业管理绩效提供了一种新的思路。但数据包络分析法也有它自身无法克服的局限性——相对有效性。所谓相对有效性是指在对相同(相似)部门间进行评估时，对部门间的绩效进行比较，最后选出绩效最好者作为数据包络分析有效决策单元，因此就会存在所评价的部门本身的绩效并不是很好，但根据数据包络分析法，仍然能够评价出相对数据包络分析有效的结果，这与实际评价要求不一致。

除此之外，在公共组织绩效评估的过程中，还有很多评估方法可资利用，这些方法主要包括工作记录法、要素评定法、业绩评定表法、关键事件法、行为观察比较法、行为锚定评价法、情景模拟法、工作计划考核法等，这些方法从不同的角度对公共组织的绩效进行评估，它们各自有各自的长处，可以根据具体环境、工作性质情况差异有针对性地予以选择。

➤思考题

1. 公共组织绩效的要素包括哪些？
2. 什么是公共组织绩效管理？
3. 西方发达国家公共组织绩效管理兴起的背景是什么？
4. 西方发达国家公共组织绩效管理的实践有哪些？
5. 中国公共组织绩效管理的实践体现在哪些方面？
6. 目前中国公共组织绩效管理过程中存在的突出问题是什么？
7. 公共组织绩效管理的主要方法有哪些？
8. 公共组织绩效评估的主要方法有哪些？
9. 分别选择一个你所熟悉的私营组织和公共组织，比较两者的绩效管理制度之间的区别。
10. 选择一个你所熟悉的公共组织，对其绩效管理过程中的经验以及存在的问题进行分析。

第 10 章

动力与阻力——公共组织的变革方略

持续的发展变化是人类社会的重要特征之一。回顾历史，我们可以发现，随着社会的不断进步，其发展变化的速度也日益加快。20 世纪末期以来，以信息化、全球化等为标志的一系列急剧变化令人目不暇接，极大地改变了人们的工作和生活。作为“嵌入”社会中的细胞，组织也不是一成不变的。“变革，而不是稳定，成为当今的准则。”①在这种背景下，作为一个开放的系统，组织只有根据内部和外部环境的变化及时进行调整，才能更好地促进自身的生存和发展。从内容上来看，组织的变革主要体现在职能的调整、结构的重组、技术的运用、人员的增减以及文化的革新等多个方面。换一个视角来看，组织的变革也是一个对既有利益格局进行调整的过程，这肯定会对组织成员的利益产生影响。但是，经验一再告诉我们，任何变革都不可能在组织成员利益分配上实现“帕累托最优”。也就是说，在组织变革的过程中，一些组织成员的利益和观念等不可避免地会受到冲击，而恰恰是这些利益受损的组织成员有可能会成为阻碍组织变革顺利进行的因素之一。

一旦开启变革的进程，组织就处于动力和阻力相互作用而形成的“力场”中，不仅有来自多方面的动力促进改革，同时，还会遇到各种各样的阻力在阻碍着改革。因此，组织变革需要通过有效的方法来妥善处理改革的两种力量之间的关系，在积极顺应变革动力的同时，还要努力减少变革的阻力。这就需要对组织变革的管理，即组织变革管理。在现实中，我们可以看到，“并不是所有的组织在面对外界压力时都能够采取合适的变革方式”②，一些组织的改革获得了成功，而另一些组织的改革却失败了。其中的重要原因就是组织变革管理水平的差异。一般来说，成功实现改革的组织往往具有较强的变革管理能力。虽然公共组织与私人组织有着本质的区别，但是，其变革的顺利实施同样需要通过有效的变革管理来处理好动力与阻力之间的关系。具体来看，公共组织变革的

---

① 达夫特 R L. 组织理论与设计．第 10 版．王凤彬，张秀萍，刘松博，等译．北京：清华大学出版社，2011：436.

② 帕尔默 I，邓福德 R，埃金 C. 组织变革管理．金永红，奚玉芹译．北京：中国人民大学出版社，2009：57.

动力和阻力主要有哪些？什么是公共组织的变革管理？改革开放以来，中国公共组织变革的困境主要体现在哪些方面？公共组织变革管理的主要方法有哪些？本章将立足公共组织的特征，紧密围绕上述几个问题，从协调动力与阻力之间关系的角度对公共组织变革管理的相关问题进行详细的介绍。

10.1 公共组织变革与变革管理

10.1.1 公共组织变革的背景

20世纪末期以来，世界范围内掀起了一场政府改革的浪潮。“当代行政改革是在世纪之交和时代转型的环境下推行的。改革既是对数十年来行政管理实践的检讨和反思过程，同时也是对新时代、新环境的自觉适应过程。打破传统的行政模式，建立适应后工业社会和信息时代的‘后层级制改革模式’，既是时代对改革的迫切要求，又是当代行政改革的自觉目标。”[①]我们可以从总体上考察促成这次改革浪潮发生的一般性社会环境。可以说，正是整个公共组织外部环境和组织内在结构的共同作用促成了这次公共组织改革的浪潮。

1. 经济全球化

所谓经济全球化，是指商品、服务、生产要素与信息跨国界流动的规模与形式不断增加，通过国际分工，在世界市场范围内提高资源配置效率，从而使各国经济相互依赖程度日益加深的趋势。在第二次世界大战之后，特别是近二十年来，在技术进步的推动下，经济全球化进程明显加快。以经济全球化为基础，全球化逐渐演变为以通信、生态及旅游的全球化为基本内容，以文化及其政治影响为直接后果的综合发展趋势。这一不可逆转的潮流深刻地影响着人们整个生活的各个领域。在政治方面，全球化客观上削弱了传统意义上的“国家主权”，这无疑会对公共行政机构的结构与职能产生影响。经济全球化形成了对公共部门的改革压力。通信的发达使各种公共组织的领导者能够随时了解其他国家的最新发展，这一方面给这些组织的改革造成了压力，另一方面也为引进和借鉴别国的经验提供了条件和可能。所以，西方各国开展的政府改革运动，其目的是要完善国家创新体系、增强国家竞争力，以适应经济全球化的挑战，而其态势正是在相互交流和相互促进中不断走向深入的。

2. 政治民主化

第二次世界大战以后，民主化的浪潮席卷全球。民主化的发展趋势不仅改变了一国政府与公民的关系，也在很大程度上改变了整个社会的政治文化和心理氛围，这突出表现在公众对公共组织的期望与要求方面。首先，公民要求直接参与公共服务的供给过程。公共服务是公民最关心的公共问题，此前，政府官僚组织垄断了公共服务的供给过程，通过政治家的相关决策来满足公民的诸多需要，但普遍存在效率低下、服务质量不

---

① 周志忍．当代国外行政改革比较研究．北京：国家行政学院出版社，1999：4.

高以及不能满足公民多样性需求的问题。为此，公民要求以适当的形式直接参与公共服务的供给，以弥补官僚组织的能力缺陷。相应地，“市场和国家以外大范围的社会机构发挥着重要的作用”[①]，具有组织性、民间性、非营利性、自治性和志愿性[②]等特征的非营利组织在这一过程中得到了快速的发展。其次，公民要求减少财政支出，因为他们认为政府在提供公共服务过程中过多地受到了特殊利益集团的影响，而在财政收入的转移支付过程中又存在极大的浪费。这些要求反映出社会公众对公共行政组织的信任度在下降，通过提高财政支出的效益来增强社会对于政府的信任无疑为各国行政改革提供了一个重要的动力。

3. 科技发展

以信息技术为基础的现代科学革命在 20 世纪 70 年代以后跨入了全面发展的新阶段，80 年代信息技术产品已广泛渗入国民经济和社会生活的各个领域。日新月异的信息技术首先要求公共组织改变以往的公共事务管理方式，更好地服务于社会公众的需要。以前许多只能由公共行政组织完成的事情，现在由于新的科学知识、科学技术出现，可以交由准行政组织、社区、企业甚至公民自己来完成了。信息技术的发展和成熟也为公共组织改善其管理水平和服务能力提供了可能。例如，从 20 世纪 70 年代，美国就开始在预算和财政系统引入“运作绩效评估系统”，从此以后，信息技术就不断运用在美国政府的人事管理、采购系统管理、公共项目管理等各个领域。此外，信息技术还使公共行政组织压平层级和放松规制成为可能。这就是 20 世纪 80 年代以来各国公共组织变革的宏观技术环境。进入 21 世纪以来，科学技术的迅猛发展使人类社会处理数据和信息的能力大大增强，这也使“大数据”时代到来。从影响上来看，“大数据时代已经撼动了世界的方方面面，从商业科技到医疗、政府、教育、经济、人文以及社会的其他各个领域”[③]。这为政府部门广泛收集信息、提高决策质量和科学性、改善公共服务提供了科学技术上的支持。

4. 官僚体制的内在缺陷

韦伯所提出的官僚体制是适合于工业时代需要，基本适合传统的工业技术基础与相对稳定的社会结构的。但随着信息技术的日趋扩张和功能逐渐扩大，官僚制也逐渐暴露出其自身内在的缺陷。官僚体制太多太繁的规章制度越来越成为工作人员的束缚，使他们丧失了解决问题的主动性和实际操作的灵活性；其过分崇拜专业技术和专业分工，结果导致部门与部门重叠、机构与机构交叉以及不同机构之间协调和沟通的困难，形成了官僚主义的迷宫；服务对象被逐渐从官僚组织的服务对象中异化出去，要么被看做官僚组织的累赘，要么被看做无限依赖的对象。总之，官僚制遭到了越来越多的专家学者与普通社会公众的批评。面对这种不断变化的社会环境，官僚组织必须在以下几个方面做出相应的变革：一是提高组织适应环境的能力，即为了生存与发展，要随内外环境的变

---

① 萨拉蒙 L M. 全球公民社会——非营利部门视界．贾西津，魏玉，等译．北京：社会科学文献出版社，2007：3.

② 王绍光．多元与统一——第三部门国际比较研究．杭州：浙江人民出版社，1999：9-10.

③ 迈尔-舍恩伯格 V，库克耶 K. 大数据时代．盛杨燕，周涛译．杭州：浙江人民出版社，2013：15.

化而变化；二是提高组织的工作绩效，在提高适应能力的基础上，促进组织及其人员的知识、技能、行为等的更新，提高工作绩效；三是使组织承担更多的公共责任，或者更好地完成公共事务管理的任务。

10.1.2 公共组织的发展趋势

随着电子信息技术、现代办公自动化技术，尤其是网络技术的普及和应用，公共组织的结构、功能、管理过程和管理方式都在发生巨大变化。展望未来，公共组织正处于如下几个大的发展趋势之中。

1. 公共组织结构趋于扁平网络化

传统的金字塔式组织结构在工业社会中具有效率上的优势，但它也带来对环境适应的呆板、僵化、迟钝，也压抑了组织成员的全面发展。在信息社会中，网络信息技术的发展对公共组织带来的突出影响就是减少组织管理的层次，扩大管理的幅度，使公共组织结构从金字塔型向扁平型、网络型方向发展，这也使组织因此具有了更大的灵活性、机动性和适应性。因为，扁平或网络型组织强调信息共享，重视横向联系，强调人力资源的开发，它适应了复杂多变、需求多样的信息社会的需要。

2. 公共组织规模趋于小型化

网络时代的公共管理，以人与计算机的结合为基本的工作平台。大量的工作因为计算机作业而形成工作数字化、智能化和自动化。对于一些例行性和常规性的组织工作，越来越多地出现无人化操作和管理。与此同时，组织成员将以知识能力作为工作的资本，更多地处理非例行事务，面对的是个别化、非规范化和非程序化的工作任务。这两种发展趋势的共存，不仅对管理人员提出了更高的要求，而且将大幅度地缩小公共组织的规模。

3. 公共组织权力结构趋于分权化

网络时代公共组织的权威基础正从以往的法律规章转化为知识和信息。谁掌握有效的信息，谁就能处在非程序化管理中的主动地位，引导或影响他人乃至组织的行为。而知识和信息是分散的，这就决定了公共组织在权力结构上必须实行分权和权力下放。这包括两层含义：一是采取分权式的组织结构，公共组织将被分解为一个由数量相对众多、规模相对较小的组织单元构成的公共组织系统；二是组织中的基层人员将拥有更大的管理自主权。

4. 公共组织信息结构趋于网络化、交互化

信息是组织决策、运行和管理的基础。在传统的金字塔型组织结构中，信息结构是纵向层级式的，其优点是结构简单，信息关系清楚，且与组织的指挥链条相一致。但它也存在割裂信息完整性、扭曲信息真实性等致命缺陷。电子计算机网络的广泛应用，为网络型信息结构提供了传递、处理和存贮的技术条件。在网络组织结构形态下，信息联系的多重渠道和多种方式，能克服单一纵向信息结构中信息封锁、信息渠道易于堵塞、传递迟缓等弊端。而且，网络信息结构不仅有多个信息中心，而且，每个信息中心都既能了解各职能信息、层次信息，又能了解全局信息。这就为信息使用者提供了更大的自

主选择的空间。

5. 公共组织管理方式趋于民主化

公共组织成员教育程度的提高，知识和能力的增进，自主意识的觉醒，自我实现愿望的增强，既会对组织管理方式的变革提出要求，也会为民主化、自我管理方式的推行提供条件。更多的组织成员不会满足于做一部机器中的螺丝钉，而是要做网络中的知识贡献者和组织管理中的决策者，充分发挥自己的自觉性、主动性和创造性。组织也要为此创造条件，包括提供组织学习和培训的机会，不断提高组织成员的能力，使组织成员能够实现自我价值。

6. 公共组织办公趋于虚拟化

也就是说，组织的工作人员不必再依赖于工业时代的办公条件，如固定的办公室、上下班交通等，他们同样可以正常地开展业务工作。虚拟办公注重的是人的能力与才干，而不是他们的岗位或职位。从这个意义上讲，用互联网方式代替传统的工作方式，就等于用信息代替了办公建筑、交通运输等有形物质投入。这不仅大大节省了资金和物质的投入，同时也可以加快信息的汇集和流动，提高工作效率。

10.1.3　公共组织变革的程序与方法

1. 公共组织变革的程序

为了保证公共组织的变革顺利进行，达到预期的效果，必须遵循一定的变革程序。对于组织变革的程序，学者们提出了多种理论，比较有代表性的有以下几种。

美国组织管理学家唐纳利(James H. Donnelly)提出了组织变革所需要的八个环节，这些环节包括：①变革的力量；②认识改革的需要；③判断分析问题；④找出组织发展的方法和战略；⑤认识限定条件；⑥选择方法和战略；⑦实施计划；⑧评价计划[①]。

沙因提出了组织变革的适应循环程序，该程序包括六个步骤：①感知差距。就是要调查、分析和确定内外环境的变化，明确目前状态和期望状态的差距，认识到变革的必要性。②拟订变革方案。就是在前者的基础上，将有说服力的变革情报资料提供给组织的决策者，由变革推动者、调查部门、参谋部门、变革参与者共同研究讨论，拟订变革方案。③实施变革。要全面发动和宣传，减少变革阻力，多用参与手段，少用强制命令，推进变革。④稳定成果。为防止变革退回原有状态和产生副作用，立即将变革已取得的成果固定下来，要推进一步，稳定一步，成功一步，冻结一步，为下一步变革提供良好的起飞平台。⑤要采用多种方法输出变革的新成果、新产品，使新的制度、观念和行为模式为组织和外界所接受和认可，扩大影响，造就有利的变革氛围。⑥检查反馈。回到起点，感知差距，进一步分析外部环境和内部环境的情况，评价变革结果，分析改进措施，然后进入下一个变革循环。

凯利(Kelly)把变革分为诊断、执行、评估三个阶段，共有九个步骤。诊断阶段包

---

① 唐纳利 J H，吉布森 J L，伊凡赛维奇 J M. 管理学基础：职能・行为・模型. 李柱流，等译. 北京：中国人民大学出版社，1982：324.

括确定问题、进行诊断、列出可行方案三个步骤；执行阶段包括制定决策准则、选取解决方案、计划变革、采取行动四个步骤；评估阶段包括评价效果、反馈信息两个步骤。

美国管理心理学家勒温（Lewin）则从组织成员心理机制变化的角度提出了解冻—变革—再冻结的三阶段理论[①]：①解冻阶段是改革前的心理准备阶段，中心内容在于激发变革的动机。为此，应注意三点：一是不能对旧的态度和行为予以肯定和强化，而应予以淡化和否定；二是要使职工感到变革的迫切性，认识到照老办法不能达到希望的结果，从而愿意接受新事物；三是要创造职工心理上的安全感，扫除害怕失败的心理障碍，感到组织变革的能力。②变革阶段是改革过程中的行为转换阶段。在这一阶段中，要把激发起来的改革动机转化为改革的行为，关键措施是让工作人员参与变革，使变革成为全体工作人员的共同事业。③再冻结阶段即改革后的行为强化阶段。由于人们的传统习惯、价值观念、心理特征等是在长期的社会生活中逐渐形成的，并非一次变革所能彻底改变的，因此，改革措施顺利实施后，还应采取种种手段不断强化新的心理状态、行为规范和行为方式。其中有两点特别重要：一是要使职工有机会和时间体验新的态度和行为是否符合自己的具体情况，用鼓励的办法使之持久化，任何操之过急、求全责备都可能产生“欲速则不达”的结果；二是职工应当有机会体验与他相关尤其是有重要关系的其他人是否接受和肯定新态度、采取新的行为方式，团体环境在这里起着直接的制约作用。它能够强化也能够否定新的态度和行为。在团体一致的条件下，个人的新态度和新行为可以较快形成和巩固持久。

科特提出了组织变革的八个步骤，在其中，每一个步骤都涉及导致组织转型失败的一个根本错误。具体来看，这些步骤主要包括：增强紧迫感；组建领导团队；设计愿景和战略；传播改革愿景；授权行动；创造短期绩效；巩固成果并进一步推进变革；将新方法融入企业文化。其中前四个步骤在于缓解当前艰难的现状，从第五步到第七步提出一些新的改革策略，最后一步则将变革融入企业文化，进而使变革继续下去[②]。

2. 公共组织变革的方法

根据实际情况的差异，不同的组织变革需要采取不同的方法。通常来说，组织变革的方法大致有以人为中心的方法、以组织结构为中心的方法和以技术为中心的方法三种。

以人为中心的组织变革是指试图以直接改变员工的动机、态度及技能来改变员工的行为，进而实现组织的变革。这种变革的主要措施是从教育训练开始，疏通沟通网络，调整人际关系，转变员工的态度与行为，以促成组织目标的实现。此外，根据有关工作动机的心理学研究，重视改善员工的工作动机，实行有效的奖励制度和责任制等，均可以推进整个组织的变革。

以组织结构为中心的组织变革体现在若干方面；设立新的部门，协调各部门工作，调整管理幅度与管理层次，对各层次管理人员与职工实行优化组合，给基层单位一部分

---

① 奥特 J S，帕克斯 S J，辛普森 R B. 组织行为学经典文献．第 3 版．王蔷，朱为群，孔曼译．上海：上海财经大学出版社，2009：511.

② 科特 J. 领导变革．罗立彬，等译．北京：机械工业出版社，2005：22.

自主权等。通过改革结构来实现组织变革的方法，较为直接，见效快，常常可以促使组织发生根本的转变。以组织结构为中心的组织变革通常包括五个步骤：一是交付任务。组成工作小组或委员会，专门负责更新组织结构的任务。二是分析组织结构。三是建立理想的组织结构模式。四是修正现有组织结构，即根据现有组织与理想组织的比较及检讨结果，提出修正意见。五是将修正的组织结构付诸实施。

以技术为中心的组织变革包括两种形式：一是直接工作技术的改变，即由引进一种机器或引进一种人—机系统所引起的变革；二是改变管理技术，包括采用现代化的信息收集和处理系统、现代化的监控处理系统、现代化的办公系统及文件处理系统、工程管理或程序管理的方法等。

10.1.4　公共组织变革的动力与阻力

1. 公共组织变革的动力

推动组织变革的动力可能来自若干方面，这些动力在交互作用的过程中推动变革的进行。但是，在现实中，对具体组织来说，在实施组织变革的过程中，可能的主要推动力是来自其中的一个或几个方面。归纳起来，组织变革的动力包括以下一些因素。

第一，环境因素。作为一个开放的系统，公共组织必然要受到外部环境的深刻影响。这就导致环境的改变成为公共组织变革的主要动因。具体来看，无论是国家政治格局、法律规范、经济发展、社会转型，还是伦理道德、文化观念、民族意识的变化，都会不同程度地直接或间接地影响公共组织结构、功能甚至是文化的变化。

第二，目标因素。组织目标是组织价值观的产物，也是组织战略的核心。因此，组织价值观和目标的变化将改变组织的外部行为方向或方式，引起组织的变革。从原因上来看，组织目标的改变可能来自组织外部的强制压力，也可能形成于组织对环境的自觉的再估量。

第三，结构因素。组织结构的任何改变，无论是渐进式的还是突变式的，都是组织变革的外在表现形式，包括新建、重建、改组、合并、裁减、撤销以及与之相适应的行政权力的再分配或职位的重新设置等。一般说来，在组织的其他方面处于相对稳定的条件下，调整组织结构是较好的时机。

第四，人员因素。人员是组织的重要构成因素，因此，人员的变化也是组织变革的动力之一。组织变革与人员方面的因素关系密切，这主要体现在几个方面：①高级领导人的变动会对公共组织产生影响。领导人的变动对组织可能带来的影响是，不同的领导人可能会采取不同的领导对策、有不同的组织战略规划，这样他就要对组织结构提出自己的特殊要求。我们经常所说的“新官上任三把火”所反映的就是这个道理。②人员素质的变化对公共组织有相当程度的影响。组织管理是对人的管理，因此，人员素质也会对组织变革产生影响。以高素质的成员为基础的公共组织可以采取精干的组织形式，而以低素质职员为基础的公共组织只能是一个臃肿低效的组织。③人员年龄结构的变化。受到生活经历的影响，不同年龄阶段的组织成员具有差异的价值观念，这会对组织的相关管理制度提出新的挑战，相应地，组织应当根据组织成员的“新陈代谢”来动态地对组织的管理制度等内容进行调整。④专家因素。专家虽然不一定是组织的正式成员，也不一定拥有固定的职权，但他们基于自身知识对组织所做的分析和论证，却可能引起组织的变革。由于专家(群体)的介入，公共组织的变革往往会变得比较清晰。

第五，技术因素。科学技术的发展是组织变革的直接动力源，这主要表现在：技术水平和技术手段是区分组织技术程度的标准；组织技术水平的提高和组织在改进技术方面所做的努力将对组织产生广泛的影响，组织分析技术将对组织变革产生推动作用。

第六，社会心理因素。这主要是指组织成员的动机、愿望、态度以及与之相一致的群体效应对组织变革的影响。组织成员不满现状和要求变革的意愿常常表现为意见、建议、方案、呼吁、消极抵抗等行为，并以此来促成或强化组织领导层的变革意识。在这个意义上，组织成员的普遍的变革意愿是变革顺利进行的重要保障。

第七，组织发展阶段。组织发展阶段也是其变革的重要动力之一。在组织成立初期，由于成员较少，组织的组织结构和管理制度可能会相对简单，组织成员之间的信息交流也较为充分。但是，随着组织的不断发展壮大，组织的职能范围会越来越大，组织成员的数量也会越来越多，这就会对组织结构、管理制度、信息传递渠道等提出新的、更高的要求。这些要求进而会推动公共组织不断进行变革，对组织的结构进行系统设计以及对人力资源管理制度进行完善。

2. 公共组织变革的阻力

组织变革的阻力既可能来自组织外部，也可能来自组织内部，既可能来自利益得失等客观方面，也可能来自文化观念等主观方面。概括起来，组织变革的阻力主要包括四个方面。

第一，利益方面的阻力。公共组织的变革对不同的行为主体会产生不同的影响。对特定的行为主体来说，如果变革触及了他们的既得利益，就会很自然地导致这部分群体对变革采取消极抵制或积极反对的态度和行为。例如，在因机构变动而引起的权力再分配活动中，丧失权力的人将产生不满，并可能产生阻力。来自利益方面的阻力通常是最顽强和最富有破坏力的。

第二，习惯性力量。所谓习惯性是对一定工作方式和环境的较为固定的看法或某种较为持久的认同。习惯性力量常常是巨大的，常常会在无形中阻碍组织变革的顺利进行。在组织中，“每个人都受到文化的影响，但这种影响往往不为人所知觉。只有当组织试图推行一些与组织基本行为规范和价值观相悖的新的战略或方案时，文化的力量才会为人们真切地感受到”①。习惯还是最难改变的，它会产生一种“惯性”，进而阻碍组织变革的顺利进行。一般来说，职业认同感和对变革更新的潜在的不安全感是两种主要的变革阻力。

第三，认识偏差。这主要表现为对变革的目的、方式、后果的不完全、模糊的、主观臆测的了解和理解，而对变革持怀疑和反对的态度。这种认识上的偏差往往是组织变革准备阶段中的信息沟通不够所致。从这个意义上说，事先进行合情合理的、实事求是的变革宣传，使各方对于组织变革的问题有较为充分的理解，以消解变革的阻力是十分

---

① 达夫特 R L. 组织理论与设计．第 10 版．王凤彬，张秀萍，刘松博，等译．北京：清华大学出版社，2011：395.

必要的。

第四，成本方面的阻力。公共组织的变革都要付出一定的变革成本，包括改革所需的财政经费，改革所需花费的时间，改革中所造成的各种损失等。因此，如果成本投资大于收效，改革与发展就难以继续进行。

10.1.5　公共组织变革管理

公共组织是一个开放的系统。作为开放系统的公共组织不断地同周围环境发生物质、人员和信息的交换，从而使自身获得不断的发展变化。公共组织越开放，其与组织环境的关系越密切，对社会的需要越敏感，也越能提高自己的适应能力。因此，开放的公共组织能够较快、在更大的范围从环境中输入能量，扩大权力，增强解决、处理问题的能力；同时，由于把握社会需求，能够更大效率地输出影响，实现与环境的动态平衡。在这一过程中，公共组织自身也要不断调整，通过自身适应性程序来容纳外界冲击，保证组织系统稳定，增强生命力。在这个意义上，所谓公共组织变革，是指公共组织为适应外部环境的变化和内部情况的变动，提高组织效能，而对公共组织的结构、人员、任务、技术等方面所进行的调整与创新。具体来说，组织变革是为了适应客观的需要而对一个组织内部的一个或一个以上的组织要素进行更动。

“环境的变化需要组织的变革，变革目标的实现则需要对变革进行有效的管理，这是一个关联的有机过程。”[①]这说明，组织内外环境的变化对组织提出了变革的要求，而组织变革则呼唤变革管理的出现。科特分析了一些成功实现变革的组织之后得出结论，有两种重要的模式可以促进组织变革实现：第一，有效的变革往往要经过一个多步骤的过程，这一过程可以创造出足够的力量和动机以克服所有惰性；第二，只有在高质量的领导驱动之下，这一过程才可能得到有效的实施[②]。因此，公共组织的变革不仅需要合理的设计来实现预期目标，也需要有效的领导。也就是说，有效的变革管理是组织变革能否获得成功的重要前提和基础。对于组织变革管理，不同学者都立足不同的视角给出了自己的定义。概括来看，公共组织变革管理的实质就是，公共组织在变革的过程中“探讨完善相应的制度和机制，更好地驾驭和科学管理变革的全过程”[③]。

从动力与阻力之间关系的协调上来看，我们将公共组织的变革管理界定为，在公共组织变革的过程中，为了尽可能地减少组织变革的阻力、顺利实施改革，通过科学规划等一系列措施来有效协调动力与阻力之间关系。由于公共组织变革包括多个不同的阶段，相应地，不同的阶段都应当具有与之相适应的变革管理措施。具体来看，在改革的战略筹划阶段，变革管理所考虑的问题有环境匹配性、战略定位、战略目标、推进机制(宏观层面)；在改革设计阶段，所考虑的问题有目标具体性、方案系统性、过程精细化、推进机制(微观层面)；在实施过程中，所考虑的问题有目标群体参与状况监测、主管部门履职状况监测、改革进展状况监测反馈、改革中间效果监测反馈；在效果评价阶

---

① 汪大海，唐德龙，王生卫．变革管理．北京：中国人民大学出版社，2004：19.

② 科特 J. 领导变革．罗立彬，等译．北京：机械工业出版社，2005：21-22.

③ 周志忍，徐艳晴．基于变革管理视角对三十年来机构改革的审视．中国社会科学，2014，(7)：66-86.

段，所考虑的问题有目标实施状况综合评价、目标低于预期的诊断与解释、改革的成本收益分析、对未来改革的启示和借鉴①。

10.2 西方国家公共组织的变革

自20世纪末期以来，以行政组织变革为代表的公共组织变革此起彼伏，首先在英美等发达国家发生，继而对世界上其他国家和地区都产生了重大的影响，在全球范围内形成了一股政府改革的浪潮。在这次改革的浪潮中，不仅建立在官僚制与政治—行政二分法基础上的传统政府治理模式受到了冲击。与此同时，伴随"全球结社革命"的出现，非营利组织也开始走上社会治理的历史舞台，在提供公共服务、满足社会公益需求方面发挥了重要的作用。但是，相比较而言，行政组织的变革是西方国家公共组织变革的重要内容。接下来，我们主要介绍西方国家行政组织变革的实践及特点。

10.2.1 西方国家行政组织变革的实践

从20世纪70年代开始，面对来自全球化冲击、财政困难等多方面的压力，西方发达国家陆续掀起了行政组织变革的浪潮。这些国家的行政组织变革都可以看做复杂的系统工程，变革内容包括管理范围、政府体制、管理方式、管理技术等诸多方面。在这里，我们仅简要介绍西方国家行政组织所发生的一些变革实践。

1. 调整中央与地方关系，合理分权

中央与地方关系的调整是当代西方国家行政组织变革的重要内容之一。20世纪70年代以来，这方面的变革呈现出分权和集权两种趋势，但以分权为主。美国里根与克林顿政府都积极推行放权原则，将联邦政府的若干社会职能逐步转移给州和地方政府。美国的分权在20世纪80年代的主要体现是"里根推行的新联邦主义"，"在90年代的主要体现则是克林顿政府推动的放松规制改革实践"②。日本制定了关于改革国家与地方关系的方针和推进地方分权的基本法，实行地方分权的特例制度。希腊1982～1988年的改革也是以大规模的转移中央政府职能，赋予省更大的自主权为特征的。法国更是把权力下放和权力分散作为行政组织变革的突破口。1992年其颁布了关于地方议员行使职权的条件以及地方行政运作方式的法律文件，从而形成了法国关于权力下放和权力分散的基本格局。

2. 调整和精简机构，提高工作效率

第二次世界大战后，随着政府职能的不断扩张，机构设置也随之膨胀，增加了行政开支，也加重了财政负担。为此，精简机构就成了行政改革的首要目标，具体措施包括：裁减常设机构，通过设立独立机构、直属机构或其他临时机构来履行政府的某些管理和服务职能。美国1993年以来的行政改革中，一个重要的方面就是将社会福利政策

① 周志忍，徐艳晴．基于变革管理视角对三十年来机构改革的审视．中国社会科学，2014，(7)：66-86.

② 宋世明．美国行政改革研究．北京：国家行政学院出版社，1999：238.

的有关项目，从政府中分离出去，让一些独立的机构来承担，以达到减少常设机构，裁减政府人员的目的。英国的机构改革则是把许多政府经济部门改为准政府机构或独立出去，通过设立一系列的“执行局”来负责具体的事务性工作，这种做法既缩减了政府机构的数量，节约了行政开支，又提高了行政效率。1987 年，澳大利亚政府在合理划分职能的基础上对政府部门进行了调整合并，把 28 个部精简为 18 个。日本政府于 1984 年对《国家行政组织法》进行了修改，此后，撤销了 54 个设在地方的中央分局，并对 12 个省厅的内部机构进行了大幅度的调整合并[①]。

3. 改革公务员制度

政府人事制度的改革是与机构改革紧密相连的两个方面。英国 1968 年的《富尔顿报告》反映了西方各国公务员制度改革的基本趋势。其改革措施包括：成立文官部统一管理文官，取消过多的文官职责，成立文官学院以加强对文官业务能力的培训，改革文官选拔办法，更多地录用企事业单位和地方政府中有经验、有专长的人员等。对人事制度进行改革，简化人事管理制度，“放松规制的目的在于，把行政组织中的公务员从陈规旧俗中解放出来，以便他们对结果负责，而不再是仅仅对规则负责”[②]。此外，紧缩编制、精简冗员也是各国公务员制度改革中一个普遍的做法。美国联邦政府通过种种措施，达到了裁员 28 万人的预期目标。日本也进行了多次类似的改革，并且，在减员的同时，日本政府也根据社会需要增加工作人员，但二者相比，仍然实现了难能可贵的行政编制“负增长”。

4. 简化工作程序，改进管理方式

减少繁文缛节是西方国家行政改革的重要目标之一。为此，西方各国政府在简化行政程序方面采取了许多行之有效的做法，包括：缩小审批事项的管理范围；下放审批权限；废除失效和过时的条例；合并重复的审批程序和审批制度；简化申报程序和审批手续等。此外，各国政府还十分注意借鉴私营组织的成功管理经验和管理办法。这方面尤以美国和英国最为突出。英国每一届政府研讨行政改革的班子，都聘请私人企业的管理专家参加，并在改革过程中引入现代企业管理经验。20 世纪 90 年代以来，美国政府受企业界“重塑管理”运动的影响，更是进行了“重塑政府”运动，以打破繁文缛节、增强灵活性为目标，大刀阔斧地改革行政程序和行政方法，对原来的政府采购程序以及公务员管理制度进行了大幅度的精简。

5. 应用信息技术，建设电子政府

20 世纪末期以来，信息技术的迅猛发展也为行政组织带来了很大的影响，在这一过程中，充分利用信息技术的优势来提高公共服务的质量和效率成为西方发达国家行政改革的重要内容。在实践中，西方发达国家开始利用信息技术来向社会提供便利的公共服务，实现政府管理的革命。例如，1993 年，美国政府推出了《运用信息技术改造政府》报告，该报告包含了 13 项运用先进的信息科学技术来革新政府、改善政府公共服务

---

① 白智立．日本行政改革比较研究．北京：国家行政学院出版社，2012：176.

② 宋世明．美国行政改革研究．北京：国家行政学院出版社，1999：176.

提供的政策建议。总体来看，随着政府改革的持续深入，信息技术在政府管理领域的应用越来越广泛和深入。总之，“从政府办公自动化应用、政府上网、电子政务建设到电子政府构建这一系列前进历程就是这一革命不断深化的结果，也是这场革命内容的重要组成部分”①。

10.2.2 西方国家行政组织变革的特征

尽管西方国家行政组织变革的具体措施存在一些差异，但是，综合来看，20 世纪末期以来西方国家行政组织的变革还是呈现出一些共性的特征。这些共性的特征主要体现在以下几个方面。

1. 变革的动态性

公共组织的内外部环境是不断发展变化的，在这种背景下，公共组织必须不断进行变革才能适应内外部环境的变化。对于公共组织来说，任何变革都不是一劳永逸的，这就从根本上决定了公共组织变革的动态性特征。除此之外，公共组织变革具有动态性的特征还是因为，一些公共组织的改革计划在实现预期目标的同时，可能又会引发一些新的、“预料”之外的问题，必须通过进一步的改革来解决这些新出现的问题。例如，针对行政体制中存在的决策—执行不分现象，西方国家 20 世纪末期开始按照决策—执行二分法对行政组织进行了改革，设立了一些独立执行机构。从效果上来看，这些改革的确在一定程度上解决了决策—执行不分问题，提高了政府的运行效率。但是，与此同时，这种改革也带来了政府部门之间的“碎片化”问题，导致不同机构之间协调困难等一系列问题。为了有效解决这一问题，以整体性治理理论为指导，西方国家又开始了旨在充分整合政府机构的整体性政府(协同性政府)等改革。从历时性的角度来考察西方发达国家的行政组织变革过程，我们可以看到其呈现出明显的动态性特征。质言之，公共组织的变革没有终点。

2. 变革的系统性

从内容上来看，行政组织变革是一项系统的工程，涉及组织职能的定位、组织结构的设计、组织价值观念的调整、组织人事制度的改革等多个方面的内容。因此，在行政组织变革实施的过程中，只关注上述内容中的一个或几个方面显然是不可能在实质意义上有效推进行政组织变革的。回顾 20 世纪末叶以来西方发达国家行政组织变革的历程，我们可以看到相关改革都呈现出明显的系统性特征，在改革的过程中，十分注意按照系统性的原则要求，从理念、职能、结构等多个方面来整体推动行政组织的变革。例如，“日本现代行政改革是对行政体系和结构的全方位改革，也是带动社会经济结构变动的大改革，也是现代行政发展和改革活动的大趋势”②。

3. 变革的法制化

行政组织是公共服务的主要提供者，也是公共利益的信托者，必须在宪法以及法律

---

① 张锐昕．电子政府与电子政务．北京：中国人民大学出版社，2011：4.

② 白智立．日本行政改革比较研究．北京：国家行政学院出版社，2012：105.

的框架内活动，在这个意义上，其变革也同样需要相关法律制度的支持。在行政组织变革的过程中，西方发达国家注意通过制度的完善来促进变革的进行。从行政组织变革的实践来看，通过相关法律制度来促进行政组织变革的实施是西方发达国家行政组织变革的又一个重要特征。例如，1993 年 1 月 5 日，美国国会参议院和众议院通过了《政府绩效与成果法案》，主要出于六个方面的目的：通过制度使联邦部门负责任地获得项目成果，以提高美国人民对对联邦政府的信心；启动项目绩效改革，在设定项目目标、按照目标衡量项目的绩效、公开报告进度方面采取一系列试点措施；将重点放在关注成果、服务质量和用户的满意度，改善联邦项目的效果和公开性；通过要求制订项目目标计划和为其提供有关项目成果与服务质量的信息，帮助联邦管理者改进所提供的服务；提供更多关于达到法定目标方面的信息，以及有关联邦项目和支出成效及效率方面的信息，改善国会的政策制定；改进联邦政府的内部治理①。

10.3　中国的公共组织变革

10.3.1　中国公共组织变革的实践

改革开放以来，与民主化、法治化、市场化、全球化、城市化、工业化、信息化等改革相适应，中国的公共组织也进行了一系列的改革。总体来看，改革开放以来中国的公共组织变革主要是沿着两条路径展开的：一条是按照特定的顺序梯次进行的对国有企业、政府部门、事业单位等“体制内”公共组织的改革，这些改革主要是以服务型政府的理念为指导，集中在转变政府职能、提高政府运行效率、调整组织结构、激发国有企业和事业单位的生机与活力、积极改善公共服务的提供等方面；另一条则是通过政策与制度的创新来积极培育社会团体、民办非企业单位、基金会等“体制外”的公共组织，主要是为了激活社会力量来参与社会治理和公共服务的提供。具体来看，改革开放以来，中国公共组织的改革实践主要体现在以几个下方面。

1. 转变政府职能

改革开放以来，随着社会主义市场经济的不断发展，建立在计划经济基础之上的“全能政府”显然已经不能适应经济社会发展的要求。在这种情况下，积极促进政府职能转变，推动政府由“全能政府”向“有限政府”转变就成了行政体制改革的重要内容。改革开放以来，随着行政体制改革的不断深入，政府通过行政审批制度改革逐渐加大了向市场、社会分权的力度，市场在资源配置中的作用越来越突出。首先，政府逐步从对微观经济的干预中摆脱出来，按照市场经济的要求，深化行政审批制度改革，通过政企分开来赋予企业自主性，充分发挥企业在市场中的重要作用，将政府职能的重心集中在经济调节和市场监管上；其次，进一步强化了政府的公共服务和社会治理职能，加大了政府财政对于公共服务的支持力度，大力实施基本公共服务均等化政策。

---

① 财政部．美国政府绩效评价体系．财政部译．北京：经济管理出版社，2004：1-2.

2. 优化政府组织结构

组织结构是组织职能的载体，在这个意义上来看，政府职能的转变必然会要求行政组织结构的变革。在实践中，改革开放以来，与政府职能的转变相适应，按照服务型政府的要求，我国行政组织的结构也发生了一些较为明显的变化。具体来看，政府组织结构的这些变化主要体现在大部制改革、强化公共服务职能、政府层级调整以及行政服务中心的发展等几个不同的方面：通过大部制改革在一定程度上解决了不同政府部门之间的职能重叠和交叉现象；通过政府机构的调整，进一步强化和突出了公共服务部门的重要作用；通过"省管县"改革来减少纵向的政府层级，减少行政成本，推动均衡发展；通过行政服务中心的大力建设，来解决为社会提供公共服务过程中"最后一公里"存在的问题，向社会提供便捷、高效的公共服务。

3. 分类推进事业单位改革

事业单位改革是中国公共组织改革的重要内容之一。按照《事业单位登记管理暂行条例》的界定，事业单位是指"国家为了社会公益目的，由国家机关举办或者其他组织利用国有资产举办的，从事教育、科技、文化、卫生等活动的社会服务组织"。改革开放以来，为了打破计划体制的束缚，我国的事业单位改革一直在推进，并且在资产管理、人事制度等方面取得了一些积极的进展，同时，一些地区和领域也进行了积极的探索。但是，从比较的视角来看，我国事业单位改革的步伐不仅要明显滞后于国有企业改革，也滞后于政府机构的改革。这种滞后性主要表现为我国计划经济时期形成的事业单位管理体制框架还没有从根本上打破，事业单位管理和运行中仍存在诸多深层次的矛盾和问题。其中的一个重要原因就是事业单位改革缺乏顶层设计。2011 年 3 月 23 日，《中共中央　国务院关于分类推进事业单位改革的指导意见》(中发〔2011〕5 号)发布，第一次将事业单位作为一个整体进行改革的顶层设计，是指导事业单位改革的第一个纲领性文件。《关于分类推进事业单位改革的指导意见》确定了分类推进事业单位改革的目标："到 2020 年，建立起功能明确、治理完善、运行高效、监管有力的管理体制和运行机制，形成基本服务优先、供给水平适度、布局结构合理、服务公平公正的中国特色公益服务体系。今后 5 年，在清理规范基础上完成事业单位分类，承担行政职能事业单位和从事生产经营活动事业单位的改革基本完成，从事公益服务事业单位在人事管理、收入分配、社会保险、财税政策和机构编制等方面改革取得明显进展，管办分离、完善治理结构等改革取得较大突破，社会力量兴办公益事业的制度环境进一步优化，为实现改革的总体目标奠定坚实基础。"

4. 支持社会组织发展

改革开放以来，中国"总体性社会"的全面转型为民办非企业单位、社会团体以及基金会等社会组织的发展创造了良好的条件。作为中国公共组织中"体制外"的增量部分，"这些社会组织不同于党政机构，也不同于企业，它们更多地面向各种社会问题，利用在经济转轨、政府改革与社会转型过程中各种可能的资源、空间和机会，在谋求自身发展的同时解决各种社会问题，逐渐成为改革开放实践中具有公共组织性质的'公域'或

'公益'的主体"[①]。这些社会组织的功能也与党政机关和企业具有明显的差异，具体来看，社会组织的功能主要包括：动员和整合各种社会资源；提供各种社会服务以及一定的公共服务；建构和增值社会资本；推进公民参与和社会治理；表达公民诉求、维护公民权益并进行政策倡导[②]。为了更好地支持并且规范社会组织的发展，政府在改革、完善社会组织的登记管理制度，加大政府财政支持力度，推进政府向社会购买公共服务，构建中国特色的社会公益服务体系等方面进行了一系列的努力，取得了明显的成效。通过政府购买公共服务，"推动了政府职能转变，有助于实现政府角色转型；提高了公共服务质量，并对政府部门构成了示范效应；提供了事业单位改革的新途径，降低了财政成本；促进了社会组织发展，拓展了社会组织成长的社会空间；培养了社会志愿者，累积了志愿资源；促进了城乡均衡化发展，为城乡基本公共服务均等化提供了新思路"[③]。

10.3.2 中国公共组织变革的困境

改革开放以来，在中国公共组织变革实施的过程中，来自不同方面的动力与阻力之间相互作用、相互推挤，使中国的公共组织变革面临利益、观念以及文化等方面的困境。具体来看，中国公共组织变革所面临的困境主要包括以下几个方面[④]。

1. 历史困境：行政改革面临法治化与市场化的双重要求

20世纪80年代以来，信息技术改变了社会生活和社会结构，改变了人们对管理产品的需求。这使得简单有序、标准统一、不善应变的官僚式公共服务不能与此相适应，越来越不受欢迎，人们的改革呼声日益高涨。在这一背景下，各国纷纷尝试公共事务治理方式的变革：放松管制、压平层级、竞争参与、绩效管理，以及重绩效(目的）而不重手段和过程、政府工作人员扩大自由裁量权以利于灵活应变、满足顾客的多样化服务需求，等等。从总体上看，这次改革具有较强的市场化倾向，政府的各项改革都体现出对行政效率和竞争机制的重视，官僚制的工具理性实际上成为市场化改革完备的法律制度前提。我国是发展中的社会主义国家，既面临着一般发展中国家必须面对的行政发展和行政改革的复杂性，又面临着改革传统计划经济体制模式下政府机构设置和管理方式所特有的问题。在实践中，法治化与市场化改革轨迹都清晰可见。就前者而言，表现为按照发展社会主义市场经济的要求，建立办事高效、运行协调、行为规范的行政管理体系，完善国家公务员制度，建设高素质的专业化行政管理干部队伍。就后者而言，我国的基本对策是根据精简、统一、效能的原则，转变政府职能，实现政企分开，调整和撤销那些直接管理经济的专业部门，加强宏观调控和执法的监管部门，培育适应社会主义市场经济发展的社会中介组织，力求从根本上解决机构重叠、政企不分、官商不分、决策混乱的问题。

---

① 王名．社会组织论纲．北京：社会科学文献出版社，2013：3.

② 王名．社会组织论纲．北京：社会科学文献出版社，2013：99.

③ 王浦劬，萨拉蒙 L M，等．政府向社会组织购买公共服务研究：中国与全球经验分析．北京：北京大学出版社，2010：23-26.

④ 麻宝斌．中国公共行政改革面临的十重困境．吉林大学社会科学学报，2005，(1)：152-160.

可以说，法治化与市场化的有机统一是当前我国公共行政改革的基本方向。一方面，我国的现实情况是官僚制度的理性设计不足，行政管理非常缺乏规范性，行政执行中人治大于法治，专业化的公务员队伍及相适应的管理制度都没有健全起来；另一方面，中国的行政改革是与世界范围的公共行政现代化进程联系在一起的，经济全球化的今天，任何一国都不可能不融入世界潮流而自存，我们还必须借鉴西方改革的经验成果，逐步进行市场化改革。在构建现代法治化行政体制的同时，又要适应世界潮流和信息社会或知识经济时代的需要，力求用新范式的某些指导思想来克服官僚制模式的弊端。这就使中国行政改革陷入了尴尬境地。完善官僚制和超越官僚制的措施在方向上具有不一致性。社会舆论会从两个不同方向提出要求，使改革不知所措，还可能使两个方向的改革都不能真正到位，起不到应有的作用。总之，“在我们还没有体验到现代化的、严格依法行政、照章办事的政府管理的时候，已经被告知这是一颗有酸味的青苹果。这就是中国行政改革的处境”。

2. 主体困境：行政改革步履维艰源于改革主体难以形成“合力”

从组织学角度来看，组织变革能否顺利实现，主要取决于能否有效克服阻力，形成合力。我国的行政改革能否顺利发展，政府职能能否根本转变，既需要通过利益补偿克服来自政府自身的阻力，更需要依靠来自政府外部的力量。只有形成上下结合的强大合力，才能推动改革的彻底进行。但在实践中，改革却难以形成“合力”，其中既有主体发育不成熟的客观原因，又有“搭便车”的主观心理原因。构建适应社会主义市场经济的政府体制，必须合理界定政府的职能范围，把属于企业的自主权还给企业，把属于市场调节的职能交给市场，把社会可以自我调节和管理的职能交给各种社会组织承担。实现这一目标，重要的前提是社会组织的成长和市场机制的完善。但从目前实际情况来看，我国还没有建立起成熟规范的市场经济，社会组织的发展也不是非常充分：如果企业自身的行为都不规范，期望它们与政府开展有效合作也是很困难的；社会组织发育不全、能力不强、独立性不够，也就难以吸纳和承接从政府分离出的职能。

由此来看，我国公共行政市场化取向的改革与西方国家在市场经济发育成熟条件下的改革在性质上是不同的。在西方国家，是企业在推动政府进行管理方式的变革，政府特别强调政府经济职能的民营化和政府公共服务职能的市场化，而我国的政府职能转变，实际上还局限于政府微观经济职能的市场化，主要是政企分开，实现国有企业的市场化和民营化。我国的企业界还没有成熟到可以独立承担起政府“不该管”的那些职能，更何谈主动向政府部门输送先进的运作方式和管理技术。同时，行政现代化要建立在自主的社会基础之上，只有社会具备一定的独立性和自治性才能成为政府平等合作“伙伴”，并从根本上形成对政府的权力约束。这又对政府提出了具有内在矛盾性的双重要求：政府既要进行自身的放权改革，留给社会广阔的发展空间；还必须要积极促进市场、企业和社会中介组织的发展，同时对社会组织实行必要的监管。

3. 体制困境：行政体制改革突进与政治体制改革滞后的矛盾

公共组织理论研究表明，公共组织中的管理与组织行为受政治环境的影响至深。政府是最典型的公共组织，其机构也好、职能也罢，任何一个方面的变革都要受到该国政治体制的影响。从国外行政改革实践来看，一方面，在提倡推行管理主义理论，广泛吸收企业管理的经验、技术和方法，给管理者较大的灵活性和自由裁量权，用企业精神引导和管理政府公营部门；另一方面，又要求公务员，尤其是高级公务员增强对政治的敏感度，保持对政策的高度适应性。这种事实上的两难选择启发我们，任何国家的行政改革都不可能脱离该国的政治体制和格局进行，而必然要与之相适应、相协调。

我国的行政管理体制实际上处于政治体制和经济体制的中介环节，改革任务的提出是为了及时适应经济体制改革需求并进而带动政治体制改革。它越往上政治性越强，越往下技术性越强。在一定时期内，着重从技术层面入手改革不适应生产力发展的体制是必要的和可行的，但行政体制改革不可能长期离开政治体制的整体跟进而单兵突破。行政体制是政治体制的重要组成部分，也是其核心部分，但行政体制并不是政治体制的全部内容。政治体制在相当大的程度上决定着行政体制改革的性质、内容，也影响着行政体制的改革和发展。离开政治体制改革而妄谈行政体制改革是一种只见树木不见森林的改革观。当行政改革进行到一定阶段，其深入发展便会以政治体制改革的推进为前提。例如，党政不分的问题如果不能完全解决，政府改革就难以落到实处。而理顺党政关系是政治体制改革应当承担的历史使命，单靠行政改革不能完成如此重任。由于政治体制改革涉及国家基本的政治结构和权力关系，在没有实质性突破的前提下，行政体制与经济体制不相适应的矛盾就无法彻底解决，不但政府改革会受到诸多限制，即使政府改革艰难地达到了阶段性目标，外在的政治体制大背景仍会诱迫政府回到原先的体制中来。

4. 实践困境：静态的体制改革与动态的管理改革的冲突

行政改革不仅需要其他领域的改革相配合，而且它本身就是一个系统工程，如果改革不能整体协同进行，其结果只是原有矛盾在行政系统内部不同层次和环节之间的转移和滞留，而无法彻底消解。局部性改革只有一时之效而难有长期之功，这是行政体制改革的一大难题。例如，为了全面推进事业单位分类改革，2009 年，我国开始在山西、上海、浙江、广东、重庆等五个省市试点事业单位工作人员养老保险制度改革。但是，由于目前我国实行的是城乡、部门之间分割的养老保险制度，不同的养老保险制度在保障水平上存在明显的差距，因此，相关人员很难接受养老保险制度改革，进而使事业单位分类改革的推进非常困难。在这种背景下，按照系统性的原则要求，将事业单位分类改革和养老保险制度改革结合起来，统筹进行考虑，就成了破解事业单位养老保险制度改革困境的重要突破口。

前期改革在许多方面取得了一定的成就，但同时也带来了一些新的更加复杂的问题，致使我国的行政改革在一定程度上陷入了困境。一个重要原因是“体制”改革与“管理”改革不相协调，静态的结构变化和动态的管理活动不相适应。“体制改革”属于行政改革的“硬件”部分，涉及面广，影响深远，且制约管理改革的深度和进程；“管理改革”属于行政改革的“软件”部分，对政府自身素质具有决定性的影响。从体制改革与管理变革的关系来看，第一，在“旧的行政体制”没有被打破，“新的行政体制”还没有建立或完善起来以前，行政管理水平或行政效率就不会有明显的提高，或者说不会像人们所期望得那样高。第二，要在短时间内使行政效率和行政管理水平不断地得到提高，或者说把现有的管理水平和管理效率提高到一个新的高度，就不能急于追求“体制”上的大规模变革。因为行政体制的频繁变动不仅不能使行政效率和行政管理水平得到明显提高，而且会影响或降低现有的水平和效率。第三，从长远观点来看，要想使行政管理水平和行政效率在一个较长的历史时期内有一个比较稳定的提高，就必须对现行的行政管理体制进行大规模的变革。这样，面对现实，陷入了一个“两难选择”的矛盾局面。

5. 文化困境：正式制度与非正式制度的变迁轨迹不一致

正式制度是指人们有意识创造的一系列约束人们行为的规则，包括各种组织的规章、协议、国家的法律、政策、条例等政治规则、经济规则等。正式制度的形成和作用是自上而下的、人为强制的结果。非正式制度是指人们在社会生活过程中约定俗成、共同恪守的行为准则，它是人们在长期交往中无意形成的，具有持久生命力并构成代代相传的文化的一部分，其形成和作用是由点到面、自然演化的产物。非正式制度主要有价值信念、伦理规范、道德观念、风俗习惯、意识形态等表现形式。正式制度与非正式制度相互联系、相互制约。非正式制度可以支持正式制度并为它提供合法性；正式制度只有在社会认可，即与非正式制度相容的情况下，才能发挥作用。从这个角度来看，一个国家行政改革的任务能否实现，关键是看该国引进的制度本质上是否与本土的社会和文化基础相互融通和契合。正如弗朗西斯·福山(Francis Fukuyama)所说：“正规的法律和强有力的政治和经济机构与制度尽管十分重要，但它们自身却不足以保证现代社会获得成功”，行政管理制度的发展“始终要依赖某种共享的文化价值观念才能起到恰当的作用”。

如何解决制度建设与文化建设的关系是处于现代化进程中的国家面临的普遍悖论：没有对传统文化的改造，再好的政治制度也会成为摆设；而在政治制度维持不变的条件下，又如何来改造传统文化呢？20世纪50年代以来各发展中国家发展政策的实践表明，一切照搬外国行政体制模式的尝试无不以失败告终。因为，外来的行政体制和运作模式往往与本国的文化传统发生摩擦或冲突，不仅不能发挥公共行政在现代化进程中的强大推动作用，而且往往会成为发展的阻力。我国正处于新旧体制转型的改革年代，正式制度的改革与创新可能会在一定时期内与内含传统本性和历史积淀的非正式制度不相容，这种“紧张”状态是公共行政改革中必然要面临的一个深层次矛盾。改革开放以来，我国不少正式制度的制定参考了国外发达国家的经验，甚至“移植”了一些正式制度。这些制度在国外很有效，但在我国却行不通，在公布之后或者流于形式，或者在执行中变形，或者根本无法实施(如筵席税）。这不仅表明制度变迁是一个艰难、费时间、成本高昂的过程，同时也与改革没有很好地重视文化的继承性有关。如果正式制度与现行的非正式制度是矛盾的，其实施的前景可想而知。公共行政的整个过程以及公共行政的内外部环境的每一个细节无不表现出传统的遗迹，公共行政人员以及公众的思想深处都存在着传统因子，影响着人们的行为取向与行为方式。我们可以把一种“先进”的正式制度从一个国家或地区移植过来，这可以大大降低正式制度创新和变迁的成本。但我们无法移植和复制他国的非正式制度。换言之，我们可以在一夜之间改变正式制度，但却无法在短期内改变非正式制度，让一个人跳出自己的躯体去思考和行动、摆脱思维习惯的影响。为此，我国的行政改革必须立足国情，根据本国人民的内在价值与潜力，通过局部性的、渐进性的方式来逐步探索和推进改革进程。

10.4　公共组织变革管理的方法

公共组织的变革管理主要是在动力与阻力形成的力场中，立足组织变革过程的不同阶段，采取不同的方法来协调组织变革面临的动力与阻力之间的关系，以尽可能顺应动力、减少阻力，顺利推进组织的变革。具体来看，公共组织变革管理的方法主要有以下几种。

10.4.1　对组织变革进行系统设计

组织变革是一项系统工程，涉及多个方面的内容：从横向上来看，它涉及组织的理念、职能和结构等不同方面的调整；从时间维度上来看，它又会涉及组织的短期目标、中期以及长期规划的制定，既需要对组织未来的发展愿景进行描绘，又需要明确组织的短期任务和工作计划。因此，公共组织变革管理需要从横向和纵向两个维度来统筹考虑不同的内容，对变革的目标、内容以及进程进行系统的顶层设计。这种设计“既要能适应当前的环境，又要能适应未来的变化，并且要同时考虑到目标、结构、技术、知识、态度、行为等诸方面的因素及其综合效应，还要使组织目标与个人目标作最佳的配合”[①]。事实上，也只有这样的设计才能有效突破公共组织变革面临的各种局限，把组织变革全面推向深入。例如，改革开放以来，中国政府机构改革存在的局限是：在内容设计层面，是任务型而非结构型改革，表现为选择性完成阶段性工作；在改革工具层面，是精简型而非调适型改革，表现为对量化工具的过度偏好；在驱动机制层面，是计划型而非回应型改革，表现为作为改革符号的周期性呈现[②]。突破这种局限的重要方式就是进一步强化政府机构改革的顶层设计，把政府机构改革全面推向深入。因此，公共组织变革管理的首要工作就是对组织的变革进行系统设计。

10.4.2　合理制订组织变革方案

组织变革的过程也是一个对既有利益分配格局重新进行调整的过程，能否顺利实施改革的一个重要影响因素就是是否尽可能妥善处理相关各方成员的利益，使员工对变革形成心理上的认同。如果组织员工普遍对变革的方案感到不满，势必会对组织变革产生一种抵触情绪。因此，在组织变革的过程中，尽可能地减少组织变革面临的阻力，就需要按照公平正义的原则设计组织变革方案，统筹组织工作人员的利益诉求。具体来看，首先要使组织成员能够有机会参与到变革方案制订的全过程，有足够的机会来表达自己的观点和主张，“如果参与者能够为决策做出有意义的贡献，那么通过他们的参与可以减少组织变革的阻力”[③]。除此之外，还需要合理设计组织的收入分配方案，尽可能将不同组织成员的收入差距控制在一个合理的范围之内，这样既能激发组织成员的工作积

---

① 张国庆．公共行政学．第三版．北京：北京大学出版社，2007：190.

② 何艳玲，李丹．机构改革的限度及原因分析．政治学研究，2014，(3)：93-107.

③ 罗宾斯 S P，贾奇 T A. 组织行为学．第 14 版．孙健敏，李原，黄小勇译．北京：中国人民大学出版社，2012：507.

极性，又可避免员工在工作中的懈怠情绪，甚至是对组织变革的抵触。

10.4.3 加强对组织变革的领导

组织变革成功的已有经验表明，领导层的作用在组织变革中是非常重要的。“高层管理者的领导风格为组织在连续不断的适应和创新中的有效程度奠定了基调。”[①]那么，进一步来看，领导者在组织变革中应当承担什么样的角色？著名学者、流程再造专家哈默（Hamn）对领导在企业组织变革中的重要作用进行了分析，他认为，“领导的任务就是无论如何都要确保改革正常进行。领导要为改革制定计划、目标、顺序和时限，提供必备资源，任命流程所有者和其他重要职位，为所有人解说改革对企业的重要性，要求并确保企业各个等级的员工都参与进来”[②]。对于公共组织来说，领导者在组织变革中的作用同样是不可或缺的，一般来说，领导者主要在变革中承担着明确改革方向、协调各方利益、达成改革共识的职责。而且，在组织变革的不同阶段，领导者所承担的职责也是不同的。一项对成功实现变革的多个企业的实证研究发现，中国企业的领导风格具有明显区别于西方国家的特色：在解冻阶段，需要领导者具有危机意识，对企业内部和周边的环境变化有着敏锐的嗅觉，需要领导者具有善于学习、开明进取的特质；在变革阶段，需要领导者具有创建愿景，并将愿景进行分享的能力，需要具有敢于突破进取的精神，按照先民主后集中的民主集中制原则进行决策；在再解冻阶段，需要领导者能够充分认清现状，通过短期成果的落实激励员工，同时寻找差距，进一步深化变革，也需要领导者具有不满足现状、精益求精的精神，不断把组织变革推向深入[③]。

10.4.4 把握好组织变革的时机

能否把握好组织变革的时机是组织变革是否能够取得成功的重要影响因素，实践表明，在一个恰当的时间节点上实施组织变革，就能够有效地减少组织变革所面临的一些阻力。因此，把握好组织变革的时机也是公共组织变革管理的重要方法之一。具体来看，选择组织变革的时机主要是出于两个目的：减少组织面临的阻力；顺利推进组织变革的进程。在时机的选择上，一般来说，公共组织在组织领导层发生变动、组织员工构成出现变化、组织面临严重的外部压力和危机等都是对组织进行变革的好时机，在类似的时间节点进行组织变革就可能会减少组织面临的阻力。例如，当一个组织的领导层发生变化时，新上任的领导层可能会给组织带来一些新的理念，这就会推动组织的变革；或者，当一个组织面临较为严重的生存危机时，组织成员会更加支持对组织进行改革，以有效改善组织的状况。对于具体的公共组织来说，要立足自身的实际情况，确定好实施组织变革的最佳时机，选择好推进组织变革的时间节点。

---

① 达夫特 R L. 组织理论与设计．第 10 版．王凤彬，张秀萍，刘松博，等译．北京：清华大学出版社，2011：458.

② 哈默 M. 再造奇迹：企业成功转型的 9 大关键．陈汝曦译．北京：科学出版社，2012：112.

③ 王崴，芦青，宋继文．组织变革不同阶段的领导风格特点．管理学家·学术版，2010，(5)：93-107.

10.4.5　积极营造有利于组织变革的氛围

有效减少组织变革的阻力，顺利推进组织的变革需要在组织范围内营造一个支持变革的氛围。在具体的方法选择上，为了营造一个有利于组织变革的氛围，首先需要及时、有效的沟通。因为，及时地与组织成员进行有效的沟通将有助于一个积极氛围的营造，“通过与员工进行沟通，帮助他们了解变革的逻辑缘由，会使变革的阻力得以减少”①。“只有当员工愿意为实现组织的新目标而付出时间和精力，同时愿意忍受可能出现的压力和艰辛时，组织的变革才可能成功。”②沟通可以使组织成员系统了解组织的变革愿景、组织变革方案的设计以及组织变革的进程安排等问题。只有组织成员在对上述问题有了相对较为深入的了解之后，才会打消对变革的顾虑，从心理上支持组织的变革，进而在组织范围内达成对于变革问题的共识，形成变革的合力。其次，同样重要的是，还可以通过短期变革的成效来提升组织成员对于变革的信心和支持力度。无疑，组织成员对于变革所带来的不确定性的疑虑是变革阻力的重要来源之一。有效打消组织成员的疑虑，可以通过组织短期变革的成效来实现。当组织成员意识到变革所带来的不是不确定性而是一种积极的结果时，自然而然地会增强对组织变革的支持程度。

10.4.6　将变革意识注入组织文化，建设学习型组织

组织内外部环境的持续变化不断对组织提出新的要求和挑战。在这个意义上，只有能够积极适应环境变化的公共组织才能在持续发展变化的环境中不断发展壮大，始终保持竞争力。这就要求组织成员具有积极应对环境变化，持续推进组织变革的意识。已有经验表明，在组织变革的各项内容中，最难改变的就是组织成员的思想观念和行为习惯。换一个角度来看，在组织变革的过程中，也只有实现了组织文化的变革，才能顺利推进组织的变革。“如果变革没有触及企业的根基，即组织文化的改变，将不可能有好的结果。”③因此，为了更好地实现组织的变革，必须按照学习型组织的要求，将变革的意识融入组织文化当中，使组织成员具有变革的意识和创新的思维，构建团队学习的学习型组织。“真正能在未来获得成功的组织，将是那些发现有效途径去激励人们真心投入，并开发各级人员的学习能力的组织。”④组织变革并不只是领导者的使命，同样需要组织员工的积极参与。当一个组织的成员普遍具有创新意识和改革意识，能够积极适应内外部环境变化的时候，就表明这个组织已经将变革的思维融入了组织文化之中。为此，组织必须按照学习型组织的要求，为组织成员创造良好的学习条件，提供充足的学习机会，培养终身学习的意识，努力建设一种适应变化、勇于创新的公共组织文化。

---

① 罗宾斯 S P，贾奇 T A. 组织行为学．第 14 版．孙健敏，李原，黄小勇译．北京：中国人民大学出版社，2012：507.

② 达夫特 R L. 组织理论与设计．第 10 版．王凤彬，张秀萍，刘松博，等译．北京：清华大学出版社，2011：458.

③ 卡梅隆 K S，奎因 R E. 组织文化诊断与变革．谢晓龙译．北京：中国人民大学出版社，2006：5.

④ 圣吉．第五项修炼：学习型组织的艺术与实践．张成林译．北京：中信出版社，2009：4.

➤思考题

1. 公共组织的发展趋势有哪些?
2. 公共组织变革包括哪几个阶段?
3. 公共组织变革的动力与阻力有哪些?
4. 公共组织变革管理的概念是什么?
5. 20世纪末期以来，西方国家公共组织变革的内容有哪些?
6. 改革开放以来，中国的公共组织进行了哪些改革?
7. 中国公共组织变革的困境体现在哪些方面?
8. 公共组织变革管理的方法有哪些?
9. 尝试选择一个你所熟悉的公共组织变革的案例，介绍其变革的动力和阻力，对其变革的实际效果进行评估，并且对其变革管理中存在的问题以及产生的原因进行分析。

参考文献

安索夫 H I. 2013. 战略管理 . 邵冲译 . 北京：机械工业出版社 .

奥斯兰 J S，特纳 M E，科尔布 D A，等 . 2010. 组织行为学经典文献 . 第 8 版 . 顾琴轩译 . 北京：中国人民大学出版社 .

巴纳德 C. 2009. 组织与管理 . 曾琳，赵菁译 . 北京：中国人民大学出版社 .

彼得斯 T J，沃特曼 R H Jr. 1985. 探索企业成功之路——美国优秀公司的管理经验 . 王延茂，傅念祖译 . 上海：上海翻译出版公司 .

波特 M E. 2002. 国家竞争优势 . 李明轩，邱如美译 . 北京：华夏出版社 .

曹堂哲 . 2011. 公共行政执行的中层理论：政府执行力研究 . 北京：光明日报出版社 .

昌佩 J，诺利亚 N. 1998. 管理的变革 . 李玉霞译 . 北京：经济日报出版社 .

陈世香 . 2006. 行政价值研究——以美国中央政府行政价值体系为例 . 北京：人民出版社 .

陈维政，张丽华，忻容 . 2005. 转型时期的中国企业文化研究 . 大连：大连理工大学出版社 .

陈晓萍，徐淑英，樊景立 . 2012. 组织与管理研究的实证方法 . 北京：北京大学出版社 .

陈振明 . 2011. 公共部门战略管理 . 北京：中国人民大学出版社 .

茨威尔 M. 2002. 创造基于能力的企业文化 . 王申英，唐伟，向卫译 . 北京：华夏出版社 .

达尔 R A. 1987. 现代政治分析 . 王沪宁，陈锋译 . 上海：上海译文出版社 .

大内 W. 2013. Z 理论 . 朱雁斌译 . 北京：机械工业出版社 .

德鲁克 P F. 2009. 管理：使命、责任、实务(责任篇). 王永贵译 . 北京：机械工业出版社 .

登哈特 R B. 2011. 公共组织理论 . 第五版 . 扶松茂，丁力译 . 北京：中国人民大学出版社 .

迪尔 T E，肯尼迪 A A. 2009. 新企业文化：重获工作场所的活力 . 孙健敏，黄小勇，李原译 . 北京：中国人民大学出版社 .

董礼胜，李玉耘 . 2010. 工具——价值理性分野下西方公共行政理论的变迁 . 政治学研究，(1)：65-71.

杜治洲 . 2006. 电子政务与政府管理模式的互动 . 北京：中国经济出版社 .

法约尔 H. 2013. 工业管理与一般管理 . 迟力耕，张璇译 . 北京：机械工业出版社 .

范恒山 . 2004. 事业单位改革：国际经验与中国探索 . 北京：中国财政经济出版社 .

范恒山 . 2010. 中国事业单位改革探索 . 北京：人民出版社 .

芳汀 J E. 2010. 构建虚拟政府：信息技术与制度创新 . 邵国松译 . 北京：中国人民大学出版社 .

菲佛 J，萨兰基克 J R. 2006. 组织的外部控制——对组织资源依赖的分析 . 闫蕊译 . 北京：东方出版社 .

弗思 D. 2002. 变革管理 . 傅佳，王磊，黄莺译 . 上海：上海远东出版社 .

哈林顿 H J，康纳 D R，霍尼 N L. 2001. 项目变革管理 . 唐宁玉，陶祁，张岩译 . 北京：机械工业出版社 .

汉迪 C. 2006. 组织的概念 . 方海萍，等译 . 北京：中国人民大学出版社 .

何子英，郁建兴，顾昕 . 2015. 公立医院改制：理论与对策 . 杭州：浙江大学出版社 .

贺东航，孔繁斌 . 2011. 公共政策执行的中国经验 . 中国社会科学，5：61-79.

贺立平 . 2007. 让渡空间与拓展空间：政府职能转变中的半官方社团研究 . 北京：中国社会科学出版社 .

赫茨伯格 F，莫斯纳 B，斯奈德曼 B. 2009. 赫茨伯格的双因素理论 . 张湛译 . 北京：中国人民大学出版社 .

黑尧 M. 2004. 现代国家的政策过程 . 赵成根译 . 北京：中国青年出版社 .

黄恒学 . 2000. 我国事业单位管理体制改革研究 . 哈尔滨：黑龙江人民出版社 .

黄恒学．2012. 分类推进我国事业单位管理体制改革研究．北京：中国经济出版社．
黄晓勇．2009. 中国民间组织报告(2009—2010). 北京：社会科学文献出版社．
黄晓勇．2013. 中国民间组织报告(2013). 北京：社会科学文献出版社．
吉瑞赛特 J. 2003. 公共组织管理：理论和实践的演进．李丹译．上海：上海译文出版社．
贾西津．2005. 第三次改革：中国非营利部门战略研究．北京：清华大学出版社．
金锦萍，刘培峰．2012. 转型社会中的民办非企业单位．北京：社会科学文献出版社．
经济合作与发展组织．2004. 分散化的公共治理——代理机构、权力主体和其他政府实体．国家发展和改革委员会事业单位改革研究课题组译．北京：中信出版社．
卡普兰 R，诺顿 D. 2004. 平衡计分卡：化战略为行动．刘俊勇，孙薇译．广州：广东经济出版社．
卡普兰 R，诺顿 D. 2005. 战略地图：化无形资产为有形成果．刘俊勇，孙薇译．广州：广东经济出版社．
卡普兰 R，诺顿 D. 2008. 战略中心型组织：平衡计分卡的致胜方略．上海博意门咨询有限公司译．北京：中国人民大学出版社．
康晓光，等．2011. 依附式发展的第三部门．北京：社会科学文献出版社．
康晓光，冯利．2012. 中国第三部门观察报告(2012). 北京：社会科学文献出版社．
康晓光，冯利．2013. 中国第三部门观察报告(2013). 北京：社会科学文献出版社．
柯林斯 J. 2009. 从优秀到卓越．俞利军译．北京：中信出版社．
科特勒 P，安德里亚森 E R. 2003. 非营利组织战略营销．孟延春，等译．北京：中国人民大学出版社．
克罗齐埃 M. 2002. 科层现象．刘汉全译．上海：上海人民出版社．
奎因 R E. 2000. 深刻变革：从改革中发现领导者．刘新民译．北京：华夏出版社．
昆德 J. 2013. 公司精神：塑造个性、精神与灵魂，建立一个强大的公司．阿弥译．北京：华夏出版社．
李珍刚．2004. 当代中国政府与非营利组织互动关系研究．北京：中国社会科学出版社．
里斯 A，特劳特 J. 2011. 定位：有史以来对美国营销影响最大的观念．谢伟山，范爱冬译．北京：机械工业出版社．
林布隆 C E. 1988. 政策制定过程．朱国斌译．北京：华夏出版社．
林毅夫，刘培林．2002. 经济发展战略与公平、效率的关系．中外管理导报，(8)：8-12.
刘光明．2006. 企业文化．北京：经济管理出版社．
刘光明．2012. 企业文化塑造：理论・实务・案例．北京：经济管理出版社．
刘国光．2006. 中国十个五年计划研究报告．北京：人民出版社．
刘霞．2005. 公共组织学习理论．北京：中国社会科学出版社．
刘向兵，李立国．2004. 高等学校实施战略管理的理论探讨．中国人民大学学报，5：140-146.
刘易斯 R D. 2002. 文化的冲突与共融．第 2 版．关世杰译．北京：新华出版社．
麻宝斌，吴克昌．2003. 公平与效率关系的政治学分析．政治学研究，(2)：101-106.
马华维．2001. 企业文化建设的实证研究——对一国有大型电力公司企业文化建设的调查与分析．管理世界，3：176-202.
马健生．2008. 公平与效率的抉择：美国教育市场化改革研究．北京：教育科学出版社．
马奇 J G. 2013. 决策是如何产生的．王元歌，章爱民译．北京：机械工业出版社．
马庆钰．2007. 中国非政府组织发展与管理．北京：国家行政学院出版社．
马斯洛 A. 2013. 动机与人格．第三版．许金声，等译．北京：中国人民大学出版社．
马新建．2007. 冲突管理：一般理论命题的理性思考．东南大学学报(哲学社会科学版)，3：62-67.
马作宽．2009. 组织变革．北京：中国经济出版社．
麦格雷戈 D. 2008. 企业的人性面．韩卉译．北京：中国人民大学出版社．

梅奥 G. 2013. 工业文明的社会问题. 张爱民，唐晓华译. 北京：北京理工大学出版社.
明茨伯格 H. 2007. 管理工作的本质. 方海萍，等译. 北京：中国人民大学出版社.
莫尔 M. 2003. 创造公共价值：政府战略管理. 影印本. 北京：清华大学出版社.
莫勇波. 2007. 公共政策执行中的政府执行力问题研究. 北京：中国社会科学出版社.
莫勇波. 2013. 政府执行力：理论思路与现实路径研究. 北京：经济科学出版社.
帕斯卡尔 R，阿索斯 A. 1984. 日本企业管理艺术. 陈今淼，等译. 北京：中国科学技术翻译出版社.
潘威廉. 2001. 企业兵法教程——战略分析、设计与实施. 林丽芳译. 北京：北京大学出版社.
皮尔斯 J A，鲁滨逊 R B Jr. 2004. 战略管理：制定、实施和控制. 第8版. 王丹，史剑新，高玉环译. 北京：中国人民大学出版社.
邱国栋，王涛. 2013. 重新审视德鲁克的目标管理——一个后现代视角. 学术月刊，10：20-28.
任晓. 1998. 中国行政改革. 杭州：浙江人民出版社.
荣敬本，等. 2001. 再论从压力型体制向民主合作体制的转变. 北京：中央编译出版社.
萨拉蒙 L M. 2008. 公共服务中的伙伴. 田凯译. 北京：商务印书馆.
沙夫里茨 J M，奥特. 2003. 组织理论经典. 英文版. 北京：中国人民大学出版社.
沙因 E H. 2009. 沙因组织心理学. 马红宇，等译. 北京：中国人民大学出版社.
石亚军. 2010. 中国行政管理体制实证研究——问卷调查数据分析. 北京：中国政法大学出版社.
石亚军. 2011. 透视大部制改革：机构调整、职能转变、制度建设实证研究. 北京：中国政法大学出版社.
世界银行东亚和太平洋地区减贫与经济管理局. 2005. 中国：深化事业单位改革，改善公共服务提供. 北京：中信出版社.
斯科特 W R，戴维斯 G F. 2011. 组织理论：理性、自然与开放系统的视角. 高俊山译. 北京：中国人民大学出版社.
斯坦纳 G. 2001. 战略规划. 李先柏译. 北京：华夏出版社.
斯通 D. 2006. 政策悖论：政治决策中的艺术. 顾建光译. 北京：中国人民大学出版社.
田凯. 2004. 非协调约束与组织运作：中国慈善组织与政府关系的个案研究. 北京：商务印书馆.
汪锦军. 2012. 走向合作治理：政府与非营利组织合作的条件、模式和路径. 杭州：浙江大学出版社.
王吉鹏. 2013. 企业文化诊断评估与考核评价：企业文化诊断与考评管理手册. 北京：企业管理出版社.
王家福. 1986. 国际战略学. 哈尔滨：黑龙江人民出版社.
王家福，徐萍. 2005. 国际战略学. 北京：高等教育出版社.
王名. 2004. 中国非政府公共部门. 北京：清华大学出版社.
王名. 2012. 中国 NGO 口述史(第一辑). 北京：社会科学文献出版社.
王名. 2014. 中国 NGO 口述史(第二辑). 北京：社会科学文献出版社.
王名，李勇，黄浩明. 2006. 德国非营利组织. 北京：清华大学出版社.
王名，李勇，黄浩明. 2009. 英国非营利组织. 北京：社会科学文献出版社.
王名，李勇，黄浩明. 2012. 美国非营利组织. 北京：社会科学文献出版社.
王名，李勇，廖鸿，等. 2007. 日本非营利组织. 北京：北京大学出版社.
王名，刘培峰. 2004. 民间组织通论. 北京：时事出版社.
王亚华，鄢一龙. 2007. 十个五年计划指导方针的演变. 宏观经济管理，3：68-71.
王亚华，鄢一龙. 2009. 中国 10 个五年计划完成情况的定量评估. 当代中国史研究，5：77-84.
王颖，折晓叶，孙炳耀. 1993. 社会中间层——改革与中国的社会组织. 北京：中国发展出版社.
魏杰. 2002. 企业文化塑造：企业生命常青藤. 北京：中国发展出版社.

西蒙 H A. 1982. 管理决策新科学．李柱流，等译．北京：中国社会科学出版社．
夏书章．2013. 行政管理学．广州：中山大学出版社．
徐宇珊．2010. 论基金会：中国基金会转型研究．北京：中国社会出版社．
薛刚凌．2006. 行政体制改革研究．北京：北京大学出版社．
严强．2008. 公共政策学．北京：社会科学文献出版社．
姚开建．2003. 改变中国：中国的十个五年计划．北京：中国经济出版社．
张德，吴剑平．2008. 文化管理——对科学管理的超越．北京：清华大学出版社．
张国庆．2010.“十一五”期间北京城市管理的观念、体制、机制研究．北京：北京大学出版社．
张康之．2012. 寻找公共行政的伦理视角．北京：中国人民大学出版社．
张新安，何惠，顾锋．2009. 家长式领导行为对团队绩效的影响：团队冲突管理方式的中介作用．管理世界，(3)：121-133.
张永宏．2007. 组织社会学的新制度主义学派．上海：上海人民出版社．
张占斌．2011. 中国省直管县改革研究．北京：国家行政学院出版社．
赵成根．2000. 民主与公共决策研究．哈尔滨：黑龙江人民出版社．
赵成根．2007. 新公共管理改革：不断塑造新的平衡．北京：北京大学出版社．
郑明身．2007. 组织设计与变革．北京：企业管理出版社．
中央编办事业发展中心，北京大学电子政务研究院．2006. 世界百国政府机构概览．北京：北京出版社．
周雪光．2003. 组织社会学十讲．北京：社会科学文献出版社．
朱光磊．2008. 当代中国政府过程．天津：天津人民出版社．
朱国云．1997. 组织理论：历史与流派．南京：南京大学出版社．
朱健刚．2008. 行动的力量：民间志愿组织实践逻辑研究．北京：商务印书馆．
朱旭峰．2009. 中国思想库：政策过程中的影响力研究．北京：清华大学出版社．
朱亚鹏．2013. 公共政策过程研究：理论与实践．北京：中央编译出版社．
竹立家，李登祥．1997. 国外组织理论精选．北京：中共中央党校出版社．
竺乾威．2012. 地方政府的政策执行行为分析：以“拉闸限电”为例．西安交通大学学报(社会科学版)，2：40-46.
Cohen-Charash Y. 2001. The role of justice in organizations：a meta-analysis. Organizational Behavior and Human Decision Processes，86(2)：278-321.
Guo C，Giacobbe-Miller J K. 2012. Understanding survivors’ to downsizing in China. Journal of Managerial Psycholigy，27(1)：27-47.
Kanter R M. 1979. Power failure in management circuits. Harvard Business Review，57(4)：65-75.
Rubin E V. 2007. The role of procedural justice in public personnel management empirical results from the department of defense. Journal of Public Administration Research and Theory，(19)：125-143.
Waldo D. 1948. The Administrative State. New York：The Ronald Press Company.
Waldo D. 1952. Development of theory of democratic administration. The American Political Science Review，46(1)：81-103.